融媒图景
中国新闻传播变革研究

本书编写组　著

人民日报出版社
北京

图书在版编目（CIP）数据

融媒图景：中国新闻传播变革研究 /《融媒图景：中国新闻传播变革研究》编写组著. -- 北京：人民日报出版社，2019.12

ISBN 978-7-5115-6288-3

Ⅰ.①融… Ⅱ.①融… Ⅲ.①新闻学—传播学—研究—中国 Ⅳ.①G219.2

中国版本图书馆CIP数据核字（2019）第295205号

书　　名：	融媒图景：中国新闻传播变革研究
	RONGMEI TUJING: ZHONGGUO XINWEN CHUANBO BIANGE YANJIU
作　　者：	《融媒图景：中国新闻传播变革研究》编写组　著
出 版 人：	刘华新
责任编辑：	刘　悦
封面设计：	邢海燕
出版发行：	人民日报出版社
社　　址：	北京金台西路2号
邮政编码：	100733
发行热线：	（010）65369509　65369527　65369846　65363528
邮购热线：	（010）65369530　65363527
编辑热线：	（010）65363105
网　　址：	www.peopledailypress.com
经　　销：	新华书店
印　　刷：	大厂回族自治县彩虹印刷有限公司
法律顾问：	北京科宇律师事务所 010-83622312
开　　本：	710mm×1000mm　1/16
字　　数：	272千字
印　　张：	15.5
版次印次：	2020年9月第1版　2020年9月第1次印刷
书　　号：	ISBN 978-7-5115-6288-3
定　　价：	48.00元

《融媒图景：中国新闻传播变革研究》
编写组成员

高晓虹　　赵淑萍

涂凌波　　刘　宏

崔　林　　叶明睿

秦瑜明　　汤　璇

程素琴　　赵希婧

本书是马克思主义理论研究和建设工程重大课题、国家社会科学基金重大项目"中国特色社会主义新闻传播理论的构建"（项目编号：2015MZD019）的研究成果。

前　言

从历史和现实来看，人类正在或已经进入了一个高度媒介化的社会。过去，信息的传播需要借助某种单一媒介得以完成，并通过这一媒介实现信息与人、社会之间的连接，进而构成不同历史时期的新闻传播形态、新闻业形态和人类文明形态。如今，媒介技术革命使人类的信息传播进入了全新的时代，新闻传播业也进入了一个全新的时代。"全媒体不断发展，出现了全程媒体、全息媒体、全员媒体、全效媒体，信息无处不在、无所不及、无人不用，导致舆论生态、媒体格局、传播方式发生深刻变化，新闻舆论工作面临新的挑战。"①技术变革推动了新闻传播的全方位变革，我们一般将这个充满变革的时代称为新媒体时代、全媒体时代、融合传播时代、智能传播时代、全息传播时代等，以此阐述与过往截然不同的问题、机遇与挑战。

无论如何界定我们正在经历的这一媒介时代，有三个关键词是至关重要的。一是智能化。30年前，尼葛洛庞帝在《数字化生存》中预言的"将来"——把计算机穿戴在身上、无所不在的计算机化的图景，已经不再是科幻而是现实。智能技术的快速发展已经嵌入我们日常生活的各个方面，带来了全新的新闻传播模式

---

① 习近平.推动媒体融合向纵深发展　巩固全党全国人民共同思想基础[N].人民日报，2019-01-26(1).

与图景。二是人性化。媒介技术、手段和平台的丰裕，源于改善信息交流的效率提升，以及更具便捷性、接近性的感官体验。正如保罗·莱文森提出的人性化趋势媒介理论，"媒介存活的基础在于其与前技术时代交流的内容（颜色、声音等）和过程（通道、主动性等）的接近程度"①。三是融合化。如果说过去我们对于媒介变革的理解基本停留在"替代""迭代"或是"延伸"这一框架内的话，那么今天我们对于不同媒介介质及其逻辑的认知，则以"融合"为思考起点，将媒介（形态、内容、机制、业态）融合作为现实的图景加以分析，并以融合媒体、融合新闻传播、融合新闻业作为研究的焦点和前瞻的方向。

本书以上述媒介变革时代的特征为研究背景，聚焦近年来中国新闻传播活动的深刻变化并展开分析。围绕媒介与文明、媒介与社会、媒介与人三个层面，本书通过七大主题的探索，尝试描绘一幅媒介变革时代中国新闻传播业所呈现出的新图景，探索新现象，发现新问题，并从理论维度思考这些变化背后的逻辑。以下为本书的基本结构与主要内容，供读者阅读时参考。

第一章从媒介史角度分析数字革命的历史意义和理论启示。纵向来看，数字革命至少波及了从媒介、社会到文明的三个层面：彻底改变了媒介形态、媒介内容和传媒业态；在全球范围的扁平化连接中，整个社会的基本结构已经被网络改变；新技术形塑了全球的新经济模式和新政治形态，中国在数字时代崛起复兴，世界格局正在发生前所未有之变化。从媒介理论视角来看，学界提出了媒介进化论、补偿性媒介、媒介人性化趋势等理论，逐步建立起信息史观，对信息、媒介、传播的考察进入人类宏观历史考察层面，信息开始取得与能源并驾齐驱的历史地位。近年来，一些具有代表性的典型案例值得关注。数据、算法等技术成就了新型媒介平台，构建了新的信息推送逻辑；VR技术将信息的接收变为体验，从客观走向主观；微信朋友圈等社交媒体已不仅仅是媒介，而是有着广泛社会功能的基础平台。媒介无处不在，并重塑了社会结构。本章分析认为，媒介的边界正在消融，媒介的功能更趋泛化，随着人工智能和物联网的发展，一切物体都可以成为信息终端，实现万物皆媒和人物互连，一种新的"智人文明"即将来临。当信息传播对人类的影响超越媒介的边界，当数字技术的变革深刻地改变了社会结构和文明进程，一个以信息文明为显著标识的历史阶段正在到来，这对于构建中

---

① 保罗·莱文森.人类历程回放：媒介进化理论[M].邬建中译，重庆：西南师范大学出版社，2017:150.

国特色新闻传播理论体系而言，无疑提出了全新的时代要求。

第二章从社交媒体和移动互联网为切入点，探析传媒业态呈现出的新特征和新变化。在新媒体的快速发展背景下，主流社交媒体平台的渠道垄断及其组织化、规模化特征，给传统媒体带来了诸多冲击，包括注意力的转移与广告的流失、互联网成为新的舆论场域等。面对这些新的挑战，传统主流媒体如何重构业态逻辑，适应社交媒体的竞争，是一个十分现实的问题。通过解析人民日报"中央厨房"的媒体融合实践案例、新京报的融媒体转型案例，本章讨论了中国传媒业正在进行的媒介融合发展路径及其未来图景。在新媒体的影响下，报纸、广播、电视、互联网平台的媒介边界逐渐消融，传播平台之间的壁垒趋向弱化，以图像、短视频等视觉符号为主体的产品成为传播平台新的发展趋势。展望未来，与传统媒体一元化时代的传播对象不同，未来占据社会中坚力量的中等收入群体基本上具备高学历和高收入的特征，但也承担着高消费、高负担的压力，以及由此导致的高焦虑的心理特征。把握这代互联网原住民的喜好，是争取未来互联网产品和媒介发展方向的重点。本章还指出，新媒体可能重新定义了"新闻"的特性——新媒体环境下，新闻不是用眼睛来读或者用大脑来思考的，而是用诉诸视觉和听觉甚至触觉的整体感官体验。现场感与代入感或许成为传媒业态的新趋势。

第三章从媒介体制机制创新的角度，讨论了传媒在现代国家治理体系中所扮演的主体性角色，以及新闻舆论工作如何更好地适配国家治理能力现代化转型的需求。中国共产党第十九届中央委员会第四次全体会议指出，推进国家治理体系和治理能力现代化，其中明确要"完善坚持正确导向的舆论引导工作机制"。在互联网传播格局下，媒体扮演的主体性角色还有待厘清，新闻舆论工作还有待加强，传统的新闻传播管理模式面临着挑战。简而言之，在国家治理体系现代化的框架下，如何改进传统的新闻传播管理模式以适应互联网的发展，是一个重要的问题。本章基于媒介体制研究、中国社会的转型与治理现代化研究、新闻观念变迁研究等成果，重点分析了我国互联网治理的演变和互联网治理中的典型案例。如果说政府、市场和社会构成了一个多元治理的模式，那么我们可以将传媒的主体性角色定位于政府、市场和社会之间，扮演了三者的"桥梁"角色。在我国，大众传媒是党和政府、人民的"耳目喉舌"，这一意识形态属性是稳固的，传媒参与社会治理主要是扮演了一种政治沟通的角色。从新闻传播学的视角来看，国家治理能力现代化就是充分发挥信息在国家治理体系中的作用，让政府、市场与社会之间的信息沟通顺畅、充分和均衡，从而促进治理体系现代化，以适配网络社会对新闻传播业提出的新需求。

第四章从社会共识构建的角度，解析新媒体环境下社会共识面临的新挑战。在网络话语空间中，多元化的观点争鸣成为舆论的新特点，传统时代主流媒体的大众传播所引发的舆论模型正在被消解。近年来，网络舆论中出现了多起典型的案例，可以作为分析社会共识面临挑战的切入点。一方面，互联网赋权最明显的表征就是民众获得了面向大众传播的条件和可能；另一方面，互联网群体传播中的公众情绪成为社会舆论或者说是社会共识中不可缺少的一部分，公众情绪常常伴随着信息而传播，并对舆论产生重要的影响。当前，个体意识的崛起在一定程度上淡化了社会共识的吸引力，不同的社会群体在意识形态与价值观方面的差异，也在一定程度上降低了社会共识的凝聚力。不过，我们同样需要看到，互联网重构了社会共识的概念和其传播的效力，移动互联网与社交媒体的出现拉近了社会成员之间的距离，为形成社会共识提供了互动沟通的桥梁。本章分析指出，互联网拓宽了社会共识的影响范围，也扩大了社会共识的包容程度，这为社会共识的形成创造了条件。同时，共识的达成需要公众积极参与讨论，而非媒体自说自话。因此，新闻媒体在舆论引导时必须全面把握人们对事件的疑惑、担心以及其他各种情绪，引导人们积极讨论，提出解决问题的思路，树立解决问题的信心，最终促成社会共识的达成。

第五章解析传统媒体在转型过程中面临的问题、创新路径以及未来的发展模式。向融合媒体的转型，是当前我国传统媒体面临的最紧迫的挑战之一，也是一个十分现实的问题。转型是一个宏大的概念，涉及的领域十分广阔，仅从新闻传播活动的角度，就可以分为渠道、内容、形式、方法等多个层面。本章的讨论是散点式的透视，简要回顾了包括群体传播、无尺度网络、回声室效应、茧房效应、场景理论、融合文化在内的多个理论视角，并分析了今日头条的个性推送、全国两会期间新闻报道的社交思维等案例。总的来看，传受双方关系变化带来新的传播效果，事实传播、观点传播、话题传播交织在一起。因此，在转型过程中媒介的渠道和内容之间是彼此依存、相辅相成的，并非二元对立或非此即彼的关系。未来的新型传播生态将是新旧媒体间以及媒介传播各要素之间和谐共生、融合共赢的新图景。

第六章旨在梳理传播话语体系的变迁，围绕"如何讲好中国故事"这一核心问题展开分析。互联网发展带来了话语权多元化，主流媒体如何在跨文化传播中掌握话语权,是一个十分重要的实践和理论问题。本章首先厘清传播话语、话语主体、互联网思维等基本概念,其次回顾传播仪式观、跨文化传播、叙事学、符号学等理论,再次解析"一带一路"短视频报道、人民日报海外版微信公众号"侠客岛"、央视网海外社交平台等案例,最后探讨主流媒体的话语转型与意义构建。本章分析认为,主流媒体既要转变话语理念,也要承担舆论引导的责任和使命。在对外传播中,主流媒体一方面要探索以西方受众易接受的方式去讲述国际新闻;另一方面要在纷繁复杂的国内新闻中选择适合向外传播的内容。

第七章回到传播主体,解析传播者与受众关系的新变化。伴随着信息通信技术的发展,人的信息行为呈现出一种复合的形态。在以移动互联网为载体的信息环境中,"受众"一词的使用场景变得越发有限,取而代之的是"用户""订阅者""玩家""粉丝"以及"消费者"等概念。信息技术发展的数字化,信息生成与传播的碎片化,以及个体使用者被极大激发的自主性,三者相互影响,彻底重构了传统受众的行为条件。本章回顾了受众研究的两种范式,一是针对传统媒体而采用的"传统的受众研究范式",二是针对新媒体环境的"转型的受众研究范式",并结合天津港8·12特大火灾爆炸事故、帝吧出征脸书事件等案例展开分析。本章分析认为,以移动互联网为代表的信息通信技术的发展对传统受众群体带来的改变,实际上是人与信息之间关系的改变。通过重新构建这一关系,改变了信息行为主体间的社会性关系。

以上是本书的章节安排与主要内容。需要说明的是,在每章的内容结构上,我们都大致按照问题导入、理论解析、典型案例分析、核心观点论述的方式,以求比较系统地呈现我们对于媒介变革时代中国新闻传播业面临的理论问题的思考和分析。正如本书书名"融媒图景"的含义,本书的探索性分析和思考仍然是比较初步和浅显的,仅是散点式地透视勾勒了粗线条式的框架。其中的不足和错漏之处,恳请读者批评指正。

我们面对的是一幅宏大的融合媒介发展图景,面临的是一种全新的信息传播与生存方式。中国新闻传播业处于转型变革中,新现象层出不穷,新问题不断涌现,新的理论思考仍有待进一步探索。

目录
CONTENTS

前　言 …………………………………………………………………… I

第一章　数字革命与信息文明：媒介、社会与文明的变迁 …… 001
第一节　数字革命波及的三个层面 ………………………………… 005
第二节　媒介、社会与文明理论 …………………………………… 017
第三节　案例解析 …………………………………………………… 030
第四节　泛媒介化与信息文明 ……………………………………… 042
第五节　本章小结 …………………………………………………… 046

第二章　传媒业态变革：社交、移动与新型主流媒体 ………… 049
第一节　当前传媒业态的若干问题 ………………………………… 051
第二节　从意见领袖到社群概念 …………………………………… 060

第三节	案例解析	063
第四节	新的传媒业态的中国传媒业	073
第五节	本章小结	078

第三章　媒介体制创新：新闻传播与国家治理 081

第一节	媒介体制的延续与调适	084
第二节	社会转型中的媒体与国家治理	092
第三节	案例解析	097
第四节	本章小节	117

第四章　新媒体环境下当代中国社会共识构建研究 119

第一节	从"江歌遇害案"看社会共识危机	121
第二节	网络舆论与社会共识	123
第三节	互联网赋权下的舆论格局	125
第四节	群体性表达与互联网情绪传播	129
第五节	社会共识的重构与发展	133
第六节	本章小结	140

第五章　多元传播：渠道、内容、形式与方法 141

第一节	传统媒体转型的问题与契机	143
第二节	回声室、场景与融合文化	148
第三节	案例解析	158
第四节	新闻传播的新形态	164
第五章	本章小节	168

第六章　互联网思维：传播话语体系的变迁 ············ 169

第一节　传播话语的变与不变 ························· 171
第二节　传播的仪式、文化与符号 ····················· 178
第三节　案例解析 ··································· 185
第四节　主流媒体的话语转型与意义构建 ··············· 195
第五节　本章小结 ··································· 200

第七章　主体性崛起：传播者与受众的新变化 ············ 203

第一节　技术变革与传受关系的重构 ··················· 205
第二节　受众研究范式的转型 ························· 207
第三节　案例解析 ··································· 211
第四节　传播主体性的再造与传播结构的变化 ··········· 225
第五节　本章小结 ··································· 227

后　记 ··· 228

第一章

数字革命与信息文明：
媒介、社会与文明的变迁

2016年3月15日，韩国首尔四季酒店，一场不同寻常的围棋比赛正在举行。对弈的一方是14次获得世界冠军的韩国棋手李世石。

比赛进行五个多小时后，李世石开局时的镇定自若已不见踪影。他有些坐不住，上半身在不停地前后晃动，不时用左手挠一挠后脑勺，皱起眉毛，右手则显然有些焦虑地轻敲着棋盒的边缘，只有眼睛依然一刻不离地盯着棋盘。眼前这个有些心烦意乱、被失意与疲惫笼罩着的人，很难让人与那个曾经叱咤世界棋坛的韩国著名棋手联系起来。

在世界围棋界，李世石的名字如雷贯耳。他于1983年出生，12岁成为职业初段，2003年获得第一个世界冠军，并在同年成为职业九段。此前围棋世界大赛已经产生的105个冠军头衔中，李世石独得14冠，在人才辈出、竞争激烈的围棋世界，他是一座难以逾越的高峰。

历经五个多小时的大战，李世石技尽途穷，于第180手投子认输。比赛结束，众人离席，场上独剩他一人仍盯着布满黑白棋子的棋盘，思索何以败落至此。以棋风犀利迅猛著称的他，此时显得有些迟滞恍惚。

更让李世石始料未及的是，这场以他完败告终的比赛所获得的关注度，远远超过了此前任何一场他完胜的赛事。开赛之前，世界各地的媒体早已蜂拥而至；比赛之中，全球的观众，无论是否懂围棋，都通过直播画面，注视着场上的一举一动，共同见证比赛结果的诞生。这一切的不同寻常，都来自李世石此番对战的对手。

与李世石对弈的并非人类，而是一个名叫"阿尔法狗"（Alpha GO）的机器，当然，也可以叫他机器人，或者用更科学的说法，叫他"人工智能"。这款由谷歌Deep Mind团队开发的人工智能程序，具备了深度学习能力。他可以通过不断的练习，掌握数量庞大的人类棋谱，从而实现自我提升；并在对战中，通过"策略网络（Policy Network）"和"值网络（Value Network）"技术，分析不同下法的胜率，判断棋面形势。在与阿尔法狗的五场较量中，李世石仅在第四局凭借妙手一招战胜阿尔法狗，其余四场悉数落败，最终以1∶4的总比分，为这场世纪对决划下了句号。

显然，在李世石与阿尔法狗的这场旷世对弈中，引发媒体竞相关注和大众热衷讨论的，远不是几局围棋的胜败。在围棋这一反映人类智能的竞技中，人类却败给了自己亲手创造的人工智能，这是处于智慧生物顶端、自诩万物之灵的人类所不能接受的。实际上，在此之前的2015年10月，阿尔法狗也曾以5:0的大比分完胜职业二段棋手——2013到2015年三获欧洲围棋冠军的樊麾，不过当时并未引起人们足够的关注。而这一次，随着围棋界的标杆人物李世石铩羽而归，震惊和忧虑伴随着人类自尊心的崩塌和对未来的恐惧席卷而来。

所有人都不甘心，其中，最能代表人类发出这种声音的，无疑是当年1月刚刚战胜李世石从而将围棋史上最年轻的三冠王殊荣揽入怀中的中国棋手柯洁。3月9日，李世石首战阿尔法狗告负后，柯洁曾在微博上直言"就算阿法狗[1]战胜了李世石，但它赢不了我"，并高调向阿尔法狗宣战。

柯洁出生于1997年，11岁入段成为职业棋手；2014年到2016年，不满20岁的柯洁四次捧起了世界冠军的奖杯。相较而言，与李世石同时代的中国棋手古力，曾以八次夺冠成为中国获得世界冠军最多的职业棋手，而他在柯洁这个年纪还尚未拿到人生首冠。柯洁，这颗在中国围棋界光芒闪耀的90后新星，为人类战胜人工智能带来了一丝期盼。

一年多以后，2017年5月23日，柯洁与阿尔法狗之间的人机大战终于在中国乌镇围棋峰会上拉开序幕。对弈的双方展开了三轮对决，但没有一次，胜利属于柯洁代表的人类。尽管阿尔法狗研发团队的首席科学家哈萨比斯表示，第二局比赛中柯洁的表现堪称完美，但柯洁仍以三局全败的战绩不敌阿尔法狗。

"阿尔法狗真的下得非常好，我觉得现在的AI（人工智能）跟去年完全是两个'人'，上一次还是很接近人的，现在越来越接近围棋上帝了。"在赛后的发布会上，柯洁用这样的语言表达对阿尔法狗的惊叹。阿尔法狗进步之快令人咋舌，短短一年的时间，凭借强大的学习能力，昔日尚有可能被人类战胜的人工智能，如今已经成为人类可望而不可即的"上帝"。

惊叹之余，一种更为深远广泛的忧虑在整个社会蔓延开来：人类真的亲手为自己造就了一个无所不能的"上帝"吗？

在长达数万年的历史长河里，制造和使用工具一直都是人类在地球生物圈的生存竞赛中的优势特征。从生物的肌体性能上来看，人类不如虎豹，不如飞鸟，甚至不如鱼虫蝼蚁。长期以来让人类获得生物竞争优势的，是人类无可匹敌的大脑，以及其中足以傲视万物的智慧。自进化论诞生以来，多位思想家都充分论证

---

[1] 即阿尔法狗（Alpha Go）。

过人类相较于其他动物的本质区别，其中最受认可的来自两个方面，一是语言，二是制造工具。凭借着千万年来不断累积的技术手段，人类制造工具，可以上天入海，甚至在以光年为标尺的浩瀚宇宙中穿梭。但无论如何，古往今来，工具作为人类的造物，始终受制于人，服从于人，无论性能多么优异，功能多么强大，工具始终未曾挑战人类作为智能生物的地位，从未让人类对自身引以为傲的智慧产生过丝毫疑虑，直到人工智能的出现。

作为信息技术发展至今最尖端的代表，人工智能不仅削减了人类对自身智能的自信，而且模糊了人类作为一个独立生物种群的边界。2017年10月，沙特一位名叫索菲娅的女性机器人被授予公民身份，成为世界上首个获得公民身份的机器人。公民身份，这一长久以来只属于人类社会的概念已经被人工智能改写，人类打造的不同于他物的种属边界，已经被人类创造的人工智能击穿。当人工智能以似乎不可战胜的姿态沉重地击打着人类在自身智慧上长久保持的自信，并以令人匪夷所思的方式模糊了人与物的界限之时，人类能否在自己创造的人工智能面前保持造物者最起码的尊严？

无论如何，在人工智能让人类对未来产生深远忧虑的今天，我们不得不面对和思考这样的命题：信息技术为我们带来的究竟是什么？

第一节　数字革命波及的三个层面

一、数字技术与媒介生态变革
（一）媒介形态的改变

历史上，媒介形态的重要变革一直与新技术相伴而行。15世纪中期，德国人约翰内斯·古腾堡发明了金属活字印刷术，从此开启了西方的印刷术时代。由于印刷术的普及降低了印刷成本，作为第一种大众媒介的报纸应运而生。此后，电子技术的发明和发展让广播、电视走入千家万户，深刻地改变了人们的生活。

1969年，美国出于军事目的组建了阿帕网，在此之后，这一建立在"包交换理论"基础上的分布式网络迅速发展起来，成为今日几乎无处不在的庞大的全球化网络——互联网。时至今日，这一技术力量已将全球数十亿人联系在一起。与印刷术、电子技术一样，互联网技术塑造出新的媒介形态。个人电脑等互联网终端走入千家万户，与传统大众传播媒介完全不同的网络化媒介发展起来。互联网突破了传统大众媒介的单向性、地域化与体量限制，拥有更强的互动性、更广的传播范围与近乎无限的信息容量。

随着移动通信与互联网技术的结合，网络使用的空间进一步拓展。PC时代，人们通过个人电脑浏览网页资讯、获取信息，通过电子邮件和即时通信软件与他人交流。移动互联网技术让人们随时随地接收和传输大量的信息，网络已无处不在。根据CNNIC第45次《中国互联网络发展状况统计报告》，截至2020年3月，我国网民规模达9.04亿，互联网普及率达64.5%；手机网民规模达8.97亿，网民使用手机上网的比例达99.3%。2019年1至12月，移动互联网接入流量消费达1220亿GB。新的5G技术已开始商用，移动网络传输速率变得更快，对一些正迅速发展的媒介来说，这里蕴藏着巨大的突破。

在新一轮汹涌而来的技术浪潮中，媒介形态的改变更是颠覆性的，其中备受瞩目的是虚拟现实技术。"虚拟现实"一词并不是最近才产生的。20世纪60年代,伊凡·苏泽兰设计了第一个头戴式的显示系统,并撰写研究论文《终极显示器》《头戴式三维显示器》,被称为"虚拟现实之父"。1984年,杰伦·拉尼尔正式提出"虚拟现实"(Virtual Reality)一词,与虚拟现实相关的研究,也开始发展起来。在VR技术的发展初期,其运用目的并不在于个人娱乐,而是与互联网一样,主要出于军事安全目的。VR技术被应用在模拟飞行训练和汽车驾驶训练中,帮助应对突发状况。随着计算机图形技术、计算机仿真技术、传感器技术、显示技术等关键技术不断取得突破,各种VR头戴设备成为消费级产品。凯文·凯利在《必然》中说:"在人类短短几十年的寿命期限中就能'扰乱'社会发展的第一个技术平台是个人电脑,移动电话是第二个平台,它们都是在短短的几十年里引发了社会中一切事物的变革。下一代颠覆性的平台就是虚拟现实,而它已经到来了。"[1]新的技术正在发展,新的媒介形态仍在生成。

(二)媒介内容的迭代

在数字技术催生的全新媒介平台上,新的多样化的媒介内容也孕育而出。印刷时代,纸面上的文字是媒介内容呈现的主要形式;电子时代,广播使得口语传播无远弗届,电视更让视听形象进入了千家万户;信息时代,互联网技术使以往的媒介功能在互联网平台上融合呈现,文字、图片、声音、动画、视频以及交互网页等,在无限广阔的互联网空间中自由传递,传统媒介的内容边界在数字化交互平台上逐渐消弭。

在新的媒介平台上,传统的媒介内容得以重塑,也开始裂变。比如,新媒体平台具有信息获取碎片化的特征,从而促使短视频迅速走红。这种以较短时长呈现创意内容的视频形式,已大量占据网民的媒介消费时间,传统的视听传播已经被新媒体平台重塑样貌。另外,随身化的移动互联网使人们时时处于"在线"状态,日常化、实时化交流的需求让视频直播更火爆。传统媒体时代,直播多用于突发新闻、体育赛事和综艺活动,现在,直播已经从一种追求轰动传播效应的大体量、高规格的内容形态转向个性化、多样化的形式。

新技术催生了更多样态的全新内容,沉浸式的传播成为人们越来越熟悉的传播体验。随着VR硬件的发展与用户数量的提升,VR影像、VR新闻、VR游戏等多种形式的VR产品走入大众生活,使人通过感官体验"在场感"。不同于VR技

---

[1] 〔美〕凯文·凯利.必然[M].周峰,董理,金阳译,北京:电子工业出版社,2016:268.

术创建了虚拟环境,增强现实(AR)技术将真实世界与虚拟世界集成在一起,成为使用前景更广阔的应用。2016年,增强现实游戏宝可梦Go(Pokémon Go)一经推出便产生了巨大反响,街头巷尾随处可见"捉精灵"的人们。该游戏基于谷歌地图与定位技术,在现实场景中融合虚拟的"精灵",让现实中并不存在的"精灵"自然地呈现在手机屏幕上的真实场景中。

2017年春节期间,腾讯推出"LBS+AR天降红包",将地图、定位技术与红包相结合。QQ用户进入地图后,可在设定地点发放现金红包,好友在到达红包设定地点的一定范围内时,"财神QQ"就会在实景中出现,将现金塞入三个红包中让用户抽取。而支付宝的扫"福"字集福卡活动,也是用户使用手机AR扫现实场景中的"福"字,从而得到虚拟的"福卡"。AR技术与创新应用的结合,掀起了新一轮的抢红包风潮。

新的媒介形态下,新的内容生产层出不穷。去中心化的网络为每个普通用户提供了自由创作的新天地,用户生产内容充斥着网络,甚至超过了专业生产内容;加之网络巨大的存储能力,信息过载成为人们不得不面对的问题,甄别与选择的难度空前提升,人们的注意力成为宝贵的资源。

(三)传媒业态的重塑

新技术从各个方面重塑媒介要素,传媒的整体业态也经历了一轮又一轮的洗牌与重塑。2017年1月1日,上海报业集团的《东方早报》休刊,其员工整体转入澎湃新闻网。同一天,《京华时报》不再发行纸质版,只保留和发展新媒体业务。越来越多的传统媒体遭遇停刊或停播,在市场压力下寻求新媒体转型。

技术让传统媒体陷入绝境,也给予其涅槃重生的力量。"两微一端"是传统媒体普遍采用的转型发展模式,通过微博、微信平台以及移动客户端发布新闻资讯内容,利用推送与社交媒体的分享特性提升阅读量,扩大影响力,在保持内容优势的同时,拓展平台渠道。除了平台的转型,新的技术还应用于新闻生产、内容创作、报道形式等多个方面。

在新闻生产方面,机器人跻身新闻生产者之列。2017年8月8日,四川阿坝州九寨沟县发生7.0级地震。地震发生后不久,中国地震台网即通过其官方微信公众号发布了一条速报,包含地震参数、震中地形、人口热力、周边村镇、周边县区、历史地震、震中简介、震中天气8项内容,总计540字并配有4张图片的新闻。而这条新闻正是机器人用时25秒编写的。如今,新闻机器人已经走进了各大新闻编辑室,新华社等各大新闻媒体都开始使用机器人进行特定类型的新闻写作。

在内容创作方面，越来越多地使用大数据，数据新闻成为一种常见的新闻类型。自计算机技术诞生以来，数据存储能力与数据处理能力不断提升。当量变积累为质变，海量的数据与信息开启了大数据时代。数据不只是单纯的数字资料与统计信息，更是宝贵的可挖掘的资源，并深入人们生活的方方面面，成为人们获取信息的重要形式和决策的重要依据。与以往新闻报道中简单的事实数字和调查数据不同，数据报道基于互联网的大数据资源，深入挖掘与整合分析海量大数据，并以可视化的方式给用户呈现更加具体、准确生动的信息。

在报道形式方面，突破了文字与图像的简单结合，更适应新媒介平台的形式层出不穷，短视频、H5、直播，甚至VR、AR都成为常见的新闻表现形式。2017年的全国两会报道中，新闻记者使用的一款叫作"钢铁侠多信道直播云台"的设备走红网络。集各种设备于一体的直播云台可以让一名记者独自完成视频、全景、VR等内容的同步直播与录制，也首次实现了裸眼与VR直播被应用于全国两会新闻报道。长期以来，靠着摄像机、话筒甚至一支笔杆走天下的新闻记者，在技术的驱使下投入了各式各样新技术设备的怀抱，曾经报道新闻的新闻工作人员转而成为被报道的对象。

新技术为新闻报道提供了更宽广的视野。近年来，无人机已被广泛应用于新闻摄影和新闻报道。从2013年起步，到2016年建成新华社"天空之眼"无人机队，国家摄影队的空中力量经历了从无到有、从有到强，已形成一支由30余名"机长"领衔，100余架无人机和近200名"记者飞手"组成的专业化无人机新闻报道队伍，并且通过新华社各个分社辐射全国。在重大突发事件报道中，如江西丰城发电厂"11·24"特大事故、江苏盐城龙卷风冰雹特别重大灾害等突发事件，无人机为受众带来及时的、全景式的影像资料，全面清晰地展现事件现场，提供了独特的视角。此外，无人机新闻还被广泛运用到各种报道场景，如G20杭州峰会、博鳌亚洲论坛、世界互联网大会等大型报道，以及"扶贫攻坚""四季美丽生态""天空之眼瞰祖国"等系列报道。[①]

技术给传媒行业注入活力，但也有可能喧宾夺主。技术在一定程度上解放了人的机械劳动，拓展了人的能力范围，但却无法替人思考。如果过于追求新的媒

---

① 王建华.天空之眼，摄影升维——新华社"天空之眼"无人机队新闻摄影实践与思考[J].中国记者，2017,(1).

介技术而忽略了内容的经营，往往会出现形式大于内容而流于浅薄的问题。

二、信息时代的社会变迁
（一）部落化生存

随着互联网，特别是社交媒体的发展，一种不受空间限制的群体在网络社会成长起来。只需一台可以接入互联网的设备，世界各地的人们便能实现随时随地的交流。基于各自不同的趣味或目的，人们在互联网领地中开疆拓土，建立联系，形成一种在虚拟网络空间聚集的部落。

Web1.0时代，互联网上的内容大多是由专业内容生产者提供的，网络用户很大程度上仍是被动接收信息的受众。因此，专业的门户网站曾红极一时。随着网络的发展，进入Web2.0时代，用户参与成为重要特征，用户生产内容代替专业生产内容，成为网络内容的主流，门户网站的辉煌被社交媒体取代。

据《2019年微信数据报告》显示，微信月活跃用户数约为11.5亿人，比去年同期增长6%。如果粗略计算，约82%的中国人是微信用户，可见微信这一社交媒体已经深深嵌入中国人的日常生活中。截至2019年7月，脸书（Facebook）的月活跃用户数超过23亿，是全球最受欢迎的社交媒体。世界上近四分之一的人口汇聚于网络，生产、分享、互动，互联网早已从单向的信息获取平台转化为一个人人皆可创造与分享的开放网络。

人们的交往与连接方式发生改变离不开新技术的驱动。克莱·舍基肯定了技术赋予人们新的机遇，"并不是我们的工具塑造了我们的行为，但是工具赋予了我们行为发生的可能"[1]。在这种可能的背后，是崛起的互联网群体的力量。生产力的发展和教育的普及，让整个社会拥有大量受教育公民的自由时间，即克莱·舍基所说的"认知盈余"。随着互联网的产生发展，这些"认知盈余"成为可以被利用的资源。

"正是因为具备了大范围在线互动的条件，才出现了由各种各样的人组成的社交网络。这样的网络在过去是不可能存在的。"[2]于是，获取与分享信息变得前所未有的便利，由非专业人员创造的信息与知识空前丰富。人们利用互联网参与

---

[1] 〔美〕克莱·舍基（Clay Shirky）.认知盈余：自由时间的力量[M].胡泳，哈丽丝译，北京：中国人民大学出版社，2011:71.
[2] 〔美〕尼古拉斯·克里斯塔基斯，詹姆斯·富勒.大连接：社会网络是如何形成的以及对人类现实行为的影响[M].简学译，北京：中国人民大学出版社，2013:300.

维基百科、百度百科等网络百科全书的编写；在Quora①、知乎等问答网站帮助他人答疑解惑，为自己的疑问寻求解答；在猫途鹰、马蜂窝分享自己的旅游心得，在大众点评写下美食评论，在豆瓣分享影评与书评；甚至通过线上社群组织线下活动。

然而互联网群体的崛起所带来的并不都是益处，互联网在人们的知识获取中扮演着太过重要的角色，"网络几乎吸引了我们的全部注意力，我们必然会成为错误信息传播的受害者"②，过多非专业者的信息分享，也使信息甄选和分辨变得更加困难。

互联网不仅影响人的认知，而且给用户带来心理上的变化。"现在，人与人之间的联系并不取决于我们之间的距离，而是取决于我们可以使用的交流技术。"③当空间不再是交往的障碍，"在线"成为一种常态。人们时刻处于某个网络群体中，并通过移动设备与亲人朋友交流，在社交媒体上与朋友抑或陌生人进行互动。社交媒体极大满足了人们的交流欲望，但无论何时何地都不再"孤身一人"的人们，却面临着一种新的"群体性孤独"。

此外，实时连接的信息技术给人们提供了逃离现实的可能，交流不必在场。网络给人们的交流带来了更大的自由，也带来了新的束缚。美国麻省理工学院的社会学教授雪莉·特克尔从20世纪80年代开始研究科技与互联网对人类心理的影响。在图克尔看来："网络的虚拟生活为个人提供了足够的空间，也让青少年难以从新的群体需求中逃脱。"④人们在期待他人随时在线的同时，自身也受到这种契约的束缚。同时，网络也模糊了真实与虚假的边界，人们创造出用来自我表达的虚拟自我。但逃避现实、沉溺于网络世界的社交规则，使人们面对现实时更加手足无措。正如弗洛姆所说："我们没有真正认识到，虽然人除掉了自由的旧

---

① Quora是一个问答型社交媒体网站，创办于2009年6月，2010年6月向公众开放。用户通过谷歌或者脸书账号即可登录，用户可在该网站提交或回答问题，也可以关注某些特定话题。
② 〔美〕安德鲁·基恩.网民的狂欢[M].丁德良译，海口：南海出版公司，2010:43.
③ 〔美〕雪莉·特克尔.群体性孤独[M].周奎，刘菁荆译，杭州：浙江人民出版社，2014:166.
④ 〔美〕雪莉·特克尔.群体性孤独[M].周奎，刘菁荆译，杭州：浙江人民出版社，2014:187.

敌,但性质不同的新敌又出现了。"①

(二)网络化社会

以互联网为代表的新技术,不仅改变了人们的连接、交往方式,也深入社会的方方面面,带来社会结构的改变。

1999年,马云带领18人团队在浙江省杭州市创立了阿里巴巴。在彼时的中国,互联网还是个新事物。随着互联网在中国的迅速发展,阿里巴巴集团2016财年电商交易额(GMV)突破3万亿元人民币,成为全球最大的零售体。互联网技术与零售业的结合,给经济形势带来了新变化,也悄然改变了人们的消费行为与消费习惯。与此同时,更多变革正在互联网带来的新的经济结构下悄然进行。

托马斯·弗里德曼意识到这个世界正在变得越发平坦:越来越多的人会发现他们能够找到越来越多的合作对象和竞争对手,人们将和世界各地越来越多的人互相竞争和合作,人们将会在越来越多的工作岗位上互相竞争和合作,人们面对的机会将越来越平等。②互联网在为教授与学生提供同样获取信息的途径的同时,也将个人、小团体与大公司拉向同一个竞技场。互联网普及前,全球化主要由国家及跨国公司驱动并促进其发展;现在,全球化也向个人与小团体给予力量,使其合作变得越来越便捷。

新技术影响了无处不在的全球化,也挖掘了鲜为人知的利基市场的价值。克里斯·安德森敏锐地观察到,"大热门"之外的小众市场潜藏着巨大可能,并由此提出了"长尾理论"。传统销售业受限于物理空间,在利益最大化的指导下,总会优先选择热门商品,而互联网为商业提供了另一种思路。虽然与热门商品相比,任何一件小众商品在销量上都小到不值一提,但其数量却惊人的庞大。"如果把足够多的非热门产品组合到一起,实际上就可以形成一个堪比热门市场的大市场。"③这样的可能性来自互联网带来的巨大储存空间与搜索能力。互联网不仅发现了"长尾"的巨大商机,也极大满足了消费者。在实体店里无处寻觅的小众商品总可以在网上轻松找到,曾经需要"踏破铁鞋"的消费需求如今变得只需动动手指那么简单。

---

① 〔美〕埃里希·弗罗姆.逃避自由[M].刘林海译,北京:国际文化出版公司,2002:76.
② 〔美〕托马斯·弗里德曼.世界是平的[M].何帆,肖莹莹,郝正非译,长沙:湖南科学技术出版社,2006:7.
③ 〔美〕克里斯·安德森.长尾理论[M].乔江涛译,北京:中信出版社,2006:11.

互联网不仅在社会经济领域大行其道，也让更多公民通过互联网获取政治资讯，参与政治讨论，甚至在网上参与决策。在越来越多的民众通过互联网参与政治的同时，"政治组织的网络形式开始取代旧的阶级划分形式"[①]。

这种改变是双向的：一方面，民众可以通过互联网直接向相关事务的负责人反映问题；另一方面，决策者也可以直达民众。例如，人民网开设了全国各地有关领导的留言板，使民众可以直接通过网络反映问题并获得反馈；2017年两会期间，还特别开设了"我有问题问总理"网上活动，吸引了超过百万网民参与，网民可就关心的问题直接向总理提问并参与网上互动。美国总统特朗普直接通过社交媒体推特发布信息，这些信息不经任何中间环节直达关注特朗普的各类网民。

然而，技术力量在重构社会结构之时，也造就了巨大的鸿沟。我国近半的非互联网人口无法通过互联网参与网络政治经济生活，在众声喧哗的网络时代，其诉求更难表达。相较于接入，技术的使用上存在着更大的鸿沟。中国互联网络信息中心（CNNIC）发布的第45次《中国互联网络发展状况统计报告》显示，截至2020年3月，我国网民规模达9.04亿，互联网普及率达64.5%。然而不可忽视的是，还有约35%的人口未能接入互联网，因此，信息鸿沟仍然值得注意。

（三）人与物关系的再定义

互联网实现了人与人之间通过电脑或智能手机等终端的联网，而随着传感器技术、RFID（射频识别）技术以及嵌入式系统技术等关键技术的发展，"物联网"的时代即将到来。连接不再限于人与人之间，人与物甚至物与物之间也开始建立联系。网络将迎来新的介入者——物品，信息交换与通信将不再完全依赖人，可以在物与物之间进行。

"假如你的冰箱注意到牛奶没有了，它应该能'请'汽车提醒你，在回家途中，顺便买些牛奶回来。"[②]这是尼葛洛庞帝在《数字化生存》中对未来技术发展的设想。通过物联网技术，冰箱可以实时监控存储物品，并通过网络与汽车交换信息，实现物与物的互联；而通过人与物的互联，汽车又可以将接收的信息传递给人。

这些20世纪末的设想如今已悉数实现，各大家电品牌纷纷从传统产品制造

---

① 〔英〕安德鲁·查德威克.互联网政治学：国家、公民与新传播技术[M].任孟山译，北京：华夏出版社，2010:28-29.

② 〔美〕尼古拉·尼葛洛庞帝.数字化生存[M].胡泳，范海燕译，海口：海南出版社，1996:249.

转向智能家电研发。最新的智能冰箱内部配备摄像头，并通过App与用户的移动设备相连接，远程即可监控内部食材，并可随时通过移动App或冰箱的在线商城选购食材。同时，通过3D摄像头和智能体感操控，智能冰箱可对用户进行人体扫描，测量身高、体重等人体数据，并计算出用户的身体质量指数、基础代谢率、体脂等，根据所得数据进行分析与评定，给出合理的运动与饮食建议。智能冰箱不仅与人相连，还可与其他智能家电交换信息。在智慧厨房中，冰箱通过网络将食谱发送给烤箱，烤箱则根据食谱选择最佳的烹饪方式，设定合理的烹饪时间，而在食物即将完成时，烤箱会向消毒柜发送"自动暖盘"的指令。物联网使指令可以在物与物之间直接传递，进一步解放了人。

随着新技术的发展，信息的接收与传播将无处不在，现有的网络形态将进一步拓展。更多的物品与设备成为信息终端，甚至人体本身都可以成为终端，媒介与非媒介的界限更加模糊。更广阔的连接形式将会出现，人与社会也会随之发生更加深刻的变革。

三、数字时代的文明复兴
（一）"新四大发明"

2017年5月，北京外国语大学丝绸之路研究院发起了一次特殊的采访，采访对象是"一带一路"沿线20个国家的在华留学生。在面对"你最想把中国的什么带回家"这一问题时，大多数受访留学生选择了高铁、电子支付、共享单车以及网络购物，并把其称为中国的新"四大发明"。随着采访视频走红网络，中国的"新四大发明"引发了中外网友的一致响应。近年来，这些发明早已融入人们的日常生活，即使是来自异国的年轻人，也难以抗拒科技的吸引力。

"新四大发明"是我国现代科技的缩影。经济社会高速发展，需要与之相适应的现代高速交通运输，高速铁路的布局必不可少，意义重大。中国高铁的建设成本只有其他高铁大国的高铁成本的三分之二，但工程质量却经受住了各种复杂极端的地理环境的考验。随着高铁技术的不断提升，截至2019年底，中国高铁运营里程突破3.5万公里，约占全球高铁网的七成，位居全球第一。

电子商务乘着互联网的东风迅速成长起来，不仅给人们的生活带来巨大便利，也给传统商业模式带来极大挑战。随着互联网在中国的普及，淘宝、京东等电商平台迅速发展，网购已成为互联网时代中国消费者的重要消费方式，便捷的快递业务使人们足不出户即可完成各种商品的消费。

依托互联网的第三方支付已经成为普遍的支付方式。据艾瑞咨询发布的2019年上半年《中国第三方支付行业数据发布报告》显示，2019年上半年，第三方移动支付交易规模约110.4万亿元，第二季度第三方移动支付交易规模约为55万亿元，同比增速22.6%。2016年4月，CNN记者威尔·雷普利（Will Ripley）在北京体验了一天无现金生存，只带一部智能手机，便可完成从街边煎饼摊到便利店、咖啡馆、餐厅的消费。这种令不少外国人赞叹的体验，在中国并不罕见。

物联网技术的发展，使共享单车等共享出行方式成为潮流。工业时代，物品的所有权与使用权往往集于一体，人们对物品的使用以拥有为前提；互联网时代，所有权与使用权逐渐分离，人们不再执着于物品的所有权，更偏向使用权。共享单车一经推出便迅速风靡全社会，不仅带来了一种更加绿色环保的出行方式，也强化了互联网经济下的共享理念。

2014年7月25日，连接土耳其首都安卡拉和伊斯坦布尔的安伊高铁全线建成通车，这是中国企业在海外修建的第一条高速铁路。中国高铁技术"走出去"的步伐逐渐加快，中国高铁将走向更多国家。支付宝走出国门，布局全球，用户在日韩、东南亚甚至欧美等国，也可以使用支付宝消费与办理退税。共享单车出现在英国曼彻斯特和美国西雅图，中国的新发明再次走向国际化。技术创新与经济发展，使中国再次成为世界的焦点。

（二）从文明古国到现代强国

新"四大发明"体现了中国的现代科技在社会发展中的地位与作用，这一称号并非自我标榜，而是出自生活在中国的外国人之口。正如享誉世界的中国古代"四大发明"——造纸术、指南针、火药和造纸术，如今已是尽人皆知，但却鲜有人知这一说法最早也是由外国人提出的。

早在17世纪早期，弗兰西斯·培根在他的《新工具》中将印刷术、火药和航海罗盘作为影响人类文明进程的三种事物，但他没有指出这些事物的来源。19世纪，来华传教士艾约瑟将造纸术加了进去，三大发明变为四大发明。而"四大发明"这一称号广为人知要归功于长期研究中国科学史的英国人李约瑟，他大力赞美和强调"四大发明"是中国人的杰出贡献。在李约瑟的提倡下，"四大发明"进入了我们的教科书。[①]

历史上，中国曾长期在科技上处于领先地位。凝聚着中华人民智慧与创造力

---

① 江晓原.关于四大发明的争议和思考[J].科技导报，2012(2):15.

的"四大发明",可以看作中国古代科技的一个缩影,它们在历史进程中,对世界产生了巨大的影响。马克思在《机器、自然力和科学的应用》中将火药、指南针、印刷术称作"预告资产阶级社会到来的三大发明"。它们极大地推动了资本主义在西方的发展,火药把骑士阶层炸得粉碎,指南针打开了世界市场并建立了殖民地,而印刷术则变成新教的工具。总的来说,变成科学复兴的手段,变成对精神发展创造必要前提的最强大的杠杆。①

两次工业革命后,世界见证了西方的崛起。曼纽尔·卡斯特认为两次工业革命是加速且史无前例的技术变迁,突然而意料之外的技术应用风潮,改变了全球财富与权力的分配,使其突然落入能够掌握新技术系统的国家和精英手中。②新发明、新技术不断涌现,极大提升了资本主义国家的社会生产力,也重构了工业时代的世界格局。

然而,在西方资本主义迅速发展的同时,古老而辉煌的中国却走向了闭关自守。鲁迅曾一针见血地指出:"外国用火药制造子弹御敌,中国却用它做爆竹敬神;外国用罗盘针航海,中国却用它看风水。"③对待技术截然不同的两种态度,一定程度上预示了工业时代东西方截然不同的命运。

当近代中国的有识之士认识到技术的重要性时,中国与工业化的资本主义国家之间的差距已然产生,封闭与落后给中国带来了近代百年的屈辱史。

新中国成立后,中国以崭新面貌出现于世界。改革开放以来,我国各项事业取得了辉煌成就。21世纪以来,互联网为中国注入了新的活力,提供了无限机遇与可能。创新的力量迸发而出,新技术如雨后春笋般涌现。正如习近平总书记所说:"现在,我们比历史上任何时期都更接近中华民族伟大复兴的目标,比历史上任何时期都更有信心、有能力实现这个目标。"④

2014年9月,李克强总理在天津举办的夏季达沃斯论坛上提出了"大众创业,万众创新",让中国涌动着"创业"与"创新"的浪潮。每一个怀揣梦想和创意的普通人都可以依靠科技的力量打开创业的大门。

---

① 〔德〕马克思.机器、自然力和科学的应用[M].北京:人民出版社,1978:67.
② 〔美〕曼纽尔·卡斯特.网络社会的崛起[M].夏铸九,王志弘等译,北京:社会科学文献出版社,2001:40.
③ 鲁迅.伪自由书[M].北京:北京联合出版公司,2014:8.
④ 习近平.习近平谈治国理政[M].北京:外文出版社,2014:36.

如今，在全球市值前十的公司中，科技互联网公司已占据了大多数席位，传统经济格局在极短的时间内进行了重构。腾讯、阿里巴巴、百度等流淌着中国血液的互联网公司抓住了互联网带来的时代机遇，跻身世界前列，更多的企业在互联网的助力下蓬勃地成长着，勾勒出未来的无限可能。

随着"新四大发明"的横空出世，今日的中国正以崭新的姿态重写文明古国的辉煌。在今日的中国，科技与创新的力量已成为社会进步不可或缺的驱动力，成为生活在各种技术编织的现代生活中的人们的共识。

"人类经过了这20年的互联网发展，未来的30年便是我们真正的开始，我们将真正进入技术时代。"①技术的力量已渗入中国社会的每一个角落，中国这个有着千年文明的古老国家，在新的科技力量的滋养下，开启了新的文明发展进程。

---

① 阿里巴巴集团.马云：未来已来[M].北京：红旗出版社，2017:62.

第二节 媒介、社会与文明理论

数字技术革命对媒介、社会以及文明等各个层面产生了前所未有的冲击,当人们试图审视数字时代的媒介革新、社会变革与文明变迁时,才发现数字技术引发的种种现象与问题已经溢出了传统理论的视野和框架,这为理论的突围与重构创造了全新的可能。

一、媒介理论视角下的数字变革:从媒介进化到信息史观
(一)媒介进化理论中的技术变革

在技术演变与进化的历史脉络中观照数字技术,是媒介技术学派的研究重点。自以哈罗德·伊尼斯、马歇尔·麦克卢汉为代表的加拿大传播学派开创以来,媒介与社会、信息与文明的关系受到传播学者前所未有的关注。到以尼尔·波兹曼为代表的媒介环境学派建立之后,媒介作为"环境"与"生态"的观点受到普遍认同。在数字技术全面改变人类传播形态并进而影响社会形态的背景下,媒介技术学派也进入新的阶段,其代表人物是作为北美媒介环境学派第三代旗手的保罗·莱文森。在进化论、哲学认知进化论、媒介环境学的沃土滋养下,莱文森提出了以媒介进化论为核心的"人性化趋势""补偿性媒介""知识进化三阶段"等媒介理论,对数字时代的媒介变革进行了新的阐释。

1979年,保罗·莱文森在他的《人类历程回放:媒介进化理论》一文中首次提出媒介的人性化趋势理论。他仿照达尔文的自然进化论阐释了媒介进化,即媒介进化的规则就是"适者生存",技术必然要适应人们喜爱的环境,只有当外部环境中的人们对技术称赞不已的时候,技术才能存活下来。因此,外部环境中决定技术生死存亡的因素就是人们对它的反应。[①]保罗·莱文森媒介进化论的人性

---

① 〔美〕保罗·莱文森.人类历程回放:媒介进化论[M].邬建中译,重庆:西南师范大学出版社,2017:40.

化趋势，有两个方面的内核：一是媒介系统自身的进化使媒介功能越来越融合人类信息交流的感官需求；二是媒介在宇宙中起到类似人体神经系统的信息沟通作用①，媒介越来越符合人类的传播发展方向。保罗·莱文森简要勾勒了一个媒介的人性化线路图：最初，人类的视觉、听觉和记忆功能有限，人类享受一个未扩展但平衡的传播环境；接着，媒介逐步突破限制，牺牲了平衡和媒介的其余要素；最后，人类探寻那些保持和继续过去的延伸性突破，同时又可获取曾丢失的人类传播世界中的自然性要素的媒介。②他在这个基础上将媒介划分为三个阶段，即互联网诞生之前的"旧媒介"（如书籍、报刊、广播、电视、电影等）、互联网上的第一代"新媒介"（如网络版报纸、网上书店等）、互联网上的第二代"新新媒介"（如博客、维基网、脸书、微博、微信等）。这种媒介人性化趋势的进化过程是技术世界的延伸，这样的延伸大大超越了原来的生物局限。③然而，所有的媒介进化在满足人类需求的同时或多或少会存在一定的缺陷，这种缺陷需要依靠人类的理性认知调节与改善不完美的技术。

保罗·莱文森后来提出的"补偿性媒介"理论正是着眼于改造与完善这种非完美技术。在他看来，人类通过理性认知与技术改造补救了过去某一种媒介或某一种先天不足的功能，后续的媒介补偿或提升了旧有媒介，从而使新的媒介越来越"人性化"，越来越满足人类的认知需要与心理需要。例如，印刷、报纸、录音等是对口头传播的补偿，广播是对近距离信息传递的补偿，电视是对广播不能音画同步的补偿，录像机是对时间与内容不受控制的电视的补偿，而网络则是"一个大写的补偿性媒介"，它补救了全部传统媒介。

根据保罗·莱文森的补偿性媒介理论，我们可以说，智能手机是对旧有媒介非移动性的补偿，无人机摄影是对人类身体空间限制的补偿，数据新闻是对人脑储存与计算能力的补偿，智能家居是对人与物弱连接的补偿。这些基于互联网产生的发明并不是补偿性媒介的终结，虽然无线网络的发展使我们摆脱了空间的局限，但是"到赛博空间去访问，需要你精心挑选时间，而且还受到电池有效期的

---

① 〔美〕保罗·莱文森.人类历程回放：媒介进化论[M].邬建中译，重庆：西南师范大学出版社，2017:5.

② 〔美〕保罗·莱文森.人类历程回放：媒介进化论[M].邬建中译，重庆：西南师范大学出版社，2017:35.

③ 〔美〕保罗·莱文森.莱文森精粹[M].何道宽译，北京：中国人民大学出版社，2007:37.

限制"①。保罗·莱文森的媒介进化论认为人可以理性选择技术,"人是积极驾驭媒介的主人",人具有控制技术能力,从这个角度来说,人工智能的发展对人类并不能构成威胁。

（二）从麦克卢汉到莱文森：媒介技术理论的"数字突围"

保罗·莱文森被誉为"数字时代的麦克卢汉",这一称谓既显示了媒介技术学派在研究传统上的延续,也显示了数字革命对传统理论的突破。在他的著作《数字麦克卢汉：信息化新纪元指南》中,保罗·莱文森谈道："《数字麦克卢汉》实际上是两本书：一本写麦克卢汉的媒介思想及其对我们生活的影响；另一本写我自己的思想,说的是麦氏思想如何帮助我们理解这个新的数字时代。"可以说,他将麦克卢汉的电力时代背景下的媒介理论放到数字时代的背景中并加以创造性地继承和发展,使媒介技术论有了更深的现实意义。

保罗·莱文森在麦克卢汉"媒介即信息"理论中提出"网络内容"的观点,为我们理解数字媒介变革提供了新的视角。麦克卢汉在其著作《理解媒介——论人的延伸》的开篇就提出"媒介即讯息"②理论,即真正有意义的信息并不是各个时代提供给受众的信息内容,而是媒介本身。麦克卢汉企图通过这个理论引导人们把注意力从媒介内容转向媒介本身,当保罗·莱文森用这一理论去验证网络媒介时,他发现网络内容并不是一种媒介,而是很多媒介。不仅过去的一切媒介是互联网的内容,而且使用互联网的人也是其内容,因为上网的人在创造内容,无论他们在网上做什么。③可以说,媒介环境的变革主要就是"内容"改变,人人都是信息的生产者,传受关系的改变也正是基于技术的改变。麦克卢汉的"媒介即信息"强调技术对人产生的巨大影响；而保罗·莱文森则强调人在媒介技术中的自主能力,技术的发展是由人的需求决定的,人工智能的出现也是在人的需求中逐步进化而来的。

除此之外,莱文森还在麦克卢汉"媒介四定律"的基础上提出了著名的技术演化三段论,说明了技术的发展与其带来的变革原因。麦克卢汉对任何一种媒

---

① 〔美〕保罗·莱文森.手机：挡不住的呼唤[M].何道宽译,北京：中国人民大学出版社,2004:43.
② 〔加〕马歇尔·麦克卢汉.理解媒介——论人的延伸[M].何道宽译,北京：商务印书馆,2010:33.
③ 〔美〕保罗·莱文森.数字麦克卢汉：信息化新纪元指南[M].何道宽译,北京：社会科学文献出版社,2001:53.

介的冲击力与发展提出了四个问题：它提升和放大了社会或人类生活的哪一个方面？它遮蔽或使之过时的是什么东西？它把什么东西从过时的阴影中再现出来？当它的潜力达到极限时又会逆转或突变成什么东西？[①]莱文森在这种"提升—逆转—过时—再现"媒介演化四定律的基础上提出技术演化的三阶段论，即任何技术一开始都具有玩具的功能，之后才发展成镜子的工具作用，最后慢慢演化成艺术。莱文森在研究手机这一数字时代的代表性媒介时着重体现了这一观点，在他看来，刚发明出来的电话对很多商业大亨而言就是"一种玩具"，没有"商业开发的可能性"，但技术力量的修复与受众对远距离可移动通话的需求使手机登上历史舞台，"手机在分裂繁殖的过程中和其他的细胞互动、结合，从而产生新的有机体；就像是一个强大的火花塞，手机点燃了技术进化与人类生活的发动机"[②]。今天的智能手机以新颖和有趣的方式对现实进行复制、解剖和重组[③]，手机的功能与外观开始侧重艺术审美。麦克卢汉与莱文森虽然就媒介的进化提出不同看法，但他们都认为媒介的发展并不一定是线性的，还有可能存在媒介共存叠加的一个时期。

（三）信息史观与数字化生存

以互联网为代表的数字媒介不仅明显改变了当代社会的历史进程，"同时也造成了历史观念的显著变化"[④]。受此影响，信息史观也上升为重新审视人类文明史的基本视角，比如在凯文·凯利等研究者看来，"生命和科技似乎都是以非物质的信息流为基础的"[⑤]。

有着"网络文化的预言家""游侠""思想的行者"等诸多称号的凯文·凯利则进一步提出新的技术概念，他的理论让我们从宏观角度看待人与技术之间的关系。他在1990年开始着手写作《失控》，并于1994年在美国出版，在这本预言式的书里，出现了大众智慧、云计算、物联网、虚拟现实、社会化网络等设想，现在这些设想都实现了。他认为自然系统中的自然王国和科技系统中的人造王国正

---

① 〔加〕马歇尔·麦克卢汉.理解媒介——论人的延伸[M].何道宽译，北京：商务印书馆，2010:84.

② 〔美〕保罗·莱文森.手机：挡不住的呼唤[M].何道宽译，北京：中国人民大学出版社，2004:9.

③ 〔美〕保罗·莱文森.莱文森精粹[M].何道宽译，北京：人民大学出版社，2007:9.

④ 王晴佳.互联网的普及与历史观念的变化[J].史学理论研究，2011(4):8.

⑤ 〔美〕凯文·凯利.科技想要什么[M].熊祥译，北京：中信出版社，2011:11.

在融为一体,机器正在生物化,而生物正在工程化。①他在《科技想要什么》中说:"我勉强创造了一个词来指代环绕我们周围的科技系统,(它)具有全球性和大范围的相关性。这个词汇就是技术元素。技术元素不仅指硬件,而且包括文化、艺术、社会制度以及各类思想。"②技术元素成为第七个生命王国,技术以观念为基础,以文化为存储器,技术永存于世,这是第七生命王国的永久边界。③凯文·凯利把人类的思维与活动都纳入技术元素的范畴,他在此基础上还提出"媒介技术是人思维的延伸"。他认为在工业时代,"人类的延伸部分是技术元素",用这种思维理解世界是很容易的,动物的延伸外壳来源于它们的基因,人类却不是这样。我们的外骨骼结构产生于我们的思维……如果说科技是人类的延伸,那也与基因无关,而是思维的延伸。因此科技是观念的延伸躯体。④凯文·凯利认为科技将与人类共同进化,这种观点也超越了单纯的技术乐观主义和悲观主义,他是用一种更宽广、理性、开阔的视野去看待媒介技术。

被称为"数字革命的传教士"的尼葛洛庞帝也针对数字时代的变革提出了自己的观点。他在《数字化生存》一书中提出,作为信息的"DNA",比特正迅速取代原子而成为人类社会的基本要素⑤。"后信息时代"已经悄悄来临,而后信息时代的根本特征是"真正的个人化"。这里的个人化,不仅仅指个人选择的丰富化,而且包含了人与各种环境之间恰如其分的配合⑥。他认为数字化生存具备流动性以及引发变迁的能力,人类的未来将越来越数字化。

扎克·林奇在数字时代的技术变革中提出"神经科技"的概念,他在《第四次革命——看神经科技如何改变我们的未来》一书中指出,人类正迈向"神经社会"的未来。所谓"神经社会",是指在神经技术的推动下,个人的、群体的、经济的和政治的方方面面都会发生重大变化的现实存在⑦。在第四次革命中,形成

---

① 〔美〕凯文·凯利.失控[M].陈新武等译,北京:新星出版社,2010:3.
② 〔美〕凯文·凯利.科技想要什么[M].熊祥译,北京:中信出版社,2011:13.
③ 〔美〕凯文·凯利.科技想要什么[M].熊祥译,北京:中信出版社,2011:57.
④ 〔美〕凯文·凯利.科技想要什么[M].北京:中信出版社,2011:46.
⑤ 〔美〕尼古拉斯·尼葛洛庞帝.数字化生存[M].胡泳,范海燕译,海口:海南出版社,1997:3.
⑥ 〔美〕尼古拉斯·尼葛洛庞帝.数字化生存[M].胡泳,范海燕译,海口:海南出版社,1997:4.
⑦ 〔美〕扎克·林奇.第四次革命[M].暴永宁,王慧译,北京:科学出版社,2011:Ⅲ.

新技术的新工具所能精确控制的目标，正是人们生命中最强有力的因素——思维。人类曾做过和发明出的一切，都是要实现对思维的控制。①神经社会最显著的特点是，它为人类提供了用以在一个高度相互关联的城市化世界中生存的种种工具，不仅是好用的，还可能是有奇效的。②

从麦克卢汉电力背景下提出的"媒介即讯息""媒介进化四定律"等理论，到保罗·莱文森的"网络内容""技术演化三阶段论""人性化趋势""补偿性媒介"理论，再到凯文·凯利的"技术元素""技术是人思维的延伸"，尼葛洛庞帝的"数字化生存"，以及扎克·林奇的"神经社会"，都是基于数字时代提出的新的媒介研究理论。

二、社会理论视野中的时代变迁：从信息时代到网络社会

技术的快速发展不仅仅体现在理论领域，它还使媒介与人类社会变成"硬币的两面"一样密不可分。首先，信息不仅仅是社会实体的反应，它已然成为当代人类社会发展的基本要素；其次，以互联网为主体的"新新媒介"是各个社会系统的基本结构的主要影响因素。

（一）信息是时代的前缀

20世纪60年代末，美国、日本等发达国家提出"信息社会"这一概念，其中最著名的是贝尔的"后工业社会理论"、托夫勒的"第三次浪潮"、奈斯比特的"信息社会"，以及曼纽尔·卡斯特的"信息资本主义"。信息社会学家通过理论分析证实了信息技术对社会方方面面的推动作用。

"信息时代"的形成并不是一蹴而就的，它是随着信息社会的发展与媒介的普及逐渐建立的。信息社会的发展有一个过程，从媒介普及的角度来看，社会信息化进程可分为两个阶段：第一阶段，20世纪50年代到80年代中期的初级信息化阶段，这个阶段的大众传媒，如报刊、广播、电视等都实现高度普及，个人化媒介，如电话、摄影、录像、传真等也日趋多样，达到一定的普及率；第二个阶段是20世纪80年代至今的高度信息化阶段，这个阶段的广播电视进入数字化多频道和卫星跨国传播③，以计算机、互联网、多媒体为代表的传播技术发展促使媒

---

① 〔美〕扎克·林奇.第四次革命[M].暴永宁，王慧译，北京：科学出版社，2011:261.
② 〔美〕扎克·林奇.第四次革命[M].暴永宁，王慧译，北京：科学出版社，2011:265.
③ 郭庆光.传播学教程[M].北京：中国人民大学出版社，2011:32.

介逐步融合。信息社会的发展也带动了经济的增长，20世纪90年代中期，美国经济增长中有27%来自高科技通信与信息产业，其产值占GDP的75%以上，传统的支柱产业建筑业只占14%，汽车工业仅占4%。信息产业已经成为美国的支柱产业，美国对信息产业的投资也超过对其他产业的投入。1996年，美国对电子计算机技术的投资占世界同类投资的40%，这标志着美国已进入"信息时代"。

信息的快速发展不仅作用于社会结构与世界经济，还对人类的认知与人与人之间的关系产生影响。20世纪90年代，尼古拉斯·尼葛洛庞帝提出，比特作为"信息"的DNA[①]，已经成为构成信息社会的基本要素。信息技术革命普遍渗透了人类活动的全部领域[②]，使人们实实在在感受到信息的普遍性和不可或缺性。[③]信息革命不仅是电信与计算机系统的统一，使信息在技术上实现随时随地传输，而且将参与人类的原动性活动，普遍、深刻而又无情地创造和重塑了人类的理论基础与现实基础，改变人类的自我认知，重组人类自身以及与他人之间的联系，并升华了人类对这个世界的理解。[④]

信息时代的作用一直延伸到今天，信息也不再是社会实体的反映，它已经成为我们日常生活必不可少的"能量"。一般来说，除了直立行走之外，制作工具和使用语言是人类与其他动物种群最主要的区别。然而长期以来，我们更加重视工具和能量对人类历史的影响[⑤]，甚至依托工具和能量划分人类历史的分期，如石器时代、青铜时代、铁器时代、蒸汽时代、电力时代等。然而，随着信息的使用越来越频繁，信息已作为一种新"能量"界定人类发展阶段。正如凯文·凯利所言："无论生命的定义是什么，其本质都不在于DNA、机体组织或肉体这样的物质，而在于看不见的能量分配和物质形式中包含的信息。[⑥]"

信息已成为时代的前缀，从最初的"消息、信号、符号"，到1948年"信息"一词登上历史舞台，到20世纪60年代"信息社会"一词的提出，再到90年

---

① 〔美〕尼古拉斯·尼葛洛庞帝.数字化生存[M].胡泳，范海燕译，海口：海南出版社，1997:3.

② 〔美〕曼纽尔·卡斯特.网络社会的崛起[M].夏铸九，王志弘等译，北京：社会科学文献出版社，2001:5.

③ 马费成.信息管理学基础[M].武汉：武汉大学出版社，2000.

④ 〔意〕卢恰诺·弗洛里迪.第四次革命[M].王文革译，杭州：浙江人民出版社，2016:XI.

⑤ 崔林.媒介史[M].北京：中国传媒大学出版社，2017:14.

⑥ 〔美〕凯文·凯利.科技想要什么[M].北京：中信出版社，2011,XIV.

代"信息时代"的产生,"信息"进化到今天已经成为人类生活的"能量"。"信息"内涵的演变恰恰符合媒介进化的历程,可以说,信息在技术变革与社会发展中扮演着重要角色。信息不仅影响着社会的经济基础与上层建筑,还参与了人的社会活动与思想认知。正如信息哲学和信息伦理的创始人卢恰诺·弗洛里迪提出的"图灵革命"——信息与通信技术不再是人与外部世界、人与人之间沟通的工具,它已经成为环境、人类学、社会等的发展,甚至是解释外部世界的力量。

(二)网络作为社会的结构

信息时代的特征体现在网络社会,它以全球经济力量,彻底动摇了以固定空间领域为基础的民族国家或所有组织的既有形式。[①]可以说,信息技术革命催生了一种新的社会模式,即网络社会。"网络社会"最初是被曼纽尔·卡斯特用来定义社会结构的,强调信息传播在全球社会的中心地位。20世纪90年代中期,作为"新城市社会学"的创始人,卡斯特在全球化信息网络崛起的时代背景下,凭借社会学的背景和固有的社会学想象力,结合当时全球性的研究数据信息,以信息技术为切入点,创作了"信息时代三部曲"——《网络社会的崛起》《认同的力量》和《千年终结》,阐述了网络社会作为一种新的社会形态正在"崛起"。可以说,卡斯特研究视角的转换伴随着工业时代向信息时代的转移。

在他的著作《网络社会的崛起》中,曼纽尔·卡斯特从全球经济、网络企业、文化制度、经济组织、就业结构、虚拟文化、流动空间、永恒时间等20多个角度阐述网络社会崛起对人类产生的变革。他指出:"我们当前的社会正在经历一场信息技术革命,重组了现代社会的方方面面,而根植于信息技术的网络,已经成为现代社会的普遍技术范式,它使我们的社会重新结构化,改变着我们的社会形态。"[②]新媒介技术构成的网络社会不仅在社会生活中对人类产生影响,同时在社会结构中产生巨大变革。

网络社会的沟通系统彻底转变了人类生活的基本向度:空间与时间。曼纽尔·卡斯特在此基础上提出了流动空间与无限时间:流动空间是指在电信、交互通信系统和快速交通运输等技术支持之下,物流组织通过网络通信在一定距离之间同时进行的社会交互活动;无限时间是指按照时间密集排列或根据顺序的瞬间而即

---

① 〔美〕曼纽尔·卡斯特.网络社会的崛起[M].夏铸九,王志弘等译,北京:社会科学文献出版社,2001:3.

② 〔美〕曼纽尔·卡斯特.网络社会的崛起[M].夏铸九,王志弘等译,北京:社会科学文献出版社,2001:469.

时排列的社会行为的先后顺序。[①]可以说，移动手机体现并强化了网络社会瞬时性特点的无限时间。流动空间与无限时间是新文化的物质基础，超越并容纳了历史传统之再现系统的多种状态：这个文化便是真实虚拟之文化。[②]

具备新能力的群体逐渐在网络社会形成了，他们的工作无须遵循管理规则，克服了限制其有效性的传统桎梏[③]，任何人都可以在任何时间通过网络平台发布事件或观点。社交软件，即支持成组通信的软件，如博客、Digg、MySpace、维基、搜索引擎等为人类提供了信息上的便利。传播主体的大众化使普通大众有条件成为独具影响力的意见领袖，个体意见的累加形成舆论强势，进而对决策者产生影响，网络社会提供的表达渠道带来了话语权力的分散与碎片化，民众通过网络在各种问题上表达自己的意见，由此消解了原有的权威话语中心。

新技术不仅对就业结构和社会阶层产生影响，还在经济领域中掀起巨大变革。原子经济可能更多地聚焦在象征工业时代的"巨大的头部"，而比特经济则充满了"狭长的尾部"，成为经济现象中新生的、活泼的、巨量的组成部分。[④]网络的出现使免费成为可能，在互联网中，免费的真正含义是指共享信息资源和网络资源[⑤]。除此之外，注意力成为网络社会的一种资源，而且变得越来越有价值。如果你想得到某人的注意力，就必须用某种有价值的东西去交换。[⑥]总的来说，网络不仅创建了新的信息经济运行模式——虚拟经济，还对传统经济模式和产业注入新的元素，改变大众的消费方式。

网络为人类建构了一个虚拟世界，人与社会、人与人之间的关系开始发生转变。马克·格兰诺维特基于时间跨度、情感强度、亲密程度和互惠交换四个方面的不同组合，把人们之间的关系划分为强关系和弱关系[⑦]，他认为弱关系才是信息

---

① 〔美〕曼纽尔·卡斯特.移动通信与社会变迁：全球视角下的传播变革[M].傅玉辉，何睿等译，北京：清华大学出版社，2014:145.

② 〔美〕曼纽尔·卡斯特.网络社会的崛起[M].夏铸九，王志弘等译，北京：社会科学文献出版社，2001:466.

③ 〔美〕克莱·舍基.未来是湿的[M].胡泳，沈满琳译，北京：中国人民大学出版社，2009:15.

④ 〔美〕克里斯·安德森.免费：商业的未来[M].蒋旭峰等译，北京：中信出版社，2009.

⑤ 〔美〕克里斯·安德森.免费：商业的未来[M].蒋旭峰等译，北京：中信出版社，2009.

⑥ 胡泳.我们时代的知识生产[J].读书，2003.

⑦ Granovetter M..*The Strength of Weak Ties*[J].American Journal of Sociology,1973:78.

传递的桥梁。与之观点相反的是尼古拉斯·克里斯塔基斯,他提出了三度影响力产生的"强关系"理论。雪莉·特克尔通过研究发现,信息技术给人们带来巨大的便利,也给人们带来心理上的负面影响,它使人与人之间的关系弱化,越来越感到孤独——网络上的"表演"很累人,他们已经厌倦了,他们渴望靠近真实。年轻人越来越怀念那些逐渐消逝的美好事物,在他们心里,手机和网络世界不是可以"逃离"的另一个"瓦尔登湖"。①

网络作为社会的结构,重新组织了其中的方方面面——社会形态、社会价值、权力结构、时空范式、文化特征、社会层级、公共领域等各个层面。从信息时代到网络社会的历史变迁,信息不仅是社会实体的反映,更是当代人类社会发展的基本要素,以及影响社会系统的基本结构。

三、文明理论视野中的技术变革:从传播偏向到变革动因

(一)传播偏向论中的数字变革

"一种新媒介的长处将导致一种新文明的产生。②"在《传播的偏向》中,哈罗德·伊尼斯直接将媒介变革与文明变迁联系在一起。这位原本研究加拿大经济学史的经济学家,将目光转向文明史和传播史,甚至成为技术学派的创始人。第一次世界大战的战地经历让他切身体会到,西方文明是咄咄逼人的扩张的文明,在研究过程中,他逐渐发现信息技术传播除了影响社会经济外,还影响整个文明。

在此基础上,伊尼斯从世界文明史、传播史出发,提出了著名的"传播偏向论"。他将传播和传播媒介分为两类:口头传播的偏向与书面传播的偏向、时间的偏向与空间的偏向。③偏向时间的媒介表现在它对文化制度产生的影响,即宗教组织;偏向空间的文明则侧重地域扩张及个人主义,即军事政治。他指出稳定的社会需要这样一种状态:时间观念和空间观念维持恰当的平衡④。

---

① 〔美〕雪莉·特克尔.群体性孤独[M].周逵,刘菁荆译,杭州:浙江人民出版社,2014:281.
② 〔加〕哈罗德·伊尼斯.传播的偏向[M].何道宽译,北京:中国人民大学出版社,2014:28.
③ 〔加〕哈罗德·伊尼斯.传播的偏向[M].何道宽译,北京:中国人民大学出版社,2014:6.
④ 〔加〕哈罗德·伊尼斯.传播的偏向[M].何道宽译,北京:中国人民大学出版社,2014:53.

从这个视角来看当下互联网的传播偏向，我们会发现网络是具有双重偏向的。一方面，符合伊尼斯界定的"空间偏向"媒介特征——轻巧易运输，信息能够远距离传输，互联网可以通过各类PC终端、移动终端等脱离媒介的物理属性进行符号传输，这无疑是倚重空间的；另一方面，随着数字技术的飞速发展，人类将研制并普及更多耐久且永恒延续的信息存储介质，比如，云时代使大数据存储成为现实，从这个角度来说，网络媒体也有明显的时间偏向。由此可见，互联网已经挣脱了时空的局限性，作为一种虚拟媒介，它并不完全适用于伊尼斯传播偏向的划分标准，毕竟伊尼斯更侧重传播介质的研究，而互联网更多是信息的传播方式。

伊尼斯作为"媒介技术主义范式"的先驱，从文明的角度研究媒介的偏向和强大影响。他认为文明的相对稳定性受制于社会中传播媒介的性质和占比，就信息的组织和控制而言，每一种媒介都有一种偏向，传播媒介的发展是社会变迁的关键因素之一，传播媒介有助于文明保持时间上的持续或者空间上的扩展。[①]

（二）以印刷术为镜：互联网是变革动因

随着互联网对社会形态、基础结构、心理建设等都产生了深刻的影响，媒介的社会作用与历史影响也成为人文社会学科的主要研究范畴。

在人类文明发展的历史中，印刷术就如同今日互联网般掀起一场深刻的社会变革，然而，关于印刷术在欧洲普及之后的影响却鲜有研究。关于印刷术产生的传播革命对欧洲变革带来深刻影响的研究还要起源于1962年马歇尔·麦克卢汉出版的《谷登堡星汉璀璨：印刷文明的诞生》一书，他宣告线性展开、条块分割的历史研究已经过时，应该将研究重点放在印刷术产生的社会影响和心理影响上。[②]

伊丽莎白·爱森斯坦在马歇尔·麦克卢汉关于印刷术所产生的社会与心理影响研究的基础上，潜心15年探索印刷术这一媒介引发的传播革命对欧洲人文主义、文艺复兴、宗教改革、启蒙思想和科学革命等领域的深刻影响，认为印

---

① 华进，陈伊高.媒介环境视阈下传播的"媒介偏向论"探析[J].湘潭大学学报（哲学社会科学版），40(3).

② 崔林.变革动因与背景范式——对互联网与印刷术社会作用与历史影响的比较[J].现代传播，2014(5).

刷术可谓是西方社会近代化这一巨大社会转型过程的变革"动因"。①作为一种变革动因，印刷术改变了资料搜集、储存和检索的方法，并改变了欧洲学界的交流网络。②除此之外，印刷术还深刻地改变了近代西方人的历史观念——"民族—国家"视角的建立不再只是政治自上而下的行为，还与整体成员的公民意识相关。爱森斯坦通过对印刷术的研究展现了媒介在社会历史文明中发挥的巨大作用。

英国剑桥大学教授皮特·帕克在《媒介社会史》一书中说："今天的互联网就好比手写时代的印刷术。"他认为印刷术最大的影响就是让更多人获得信息、参与文化运动。今天的互联网同样如此，几千人可以同时看一本书并且进行讨论，这是文化史上的一个重大变化。③然而，在对社会影响的广度、深度与速度上，印刷术与网络媒介是不可同日而语的。首先，在对社会历史进程的影响上，印刷术是通过文本的机械复制和分发进行知识传播与观念扩散的；而互联网已成为人类社会发展中的生产工具，深刻影响着社会形态、生产方式、社会结构、社会价值、文化特征、人类心理等各个方面。其次，在对文化形态的影响上，活字印刷的发明和发展给西方文明的思想生活带来了急遽的变革，为教育和思想的传播开辟了新的天地④，甚至改变了文艺复兴的进程；而互联网不仅改变了文化的表现形式，还改变了文化的基础，改变了人们对真理、理性、伦理等文化基本矛盾要素的认识，创造了一种全新的文化形态⑤。

总之，互联网产生的影响是全球性的，它突破了印刷术催生的"民族—国家"为单位的历史视角。在历史上，虽然中国是印刷术的发源地，却因当时的内在制度、文化传统、生产方式、社会需求等多重因素的影响，印刷术未能促成重大变革。然而，产生于西方社会的互联网在传入中国的三十多年间带来了天翻地

---

① 崔林.变革动因与背景范式——对互联网与印刷术社会作用与历史影响的比较[J].现代传播，2014(5).

② 〔美〕伊丽莎白·爱森斯坦.作为变革动因的印刷机：早期近代欧洲的传播与文化变革[M].北京：北京大学出版社，2010:6.

③ 《互联网时代》主创团队.互联网时代[M].北京：北京联合出版社，2015:4.

④ 〔美〕伊丽莎白·爱森斯坦.作为变革动因的印刷机：早期近代欧洲的传播与文化变革[M].北京：北京大学出版社，2010:16.

⑤ 戴元光，赵士林，邢虹文.互联网与文化重构及社会分化[J].上海大学学报(社会科学版),2002(9):2.

覆的变革。

互联网对输出国与输入国产生的影响也各不相同：首先，在互联网的规模效应上，西方偏向"去人化"[①]，而中国固有的人口基数凸显了互联网对人与社会的影响力；其次，在互联网的受众接纳程度上，西方接受得早，互联网早已渗透到社会各个方面，而中国处于转型期，受众在接受网络这一外来事物时呈现了裂变之势。从媒介技术论的视角来看，搭乘网络媒介的这趟列车将有利于实现社会发展，避免出现在印刷时代错失机遇的问题。

---

① 包政.西方为什么没有"互联网思维"？[J].中外管理，2015(9).

第三节　案例解析

一、数据技术与传媒变革
（一）数据信息革命：算法为王

大数据被喻为"第三次浪潮华彩乐章"，在信息传播领域掀起了巨大波澜。秉承"算法为王"的理念，今日头条、BuzzFeed等平台相继诞生，它们改变了传统新闻的生产方式，以及传播者与受众的关系，甚至大有颠覆之意。

今日头条诞生于2012年。彼时，29岁的张一鸣创办了北京字节跳动科技有限公司，开发出一款基于数据挖掘的推荐引擎产品，即今日头条客户端。这款"没有小编"的内容推荐类应用，应用深度数据挖掘技术，"计算"用户的需求，实现信息的精准推送。上线三个月后，今日头条便拥有了1000万用户；创建三年后，获得1亿美元融资。《2019今日头条年度数据报告》显示，2019年有1825万名用户首次在头条发布内容，2019年头条创作者共发布4.5亿条内容，所有内容创作获赞90亿次，向世界提问超过1.5亿次，近10万个问题得到了100条以上的回答。

今日头条与2006年兴起的BuzzFeed拥有相似的初创理念和成长历程。BuzzFeed由《赫芬顿邮报》的联合创始人乔纳·佩雷蒂创立，以算法为核心，生产和推送信息。BuzzFeed成长迅速，备受资本青睐。2016年底，年仅10岁的BuzzFeed再次获得2亿美元的融资，完成融资后估值可达到17亿美元，与拥有165年历史的纽约时报的市值相差无几。今日头条和BuzzFeed这两匹"黑马"以"颠覆者"的形象闯入传统新闻业，引发了一系列变革。

首先，从新闻生产方式上看，在传统的信息采集过程中，记者和编辑是当仁不让的主角，负责新闻的生产和加工，再经由媒介传播给受众。但在数据时代，记者和编辑成为配角，数据和算法主导着信息生产的话语权。今日头条没有自己的内容创作团队，更准确地说，它扮演着信息搬运工的角色。今日头条通过与用户注册时绑定的社交账户相连接，应用数据挖掘技术快速"读懂"用户，基于用户的搜索习惯和兴趣，为其筛选信息并实现精准推送。BuzzFeed 同样打造了一支强大的技术与数据分析团队，并开发了一款名为 Pound（Process for Optimizing and Understanding Network Diffusion）的专利技术。这项技术能追踪内容的传播路径和传播方式，通过分析海量数据迎合用户的多元喜好，提供信息服务，并实现大面积传播或精准推送。

第二，在传播内容层面上，"数据可视化"成为一种常态化的表现方式，抽象的数字拥有了具体的呈现方式，应用最为普遍的是"清单式列表""一图读懂"的模式。近几年全国两会期间，人民日报、新华社、中央广播电视总台等主流媒体，均采用数据可视化形式解读政府工作报告，采用多种形态的表格整合分析报告涉及的数据信息，让读者"换种方式读报告"。需要注意的是，这种图表新闻并不同于传统报纸上的"图文混搭"，数据不再是辅助解读文字信息的补充，而成为新闻的主体信息。

第三，在传播方式层面，个性化的"精准推送"改变了传播者和受众的关系，消解了传播者的权力。信息的传播者不能只依托传统的传播方式保持主导信息流向的能力，需要关注用户需求，紧跟科技步伐，应对网络社会和算法技术带来的挑战。今日头条创始人张一鸣在 2016 年的"未来媒体峰会"上说，是时候把过滤信息的权力让渡给社交关系和算法了。传统媒体人也不得不承认这个现实，正如《纽约时报》社交媒体编辑辛西娅·柯林斯（Cynthia Collins）所说："为了能被受众读到，我们实在让渡了太多控制权。"[1]

这种一切向用户看齐的传播理念，为全球媒体业带来了新的思考——用户到底需要什么样的信息？应以何为标准来生产新闻、判断新闻的价值？已经有学者开始担心，个性化算法将加剧"信息茧房"效应，"当用户失去了对外界环境的全感知，社会整合将变得愈加困难，作为对个性化信息服务的平衡，面向大众的常态化、公共化信息推送，仍然是必要的"[2]。

但无论学者对此有何争执，个性化将是未来信息产业的重要需求。这种个性化的趋势，在凯文·凯利眼中是一种必然性：在这个充满了免费数字复制品的超饱和数字时空中，复制品无处不在，太过廉价，以至于无法复制的事情才变得真

---

[1] 骆世查编译.硅谷如何重塑新闻业[J].新闻记者，2017(7).
[2] 彭兰.未来传媒生态：消失的边界与重构的版图[J].现代传播，2017(1).

正有价值。①

（二）VR时代：体验为主的沉浸式传播

在当下迅猛发展的"黑科技"中，AI、VR、AR最受人关注。AI指人工智能（Artificial Intelligence），VR指虚拟现实技术（Virtual Reality），AR指增强现实技术（Augmented Reality）。目前，在信息传播领域，VR的应用走在前列。

中国在2016年迎来了VR发展的新时期。艾瑞咨询发布的《2016年中国虚拟现实（VR）行业研究报告》预计，中国VR市场规模将以每年3—5倍的增速加速扩张，到2020年将达到550亿元。2016年8月，"VR新闻实验室"在北京成立，其成员包括法制晚报、广州日报、辽沈晚报等10多家平面媒体，旗下记者在VR虫洞网（www.vrcdkj.com）上发布全国各地的VR新闻视频。在这些VR新闻中，有的是对自然风景未经剪辑的单机拍摄，有的是对极限运动的跟踪拍摄，有的是对民俗婚礼的记录拍摄……这些信息并非重大事件，大多来自民众生活，新闻信息的重要性让位于感官体验。

国际媒体业也早早开始了VR的尝试。2015年，《纽约时报》与谷歌合作，推出一款名为NYT VR的App，主打VR新闻和纪录片，并向订阅其报纸的用户免费提供100万个谷歌开发的Cardboard眼罩，方便其观看VR节目②。2016年，VR项目"寻找冥王星的冰冻之心"亮相纽约翠贝卡电影节，该VR节目开启了一场虚拟旅行，让观众跟着记者直接踏上了冥王星。这本是人类在现实生活中无法抵达的地方，但依靠VR技术，用户可以打破时空的界限，"身临其境"感受冥王星。

VR塑造了一种新的传播规律，改变了信息的接收方式。在传统的新闻报道中，用户是以第三者的视角，站在旁观者的位置接收信息；但VR赋予了他们主观视角，重新定义了新闻现场，让受众成为新闻现场的主体，打破了传者和受者的界限。

进一步说，VR新闻更强调主观感受。在这种"我中有你、你中有我"的VR时代，信息的价值和传播效果由主观体验决定。负责VR部分的《纽约时报》编辑萨姆·多尔尼克曾发出这样的感慨："你环顾四周，没有故事，没有任何事发生。我甚至都不知道这算不算新闻范畴了，它只是一种信息的传输，即使是单纯

---

① 〔美〕凯文·凯利.必然[M].北京：电子工业出版社，2016:70-71.

② 周璐.纽约时报VR新闻的实践与探索[J].传媒，2017(18).

的信息，在虚拟现实中也会变得无比强大。"

更重要的是，随着全景摄像机、无人机的应用常态化，VR技术正在打造一种新的沉浸传播体验。保罗·莱文森在其"补偿性媒介"理论中指出，一切媒介都是补偿性媒介，补救过去媒介的不足，使媒介趋向人性化。VR带领受众直接进入新闻、参与新闻，强化了视觉、听觉、触觉的沉浸体验，打造了一个可实现跨时空仿真互动在场交流的超级传播媒介[①]。这个超级传播媒介，以沉浸式的全感传播体验，让人的能力获得了一次新的延伸。

早在1964年，麦克卢汉便分析，凭借分解切割的、机械的技术，西方世界取得了三千年的爆炸性增长，现在它正在经历内向的爆炸。在机械时代，我们完成了身体在空间范围内的延伸；今天，经过了一个世纪的电力技术发展之后，我们的中枢神经系统又得到了延伸，以至于能拥抱全球。[②]从报纸到广播电视，再到互联网，技术的变革让传播体验从二维静态扩展到动态，VR将进一步拓展这种体验感，新闻不再是读的、看的，而是用全身心来体验的。

二、从社交媒介到社会平台

（一）微信朋友圈：从人际传播到社交化平台

《2019微信年度数据报告》显示，截至2019年9月，微信月活跃用户数为11.5亿人次；2019年，腾讯市值达3.69万亿港元（折合约为3.21亿人民币，约4600亿美元）。作为中国社交媒体的领头羊，微信的成长轨迹值得关注。其中，微信朋友圈打造的社交化平台，最具有代表意义。

2011年1月，微信诞生，它的定位是基于一种人际交往中"强关系"网络打造的人际传播工具。微信社交平台的雏形，始于朋友圈的横空出世。2012年4月，微信推出朋友圈功能，支持用户把照片分享到朋友圈，可让关联通讯录中的好友对其发表评论。这让刷朋友圈、为人点赞成为一种新的社交方式。有人调侃，如今叫醒你的不再是闹钟而是朋友圈的更新。这种社交性带来了用户的高黏度，让微信不再只是信息传播或交流的工具，而是日常生活的一部分。

在朋友圈上线的4个月后，微信推出公众平台，公众平台上的内容可随时分享到朋友圈，随后又细分为公众号和订阅号。公众平台的诞生进一步彰显了社交

[①] 杭云，苏宝华.虚拟现实与沉浸式传播的形成[J].现代传播，2007(6).

[②] 〔加〕马歇尔·麦克卢汉.理解媒介[M].何道宽译，北京：商务印书馆，2001:23.

平台化的理念。这种形式赋予了微信重要的媒介属性，一个新的社交生态圈自此诞生。微信公众号成为一个全新的舆论场，它吸收传统媒体纷纷入驻，捧红了一批知名自媒体人，也催生了一条、二更、视觉志等新媒体公司。

这种社交平台化的思路，并非微信独有。2004年脸书刚成立时，只有一个简单的页面，不能查看好友状态更新，只能通过点击主页上的简介窗口来查看消息更新。2006年，扎克伯格连同脸书首席产品官克里斯·考克斯等人共同开发了News Feed。News Feed决定了用户打开脸书后看到的第一眼内容，它通过算法调整和优化用户主页的信息排序，既能让用户发布并查收好友更新的动态信息，也能让用户看到智能推荐的新闻。扎克伯格说，News Feed让社交软件不再只是一个沟通交流工具。现在，脸书用户主页会展示好友更新，还传递着世界最新动态。扎克伯格称News Feed是他过去10年间押下的最大赌注之一，它帮助塑造了互联网社区。

这种"互联网社区"的理念，正包含了社交和信息传播两个维度的概念。2016年，脸书上线Instant Articles（"即时文汇"），与《纽约时报》等多家传统媒体签署合作协议，它们可以直接在脸书上发布新闻，成为一种内嵌于News Feed的新闻，更方便用户阅读而无须转入原网址。News Feed最大的意义在于重构了一个信息社区，官方的权威信息与民间信息杂糅在一起，在社交媒体的信息流筛选中，打破了原有社会话语权的分配并对其进行重组。

马克·威瑟曾说："最深刻的技术是那些看不见的技术，它们将自己编织进日常生活的细枝末节之中，直到成为生活的一部分。"[1]媒介的发展影响着人们的生活方式，网络社会引起了社交能力和社交结构的转变，社交平台正在成为生活的一部分。如果说在以电视、报纸为主的大众媒体时代，人们排解寂寞的方式是看电视获得娱乐，那么在社交媒体时代，群体性孤独催生了社交的需求，人们的社交模式和文化发生了变化。

（二）社交媒介作为结构平台

微信不仅在朋友圈塑造了社交平台，更成为网络社会的基础性平台，深刻影响着社会的方方面面。纵观微信十余年的发展历程，其定位从最初的人际传播工具，到社交化平台，再到全盘侵入生活方方面面，成为社会结构中不可分割的一部分。正如曼纽尔·卡斯特所说：作为一种历史趋势，信息时代的支配性功能与

---

[1] 〔美〕斯蒂芬·李特约翰.人类传播理论[M].史安斌译.北京：清华大学出版社，2003.

过程日益以网络组织起来。网络建构了我们社会的新社会形态,而网络化逻辑的扩散实质地改变了生产、经验、权力与文化过程中的操作和结果。①

微信的鼻祖,要追溯到QQ时代。1998年的冬天,27岁的马化腾和同学张志东在广东注册成立了一家计算机系统公司,名为腾讯,随后发布OICQ,它是一款可以实现点对点、一对多的聊天软件。2000年,OICQ正式更名为QQ,当年4月,QQ的注册用户数突破500万。

在QQ诞生12年后,微信项目正式启动。2011年1月,微信1.0的iOS版上线后并不被外界看好,按照微信创始人张晓龙所言,直到4月引入语音对讲功能,微信才活了下来。语音丰富了传播形式,但也不过是打造了一种更便捷的沟通方式,此时的微信处于人际传播的时代。随后,微信增加查看"附近的人""摇一摇""二维码"等功能,意味着微信从熟人沟通走向陌生人交友。从2011年1月创立,到2012年3月29日用户数突破1亿,微信仅仅用了433天。

2014年,微信又一个重磅功能诞生——微信支付。与支付宝相比,微信支付的独特性在于其依托聊天场景,而非支付本身,微信红包成为颇有中国特色的一种社会现象。2015年春节,从除夕至大年初五,6天内微信春节红包收发数32.7亿次,一年后收发数增长近10倍,到了2017年春节,微信红包收发数达到460亿个。从2016年到2017年,微信又陆续增强搜索功能、增加朋友圈小视频等。2017年初,微信小程序正式上线。不同于手机App,小程序的功能设置是鼓励用户用过即走,没有沉淀用户、黏住用户的机制。

随着信息流动性和社交属性的增强,开放和共享成为社会结构的新元素。纵观微信的发展历程,它基于初期的通信工具,不断拓宽交友圈,以强连接为主、弱连接为辅,贯通了虚拟社交圈与现实社交圈。当朋友圈和公众平台强势崛起之时,微信具备了社交平台属性。随着功能的不断扩展,微信打造了一个集信息、社交、娱乐、商业等为一体的生态圈,是用户生活中必不可少的一部分。Buzzfeed同样如此,重在打造没有"形状"的企业。BuzzFeed根据受众的"分享状态",场景化地追随受众,活跃在社交媒体中,其设立的社交媒体分发部(BuzzFeed Distributed)的职责就是创造"属于BuzzFeed,但不在BuzzFeed网站发布"(BuzzFeed, off BuzzFeed)的原创内容,其自身内容在其他社交平台上也能获得流量。根据2016年的统计,BuzzFeed在11个国家通过30个不同的平台发布内容,大约有80%的内容是借助

---

① 〔美〕曼纽尔.卡斯特.网络社会的崛起[M].北京:社会科学文献出版社,2000,569.

其他平台而不是通过自己的网站发布出去的，创建了一个强大的传播网络。主打信息分发战略的 Now This News 做得更直接，其登录页面上干脆声称："主页，这个词听上去陈旧不堪。我们将在您的社交平台中提供新闻。"

平台这种开放空间打造了一个分散的协作式群体，社交时代提供了一种群体行动的新奇方式，能以低成本实现大规模协调。克莱·舍基对此进行了详细的阐述：严肃、复杂的工作可以不受机构指导而实施。松散协调的各类群体如今可以取得比以前任何组织机构都不可企及的成果。如果把群体行为看成一个梯子上的递进行为，社会化工具改善了这些行为并使之成为可能。按照难度级别递进，分别是共享、合作和集体行动。[①]共享，是平台生存的土壤，成为社交媒体时代的主旋律。正如曼纽尔·卡斯特所说，在这样一个以网络为基础的社会结构中，社会演变与信息技术的汇聚，创造了整个社会结构活动展现的新物质基础，在网络中建造的这个物质基础标示了支配性的社会过程，因而塑造了社会结构自身。[②]

三、信息革命与文明博弈
（一）新媒体搅动"权力的游戏"

美国学者托夫勒 1983 年曾预言："信息是和权力并进而和政治息息相关的，随着我们进入信息政治的时代，这种关系会越来越深。"[③]在新媒体时代，信息逐渐成为权力的重要部分，媒介在不知不觉中影响了权力。

社交媒体侵入权力的中心，甚至重组了权力结构。詹姆斯·凯伦在《媒体与权力》中提出：一方面，新媒体会导致新的权力中心出现，从而在现存的主导型维权结构内部引发日趋激化的紧张状态；另一方面，新媒体有时候会绕开已经建立起来的媒体传输机构，发布遭到禁止或限制的信息，通过这种方式来破坏控制社会知识的等级制度。[④]

2008 年的美国大选改写了美国政治历史，奥巴马成为美国第一位非裔总统。从默默无闻的民主党参议员到白宫主人，奥巴马只用了四年时间，在这股"黑色旋风"背后，新媒体功不可没，他也被称为第一个"社交总统"。

---

① 〔美〕克莱·舍基.人人时代[M].北京：中国人民大学出版社，2012:88-91.
② 〔美〕曼纽尔·卡斯特.网络社会的崛起[M].北京：社会科学文献出版社，2000:571.
③ 〔美〕阿尔温·托夫勒.托夫勒著作选[M].沈阳：辽宁科学技术出版社，1984.
④ 〔英〕詹姆斯·卡伦.媒体与权力[M].北京：清华大学出版社，2006.

重视社交媒体，是奥巴马的核心竞选战略。新媒体为筹措竞选资金铺就了一条新路。美国联邦竞选委员会2000年规定，网上信用卡捐款可被用作合法的竞选经费。这意味着，选民只需点击鼠标，即可完成"政治投资"。[①]根据techpresident.com网站报道，2008年奥巴马为竞选总统在网络上发出了1300万封邮件，400万捐款者通过网上电子渠道捐款，其支持者网站My.BarackObama.com拥有200万会员。在2012年竞选连任时，奥巴马支付7270万美元广告费，进行定向网络宣传，这成为美国竞选史上最大的一笔数字宣传支出。该公司为奥巴马筹集到1亿美元的支持者捐款和25万多名选民的投票。利用社交媒体和定位草根阶层，这两项措施对奥巴马的竞选成功起到了史无前例的助推作用。

在2016年美国总统选举中，社交媒体进一步显现了强大威力。与深得传统媒体和社交媒体"双重厚爱"的奥巴马不同，大部分传统媒体站队支持特朗普的竞争对手希拉里。特朗普筹得的竞选资金也相形见绌，约为希拉里的一半。不像奥巴马传统媒体和社交媒体的"两手抓"，特朗普一心扑在社交媒体上，终成最后的赢家。

在竞选初期，特朗普便打造了一个庞大的"社交帝国"：他在脸书、推特、Vine、Periscope、照片墙等社交媒体上均开设了个人账号；他的竞选团队为其创建了优兔频道，定期推送并及时回应粉丝的提问，在照片墙上投放时长15秒的视频广告，以低成本制作、短小精悍的风格，笼络了一批年轻粉丝。竞选期间，特朗普在推特上有1030万粉丝，在脸书上有990万粉丝，12个月里经由社交媒体获得价值3.8亿美元的免费曝光量。相比之下，民主党总统候选人希拉里只有778万推特粉丝、480万脸书粉丝和同期价值1亿美元的免费曝光量。

竞选成功后，特朗普接受媒体采访时说："老实说，如果没有社交媒体，我怀疑自己是否能待在白宫。"特朗普认为，脸书、推特和照片墙上的账户是一个巨大平台。推特就像是一部打字机，他一按发送，粉丝就能立即看到。履职美国总统后，特朗普开创了史无前例的"推特治国"时代。他延用推特个人账户，但凡参加重要的外事活动，甚至领导人之间的电话会谈，他都会在社交媒体上发布评论，时常引发国际舆论哗然。

（二）新媒体与信息安全

除了搅动权力游戏规则，新媒体也带来了全球治理的新问题。网络空间因匿

---

① 李之文.新媒体与美国总统大选[J].新闻传播，2016(6).

名性而充斥着非理性的声音、极化言论和情感宣泄的信息泛滥，导致民粹主义与极端民族主义产生合流的趋势①，甚至让主权国家暴露在动荡的危机下。各种网络安全乱象的背后，大国间的权力竞争暗流涌动，争夺信息话语权，成为新一轮大国竞争的重要筹码。

随着新媒体的强势崛起，信息安全已经成为国家安全的核心因素。2013 年 6 月的"棱镜门"事件震惊全球。美国国家安全局合约外包商员工爱德华·斯诺登，将美国国家安全局关于 PRISM（棱镜计划）监听项目的秘密文档泄露给媒体，之后遭到美国政府通缉，前往俄罗斯避难。"棱镜门"事件为全球的信息安全以及保密工作敲响了警钟。中国工程院院士邬江兴分析认为，网络安全最本质的威胁是安全漏洞或者后门，"棱镜门"事件披露的黑幕信息带来的警示是，大部分后门和漏洞都是未知的。②

在黑客攻击、病毒入侵面前，这种"未知"的恐惧感更强了，这也表明了网络安全环境的脆弱性。2015 年以来，网络安全事件频发："米拉"病毒攻击互联网关键基础设施，导致美国大面积"断网"；黑客入侵环球银行金融电信协会（SWIFT），从孟加拉中央银行窃取逾 8000 万美元。2016 年，匿名黑客组织曝光希拉里及其团队成员的电子邮件、通话记录、个人资料等信息，试图干预美国大选。随后"黑客门"事件不断发酵，美国中央情报局和联邦调查局得出结论：俄罗斯政府在幕后主使了针对美国大选的黑客行为。

在全球共享的互联网平台上，网络安全具有"牵一发而动全身"的特点，涉及政治环境、社会繁荣、经济发展等方方面面。分析和解决网络安全问题，要充分考虑网络信息安全的全局性，才能更好地解决问题，保障广泛的公共利益。

（三）新时代的中国政治传播

2013 年，一支名为《领导人是怎样炼成的》的动漫短片"低调"上线，两天后迅速火爆全网，点击量超过 100 万次。该视频时长约 5 分钟，幽默地介绍了中国领导人的选拔过程，并与英美等国的领导人产生机制进行对比，语调轻松欢快，趣味十足。

尤为注意的是，国家主席习近平等中国领导人首次以卡通人物的形象出现，

---

① 李良荣，徐晓东.互联网与民粹主义流行——新传播革命系列研究之三[J].现代传播，2012(5).

② 孙冰.后棱镜门时代的网络安全新风口[J].中国经济周刊，2016(33).

短片详细讲述了习主席的经历:"他从中国最基层一级,相当于欧美的社区干起,到县、市,到福建、浙江、上海等好几个省(市)的一把手,再到国家副主席,再到党的总书记、国家主席,至少经历了16次大的工作调整,治理过的地区人口累计超过1.5亿,这一过程前后用了40多年时间。"短片最后发问:"条条大路通总统,各国各有奇妙招。只要民众满意、国家发展、社会进步,这条路就算走对了,难道不是吗?"

该短片是"复兴路上工作室"推出的第一个作品。此后,该工作室以同样幽默诙谐的风格,推出多部以中国政治生活为主题的短片。2015年中共十八届五中全会期间,"复兴路上工作室"发布了《十三五之歌》。该视频被网友称为"洗脑神曲",3分3秒的视频重复出现了28次"十三五",以说唱的形式解释了中国"十三五"规划和重要的目标任务。该"神曲"赢得了疯狂的点击率,上线仅5小时后,在国内主要视频网站上的点击量就突破了500万次。

《十三五之歌》分为中、英文两个版本,运用了诸多海外受众熟知的视觉元素。美国《纽约时报》对此报道称:"(该曲目)带着马洛·托马斯《你我无拘无束做自己》的情怀,或者美国广播公司推出的动画短片《校舍摇滚》的风格。"报道认为,这个视频将中国的宣传风格"带入新时代"。法新社报道也称,《十三五之歌》中的卡通形象之一大卫·鲍威在西方的知名度要高于很多中国本土明星,和几年前相比,中国对外宣传片的制作水平有了提高。

在2017年党的十九大期间,复兴路上工作室又推出动漫短片"党代会三部曲",三部短片分别简述了现代化政党代表产生过程、党代会报告的起草过程,科普了中共党代会的功能和流程等。

复兴路上工作室推出的系列短视频,用"接地气"的形式展现了"高大上"的政治题材,弱化了政治元素,增添了人情味和趣味性,非常适合对外传播。这种形式巧妙地改变了传统的议程设置,让观众逐渐摘下有色眼镜,卸下心理防备,轻松地读懂真实的中国和中国共产党。有学者认为,复兴路上工作室打造了中国政治传播的新模式。长期以来,中国政治传播以政治宣传为核心,担负着宣传展示中国共产党革命、建设、改革、治理等合法性构建的重大使命。现在,互联网时代对媒体融合的需求使中国的政治宣传焕发出一定的新活力[①]。

在互联网传播时代,媒介不再只是消息的传输渠道,其运作过程也是信息的

---

① 荆学民.探索中国政治传播的新境界[J].中国人民大学学报,2016(4).

一部分，国家形象和政党意志隐藏在媒介背后，媒介成为政治传播的中心。在新的国际环境和传播形势下，平等沟通的对话心态和风趣的表达，将产生事半功倍的效果，这无疑是新时代中国政治传播的一种全新尝试。

（四）构筑人类命运共同体

网络空间的隐蔽化、虚拟性，以及泛在网络的连接属性，进一步凸显了国家安全问题。随着国际网络攻防对抗和冲突升级，网络空间安全治理日趋复杂，世界多国不断加强信息管制、出台规范性文件。2009年，美国公布了网络安全战略。2016年12月，美国和欧洲同步发布了《反外国虚假信息和宣传法案》，授权政府采取措施应对新型的信息战。[①]

中国一直在积极提倡新的网络规范，完善国际网络空间治理机制。2016年12月，中国公布了《国家网络空间安全战略》，提出捍卫网络空间主权、维护国家安全、保护关键信息基础设施、加强网络文化建设、打击网络恐怖和违法犯罪、完善网络治理体系、夯实网络安全基础、提升网络空间防护能力、强化网络空间国际合作等9项任务。2017年3月，又发布《网络空间国际合作战略》；5月公布《互联网新闻信息服务管理规定》，对互联网新闻信息服务许可管理、网信管理体制、互联网新闻信息服务提供者主体责任等做出了规定。2017年6月，中国《网络安全法》正式施行，提出采取技术措施和其他必要措施阻断来源于境外的非法信息的传播。

2013年4月，中国国家主席习近平在出席博鳌亚洲论坛年会时，发表《共同创造亚洲和世界的美好未来》主旨演讲。习近平主席在演讲中强调，共同发展是持续发展的重要基础。我们应该牢固树立命运共同体意识，顺应时代潮流，把握正确方向，坚持同舟共济，推动亚洲和世界发展不断迈上新台阶。2017年2月，联合国社会发展委员会第55届会议协商一致通过"非洲发展新伙伴关系的社会层面"决议，"构建人类命运共同体"理念首次被写入联合国决议，这一理念已得到广大会员国的普遍认同。

打造人类命运共同体是世界各国和全人类的一份责任。近年来，恐怖主义已成为有良知、热爱和平的国家和人民共同的敌人。随着科技的发展，社交媒体平台成为恐怖主义的新型"武器"，他们正在用现代化的社交媒体宣传反现代化的

---

① 鲁传颖.国际政治视角下的网络安全治理困境与机制构建——以美国大选"黑客门"为例[J].国际展望，2017(4).

价值观，发起了"网络圣战"。"伊斯兰国"（ISIS）仅仅用了几年时间便成为威胁全球安全的重大挑战，它依托网络和社交平台快速崛起，是需要尤为警觉的一种传播现象。

联合国曾经对"越来越多的外国战士加入ISIS表示严重关切"。在社交媒体上，极端组织的支持者，已经形成了一个结构稳定、组织严密的社区。据TechNews报道，"ISIS"具有很明确的社交媒体策略，会通过至少24种语言传递信息。布鲁金斯学会的调查显示，ISIS支持者控制了超过4.6万个推特账户；他们通过这些账户直接把消息送到受众的手机里，避开了传统媒体的过滤审查；这些通过社交媒体发布的影像都充满了现代文化的符号，让恐怖主义充满了流行感。

除此以外，信息泄露也成为全球性的威胁。2017年11月，优步证实，5700万乘客、60万名司机的个人信息被盗。在大数据时代，信息安全漏洞频发，一旦关键数据、核心信息落入恐怖主义或其他有野心的组织囊中，恐怕比商业损失带来的危害要大得多。

传播环境的嬗变，正在打响一场有关人类文明的博弈。学者刘禾在《世界秩序与文明等级》一书中强调，随着欧洲人创造的世界秩序向地球的各个角落蔓延和渗透，一种关乎"人心"的地缘政治，即所谓的"文明等级"应运而生。这种由欧美人塑造的文明等级有一套由低到高的排列标准，将世界各地的人群分别归为野蛮的（savage）、蒙昧或不开化的（barbarian）、半开化的（half-civilized）、文明或服化的（civilized），以及明达的（enlightened，今译为"启蒙"）等五个等级，此外，还有三级之分（野蛮、蒙昧、文明）和四级之分（野蛮、蒙昧、半开化、文明）。他认为，隐藏在这种比较认知背后的政治无意识经常被人忽略。[①]

在新的信息革命引发的文明博弈中，这种"文明论"以政治无意识的方式运作，依然值得警惕。在正义与邪恶、光明与黑暗的较量中，世界需要的是命运共同体的意识和决心，同仇敌忾、同舟共济，只有用对话解决争端，摆出更开放、包容、普惠、平衡、共赢的姿态，以文明交流超越文明隔阂，以文明互鉴超越文明冲突，以文明共存超越文明优越，构建人类命运共同体，才能共同创造人类的美好未来。

---

① 刘禾.世界秩序与文明等级——全球史研究的新路径[M].北京：生活·读书·新知三联书店，2016.

第四节　泛媒介化与信息文明

一、媒介泛化与边界消融

数字革命深刻影响和改变了世界，当媒介形态、社会结构甚至文明进程都因此发生转向时，新一轮的技术浪潮将汹涌而至。

现在，云端资源共享正在打造一种新的媒介形态。2015年，谷歌推出了新闻实验室计划，记者可以通过它使用谷歌的所有应用程序，并共享数据。2016年，今日头条的媒体实验室也开始向全部媒体和部分自媒体开放。在这种开放共享的驱使下，一个没有边界的云媒体将成为未来信息传播的重要入口。

不仅媒体边界在逐渐消融，而且媒介与受众的边界、传播的时空边界也正在消失。随着媒介生态圈的融合重组，媒介正在重构用户的思维方式和生活习惯，以全新的姿态侵入社会生活的方方面面。随着网络和手机的普及，传统媒体营造的晚间黄金时段已经被消解和分化。媒介无数不在，生活正在媒介化。从清晨起床，到夜晚睡前，公众号推送、新闻App弹窗、微博热搜、好友分享……信息无处不在。媒介打通了时间和空间的限制，营造了一种全时空、全时段的传播环境。社会也正在媒介化。媒介不再是孤立于其他社会体系而存在的一种传播系统，而是社会结构和运行的重要部分，渗透社会活动的各个方面，影响着社会变革和人的社会化行为。与此同时，媒介的疆域逐渐扩张，媒体的传播功能逐渐泛化。媒体在信息传播中的主体地位逐渐被消解，融入了整个网络社会，并形成网络中的一个重要节点。2016年，《纽约时报》开设送餐业务[1]，这是《纽约时报》数字化转型中推出的一项新闻服务。新闻与服务业合作的背后，蕴含着一种重大的思维转变——新闻传播业正从单一的信息供应商转为多元化的生活服务产品。与此同时，信息传播呈现"众媒时代"的特征，具有媒介属性的多元化平台正在

---

[1]　史安斌，谢张天.纽约时报的"浴火重生"之路[J].青年记者，2017(13).

兴起,例如高德地图实时通报的路况信息,已经担负起交通信息发布者的重要角色。

媒介边界的消融,带来的是无处不在、无时不在的信息,信息已成为社会的基础要件,人类社会生活的方方面面都已经信息化和网络化了,正如在对卡斯特的后续研究中学者所感:"网络社会彻底转变了人们参与社会表达的空间形式,流动支配了网络社会的经济、政治、文化生活。"[1]

二、迎向新的智人文明:物联与智能

人类正在走向一个物物相连接、一切皆智能的新时代,物联网技术的发展更是日新月异。

在传统的传播活动中,信息需要依托媒介才能显现。但物联网将让信息的载体发生变化,传输终端可能消失,一切生活中的物体,如桌子、椅子、汽车等,都将成为信息终端,真正实现万物皆媒,进而实现人与物相连。

正如库兹韦尔在《奇点临近》中的预言:通过可穿戴设备及其他设备等获得的来自人的数据,有可能会深入思维层面,这并不是指通过人们发布的内容去分析他们的思维,而是指通过眼动、脑电波等生物信号直接传达的思维活动,甚至可能在某一天,人们的意识可以直接被上传到电脑中[2]。这也正是最早提出物联网概念的美国麻省理工学院凯文·艾什顿(Kevin Ashton)教授的设想:未来世界能实现物到物、人到物和人到人的互联,把在人与人之间实现的互联互通扩展到物与物之间,其核心是实现世界所有事物之间的信息交换[3]。

除了物物相连,人工智能也许会开创新文明时代。2017年3月在北京召开的全国两会上,"人工智能"首次被写入政府工作报告。10月召开的党的十九大,也提出要推动互联网、大数据、人工智能和实体经济深度融合发展。

从技术上考虑,人工智能的发展需经过三个阶段:一是以运算和存储能力为依托的运算智能,二是以延伸人类感官的感知技术为依托的感知智能,三是以让机器能够进行类人化的理解与思考为目标的认知智能[4]。尽管目前对于人工智能的

---

[1] 刘可文.移动网络社会的崛起——曼纽尔·卡斯特网络社会理论著作解读[J].青年记者,2016(14).

[2] 〔美〕库兹韦尔.奇点临近[M].北京:机械工业出版社,2015:119-122.

[3] 徐轶瑛,郭媛媛,沈菁,谢烨凤.未来媒体视阈下的传播变革[J].现代传播,2017(6).

[4] 胡正荣.智能化:未来媒体的发展方向[J].现代传播,2017(6).

开发远未成熟，但不可忽视的是，初级阶段运算智能的应用如 AlphaGo，已经对当代社会经济结构和民众的心理认知具备一定的颠覆作用。随着技术的进步，整个社会将迈入智能化时代，社会现有的组织形态和行业规则必将受到人工智能的冲击，传媒业也无法避免。

仅从媒体的变化来看，自动化写作已初露锋芒。从美联社的 WordSmith、华盛顿邮报的 Heliograf、纽约时报的 Blossom，到新华社的快笔小新、腾讯的 dreamwriter、第一财经的 DT 稿王等，在大数据技术的支撑下，机器人协助人从事信息采写和加工工作，将成为大势所趋。财经、体育、时政会议等偏重程序性报道的新闻有望率先成为机器人的天下。如今在工业领域实现的人机协作模式，对未来的传媒业具有很强的借鉴意义。

随着感知智能和认知智能的开发，机器人将具备一定的依托算法技术的思维意识，在深入分析海量数据后进行创新和创意开发，在将来并非难事。而在未来最令人期待的，也许是人机共生的智能智慧。尤瓦尔·赫拉利在《人类简史》中勾勒了这样一幅场景：科技已经发展到了可以用技术来取代人的其他器官的程度，于是未来很有可能产生一个新的强大物种，就是人造人[①]。随着人类和机器逐渐融合，也许在机器超过人类自身之前，就形成了人造媒体或是人媒共生的新形态。

在凯文·凯利看来，"知化"将是未来技术的一个必然趋势。他乐观地判断，人工智能在未来世界中的威力与曾经的铀元素相当，而真正的人工智能不太可能诞生在独立的超级电脑上，它会出现在网络这个由数十亿电脑芯片组成的超级组织中。[②]尤瓦尔则忧心忡忡地认为，当生物工程、仿生工程、无机生命这三种智慧设计（intelligent design）法则打破自然选择，人类冲破了生物因素的限制之时，智人末日即将到来[③]。

在人工智能从设想走向现实之际，人类将如何描摹未来图景？在柯洁惨败阿尔法狗之后，网络上流传了一张调侃未来人类生活的恶搞图：人类蜷缩在机器人的世界中讨饭度日、艰难维生。有意思的是，败于阿尔法狗 5 个月后，柯洁成为人工智能的拥护者，称未来是属于人工智能的，如果有一天能植入芯片，他会找

---

① 〔以色列〕尤瓦尔·赫拉利.人类简史[M].北京：中信出版社，2014.

② 〔美〕凯文·凯利.必然[M].北京：电子工业出版社，2016:30-31.

③ 〔以色列〕尤瓦尔·赫拉利.人类简史[M].北京：中信出版社，2014:128.

阿尔法狗报仇。不过，重新反思这场人机大战后，柯洁说："迷茫之后，会发现人类有自身价值，情感是机器无法代替的。"

现在的一切设想，都需要在未来的生活中验证。但在新型智能问世之前，我们应该提前思考：作为智慧生物的人类该走向何方？

第五节　本章小结

数字革命至少波及了媒介、社会和文明三个层面。其一，数字技术彻底改变了媒介形态、媒介内容和传媒业态，为新闻传播提供了更广阔的空间，也给传统媒体带来了前所未有的挑战；其二，在全球范围的扁平化连接中，社会的基本结构已经被网络改变，无处不在的连接也在人们的心灵上投射出"群体性孤独"的阴影；其三，随着新技术的发展，新经济模式、新政治形态不断出现，改革开放的中国正在数字时代崛起复兴。

数字革命产生了深刻影响，也推动了理论研究的拓展与更新。从媒介理论视角来看，媒介进化论、补偿性媒介、媒介人性化趋势等理论，既传承了"媒介是人的延伸""媒介即信息"等传统理论，又突破了电子时代的媒介技术理论框架，获得了数字时代的理论更新。更重要的是，随着信息史观的建立，对信息、媒介、传播的考察进入人类宏观历史考察的基础层面，信息开始取得与能源并驾齐驱的历史地位。也正因为如此，从社会理论视角来看，信息作为一个时代的前缀，已不再仅仅是对社会实体的一种反应，更是当代人类社会发展的基本要素。而将数字革命引发的变动置于人类文明发展史的视野中考察，对应"四大发明"在西方近代崛起中所起的历史作用，以及"新四大发明"象征的中国崛起和复兴，不难判断，信息技术将对世界格局、文明博弈产生深远的影响。

在不断突围重构的理论视野中，一些极具代表性的典型案例值得业界关注。数据、算法等技术成就了今日头条、Buzzfeed等新型媒介，构建了新的信息推送逻辑；VR技术将信息的简单接收变为感官体验。微信朋友圈已成为新的社交平台，社交媒介已不仅仅是媒介，而是有着广泛社会功能的基础平台，媒介无处不在，并重塑了社会结构。从世界格局与人类文明的全局来看，信息技术的变革不仅深刻改变了大国的政治形态和宣传模式，也对国家安全、个人信息安全提出了新挑战。

媒介的边界正在消融，媒介的功能更趋泛化。随着人工智能和物联网的发展，一切物体将成为信息终端，实现万物皆媒和人物相连，一种新的文明即将来临。

信息传播对人类的影响早已超越媒介的领域，数字技术的变革已经深刻地改变了社会结构和文明进程，一个以信息文明为显著标识的历史阶段即将到来，这无疑对正在构建的中国特色新闻传播理论体系提出了全新的时代要求。一方面，随着信息成为社会发展的基础要件，新闻传播学的研究视野和对象必须突破传统的专业、行业研究范围，进入更广阔的社会、历史层面；另一方面，在不断迭代的信息技术将人类推向新的文明进程之时，中国前所未有地靠近世界舞台中心，前所未有地接近实现中华民族伟大复兴的目标。面对新的技术革命，中国新闻传播学的研究应该逐步构建出对未来发展有中国文化解释力的概念与逻辑体系，逐步构建出中国特色理论视野与框架体系，并在此基础上，逐步建立新闻传播学的"中国学派"。

第二章

传媒业态变革：社交、移动与新型主流媒体

2017年1月20日，唐纳德·特朗普在华盛顿宣誓就职，成为美国第45任总统。这场草根阶层对精英阶层的突围，被视作社交媒体对传统媒体的完胜：从始至终一边倒支持希拉里的美国精英阶层和主流媒体，在大选中遭遇了前所未有的滑铁卢。从奥巴马到特朗普，由互联网尤其是社交媒体的深度发展带来的美国政治生态的变化，标志着资本主义寡头经济和中产阶级精英政治所依赖的传统传播手段面临着颠覆性的挑战。

第一节　当前传媒业态的若干问题

每一项新技术的发明都会给新闻传播业带来革命性的变化。这种变化深刻地体现在新闻的采集、编写和呈现的方式中。回顾媒介的发展历史，我们可以清楚地看到，媒介的每一次升级与再造都离不开新技术的应用与普及。当今世界正处于技术革新的蓬勃发展时期，新的传播技术快速涌现，消融了新旧媒体间的界限，重塑了新闻的生产与传播形态。

根据CNNIC发布的第45次《中国互联网发展状况统计报告》显示，截至2020年3月，我国网络新闻用户规模达7.31亿，较2018年底增加5598万，占网民整体的80.9%；手机网络新闻用户规模达7.26亿，较2018年底增加7356万，占手机网民的81.0%。2019年，网络新闻行业紧跟时事热点，不断打造吸引力强的内容产品，合力建设优质内容生态。

新的媒介技术打破了传统新闻传播从新闻生产者到受众单向传播的路径，凸显了新媒体的互动性和个性化，受众可以主动获取自己感兴趣的新闻，并积极参与互动，在许多情况下，受众往往成为新闻的发布者，不再是"沉默的大多数"。

一、传统媒体的生存困境
（一）注意力的转移与广告的流失

"新媒体"作为专门的概念最早出现在1967年，由时任美国哥伦比亚广播电视网（CBS）技术研究所所长戈尔德马克（P.Goldmark）提出。在戈尔德马克看来，技术、终端以及提供的信息形态是区别于传统媒体的"新媒体"所具有的新特性，即利用新技术（数字技术、网络技术、移动技术）、通过新的渠道（互联网、无线通信网、卫星等）、使用新终端（电脑、手机、数字电视机等），向用户提供信息和服务的传播形态和媒体形态。[1]

---

[1] 石磊.新媒体概论[M].北京：中国传媒大学出版社，2008.

技术的更迭不仅改变了科技与经济,也对人们的生活方式、文化观念以及思维习惯有着不可忽视的影响。如果不能适应技术的变革,新闻传播业就无法在新环境中满足大众的需求,难以取得良好的传播效果。在新媒介技术的冲击下,特别是移动互联网技术的发展,以报纸、电视为代表的传统媒介面临着发行量(收视率)下降、经济效益降低和受众流失等问题。国外一些著名的纸质媒体已经在经营压力下停办纸质版,转向网络媒体领域发展。2009年4月,为应对发行量的大幅下降,美国较有影响力的日报《基督教科学箴言报》(The Christian Science Monitor)停止出版纸质日报,转而经营网络日报;2012年12月31日,美国老牌时事刊物《新闻周刊》(Newsweek)也在市场压力下结束了80年的纸质发行史,改为发行网络在线杂志。

在社交媒体最早发端和最为发达的美国,传统媒体受到了极大的冲击。哥伦比亚大学新闻学院发布的报告显示,传统媒体的信息发布及把关人角色已经逐渐被社交媒体和硅谷的新兴科技公司的信息发布所"接管"。发布什么内容、如何吸引眼球以及发布形式都由社交媒体来掌控。[1]

在国内,传统媒体受到的冲击也同样明显,报纸的发行量出现了大幅下降,同质化的都市报难以为继,电视广告也受到冲击。2014年,虽然电视广告仍旧以1200亿的超大体量居各大媒体的首位,但中国电视广告在历史上首次出现负增长。此后,中国电视广告保持了负增长的走势,2015年广告收入下降了4.6%。[2]到了2019年,电视广告刊例收入减少12.4%,广告时长减少17.2%。[3]技术变革的浪潮下,传统媒体的经营方式与经营策略也势必进行调整。

(二)互联网已经成为舆论斗争的主战场

传统媒体陷入经营困境,电视广告收入也在下降,长期以来由传统媒体主导的单向度的话语权也被分流瓦解。传统媒体时期,报纸、广播及电视共同建构了传统媒体的话语体系,对公众进行舆论引导和管理;而新技术赋予了社交媒体意见表达与讨论的功能,草根阶层不再是单纯的接收者,而是积极的表达者。当

---

[1] 骆世查.硅谷如何重塑新闻业——哥大新闻学院Tow数字新闻中心"平台新闻业"报告[J].新闻记者,2017(7).

[2] 徐立军.中国电视的基本面与机会点.[C/OL].(2017-10-22). http://www.ctrchina.cn/insightView.asp?id=1939.

[3] CTR媒介力量.2019上半年中国广告市场回顾.[C/OL].(2019-8-10). http://dy.163.com/v2/article/detail/EM69RTGC0517CABB.html.

前，互联网正以前所未有的深度和广度，影响着人们的思想观念和价值判断。舆论传播的主体、方式、渠道、影响已发生根本变革，PC 端的开放式、交互式传播对传统媒体的冲击不断加大，"两微一端"的全民裂变式、立体化传播奔涌而来，互联网已经成为舆论斗争的主战场。[①]

新媒体技术为网络舆论平台提供了支撑，颠覆了传统媒体既有的信息生产和加工模式，传统媒体的把关人角色在新媒体平台失去了作用，基于强关系网络的人际传播方式也远比传统媒体更高效。从媒介特性上来看，新媒体赋予网络舆论的作用是传统媒体难以统一和控制的。近年来，网络舆情日趋复杂，意见领袖与"大V"在声势浩大的观点博弈与论战中，裹挟着普通公众，从而进一步扩展了舆论的影响范围。网络舆论平台的强势与非理性也可见一斑，不断冲击着传统媒体及其引导的秩序。

目前，中国正处于经济转型的关键时期和重要战略机遇期。社会问题凸显，人民群众有着强烈的自我表达的诉求。党的十九大报告中强调，中国特色社会主义进入新时代，我国社会主要矛盾已经转化为人民日益增长的美好生活需要和不平衡不充分的发展之间的矛盾。近年来，习近平总书记多次对新闻舆论工作作出重要部署，强调要把党的新闻舆论工作做得更好，坚持正确导向，勇于改革创新，以正确的舆论引导人，激发全党全国各族人民团结奋斗的强大力量。作为党和国家的喉舌，主流媒体承担着服务党和国家工作大局，引导舆论的重要职能。在新媒体环境下，如何推进主流媒体融合发展，形成"既彰显主流媒体品格力量、又符合新兴媒体特点的传播新格局"，[②]是当下传统媒体转型面临的迫切问题。

二、新媒体的冲击
（一）主要社交媒体平台的渠道垄断

《2019 上半年中国广告市场回顾》显示，2019 年上半年中国报纸和杂志的广告刊例收入分别下降 30.6% 和 6.1%。[③]具有碎片化阅读及交互属性的新媒体，极

[①] 高山，国园，赵栋.主力军要上主战场——牢牢把握网上舆论斗争主动权[J].红旗文稿，2017(6).

[②] 蔡名照.深入学习贯彻习近平总书记重要讲话精神忠实履行党中央"喉舌""耳目"职能[J].新闻战线，2016(3).

[③] CTR媒介力量.2019上半年中国广告市场回顾.[C/OL].(2019-8-10). http://dy.163.com/v2/article/detail/EM69RTGC0517CABB.html.

大地改变了现代公众的阅读习惯，对缺乏社交属性和互动性的传统媒体来说，这种信息传播平台的天然特性所导致的渠道垄断带来的冲击更为残酷。

1.新媒体平台对流量的垄断

长久以来，广告和订阅的收入是媒体赖以生存的物质基础。其运作的市场逻辑在于，以优质新闻内容吸引订阅量，渠道商看中媒体的订阅量而为其广告付费。渠道商与媒体之间更多是一种合作与依附的关系。在新技术环境下，几家主要的新媒体平台几乎占据了全部的网络订阅量，垄断了网络流量。皮尤研究中心2018年发布的报告显示，68%的美国成年人会从社交媒体上获取新闻资讯，其中脸书的新闻用户占比遥遥领先，高达43%。[①]少数几个社交平台上对流量的垄断程度越来越高。

与此同时，新媒体平台不再只是链接的发布者，有些平台已经开始发布内容，不断推出具备新闻性质的频道和功能，进一步垄断流量。脸书在2015年推出了即时文汇（Instant Articles）的功能。用户群体的庞大基础和大数据算法的精确性确保了脸书在内容发布上的主导地位，并且开始主导新闻发行的控制权，把传统媒体变为纯粹的内容供应商才是此项功能设计的目的。在脸书首先推出即时文汇后，主要社交媒体平台与互联网科技公司纷纷推出新闻产品，比如AMP（谷歌）、Discover（Snapchat面向年轻人的产品）、News（苹果），推特更是在直播业务上加大了推广力度，推出了Moments频道。这些新媒体平台进一步强化与控制信息传播渠道，对传统媒体来说无疑是雪上加霜。

2.流量垄断的市场逻辑与趋势

传统媒体是纯粹的内容供应商，以内容"换"广告。以前传统媒体在平台上发布内容链接，如今直接将内容提供给平台，这会大幅分流传统媒体官方网站的流量和订阅量。实际上，新闻内容必须经过传播才能到达受众，实现其本身的意义。没有传播就没有流量，内容就会失去原本的意义，这也意味着报道的死亡。而掌握着几亿活跃用户的社交媒体平台占据了绝对的优势与主动地位。社交平台对于用户获取新闻的渠道垄断给传统媒体原有的经营模式带来极大的冲击。在这种冲击下，许多传统媒体不得不转换思路，与社交平台合作，或者直接放弃传统的传播形式，转向新媒体领域。现在，所有的主流媒体都推出新闻客户端，为受

---

① 新联传播洞察与分析.2018美国社交媒体新闻使用情况报告.[R/OL].(2019-8-10). https://baijiahao.baidu.com/s?id=1619451860259642425&wfr=spider&for=pc.

众提供数字版的新闻,并积极运营官方的微信公众号和微博账号。《人民日报》率先尝试了"中央厨房"的运营模式,走向媒体融合的道路。《新周刊》则完成了从"中国最新锐时事生活周刊"向"中国最新锐生活方式周刊"的转变,其微信公众号重视原创性和相互推广,获得大量关注,其新浪微博官方账号的粉丝数已经超过1900万,稳居中国期刊传媒第一微博方阵。

3.社交媒体的渠道垄断与信息把关的缺位

社交平台的渠道垄断给整体的传媒业态带来了许多问题。在传统媒体拥有绝对权威的时代,一切信息由传统媒体进行把关和发布,所有发布的信息都经过了专业人员严格的审查和筛选;而当社交平台逐渐取代传统媒体成为受众获取信息的主要渠道时,专业把关人的缺失便会滋生许多新的问题。

在马克思主义新闻理论中,社会主义新闻事业作为党、政府和人民的耳目喉舌,必须及时、准确地为党、政府和人民提供国内外客观真实的信息,一方面要向人民及时、准确地宣传党和政府的路线、方针、政策,另一方面要向党和政府及时、准确地反映人民群众的意见、呼声、要求。新闻事业是党、政府和人民沟通的桥梁和联系的纽带,为安定团结的大局服务,为改革开放的经济建设服务。[①] 因此,新闻工作者的政治素养是至关重要的,专业的新闻工作者必须具备良好的政治素养和敏锐的政治头脑。我国的大部分媒体都是由国家投资、经营的,不以赢利为目的;同时受国家政府部门管理,站在党、政府和人民的立场上,同党中央保持一致。在市场化运作的社交媒体竞争中,流量经济在一定程度上成为其内容发布的主要指标。经济诉求与市场营销的逻辑天然地使社交媒体平台在信息发布和传播的过程中存在趋利性而非全局性。

新闻媒体作为社会公器,舆论监督是其重要功能。如果传统媒体转变为如今的内容提供者,就会丧失以前的主导地位以及权威性,舆论监督功能也会随之减弱。而社交平台依托人与人之间的强关系进行传播,具有信息传递及时、信息量丰富、影响力强等特点,已经成为舆论监督的重要阵地。一方面,社交平台的舆论监督功能赋予了公民更大的话语权,可以更大程度地反映民意;另一方面,由于社交媒体环境中的把关人角色弱化、舆情监测机制不够完善,以及民众媒介素养的限制等问题,网络舆论监督经常会出现"虚假监督""舆论暴力""媒介审判"等现象,造成虚假信息传播、危害社会和谐稳定和干扰司法公正等严重

---

① 郑保卫.新闻理论新编[M].北京:中国人民大学出版社,2015:182.

危害。

另外，引导舆论是大众传媒的一项基本功能，大众传媒有责任通过对事实的报道和评论促进舆论的形成，影响和引导受众思考，使受众的思想观念和言论有利于社会发展。社交媒体往往需要在最短的时间内取得最大的关注度，以便获得更大的经济效益，因此，更为通用和流行的做法是追随网络的热议话题，通过渲染公众面对某一事件的集体情绪，提供情感的增量，打造社交媒体平台的现象级分享内容，从而引发社会热点事件。①然而这样的方式往往只顾渲染公众情绪以获得点击量，对事实的客观报道和分析微乎其微，并不能带给大家理性的思考，也无法解决任何实质问题。当媒体一味地对公众进行情感动员时，便极易产生"群体极化"现象，这时，公众的情绪本身成为关注的重点，而情绪背后真正该受到关注的社会问题反而被忽视了。

4.传统媒体的"付费墙"尝试

面对社交平台的垄断趋势，传统媒体也不断改进经营模式，调整发展方向。在与新媒体的激烈竞争中，传统媒体的广告份额大幅减少，许多报纸纷纷向数字化转型，并试图通过"付费墙"（pay wall）的方式来增加订阅收入，维持报纸运营。《华尔街日报》1997年启用"付费墙"，是最早采用"付费墙"的大型报纸之一，至今都拥有大量付费用户，保持着良好的运营状态。《纽约时报》的"付费墙"则经过了一个探索的过程。2005年《纽约时报》将该报最具原创价值的社论版对页、知名专栏、副刊内容、历史资料等列入收费项目；2007年《纽约时报》发现向注册用户收取的费用还不如网站免费内容获得的广告多，又放弃了收费的做法，将所有内容向读者免费开放；2011年《纽约时报》重新调整了订阅方式和价格，再次向网络用户收费。《人民日报》在2010年宣布正式对其数字报实行收费阅读，但不到3个月便放弃了收费政策。可见"付费墙"的模式并不适用于所有报纸。《华尔街日报》以金融、商业领域的报道为主，它的"付费墙"取得良好效果的原因在于其专业性的内容和一部分固定的黏性用户群体；而《人民日报》的受众较为广泛，且大多没有付费阅读的习惯，想要通过订阅取得收益就很困难了。

虽然"付费墙"的模式并不适用于所有媒体，但作为数字化时代的一种特殊

---

① 汤景泰.情感动员与话语协同：新媒体事件中的行动逻辑[J].探索与争鸣，2016(11)：49-52.

市场机制，它也能给传统媒体的转型带来一些有益的启发。"内容为王"一直是大众传播的经典标语和口号，但在数字媒体时代，"产品"似乎占据着更加重要的地位。社交平台之所以能够垄断市场，正是因为他们的产品不仅包括资讯和观点，还包括与用户的互动、为用户提供的其他服务。从这个角度来看，传统媒体要想成功转型，必须更加重视用户的需求，进行大量的市场和受众调查，并提升自身产品的社交性和互动性以吸引受众。《纽约时报》作为严肃性传统媒体的代表，2009年进行了此类尝试，将该报记者和相关社区用户的发表内容进行整合，开办了地方社区新闻网站，内容涵盖了教育、餐饮、商业等各方面的信息，通过与用户的互动重新审视目标受众的需求。正是因为纽约时报精准的受众调查以及高质量的用户服务，受众才愿意为它的"付费墙"买单。[①]在转型的过程中，传统媒体如何了解受众、满足受众、提供优质产品，这是一个巨大的挑战，也是传统媒体能否转型成功的关键。

（二）自下而上的变革：组织化与规模化的自媒体

自媒体作为一个多样化载体传播平台，其内容生产者以私人化、平民化、普泛化和自主化为鲜明特征，以独特的视角向社会人群传播新型媒体信息。

1.互联网环境中的自媒体

自媒体的火爆给传统媒体带来了极大的挑战，这种自下而上形成的意见领袖平台，在短期内收获如此大的影响力和受众群体，有其独特优势。第一，自媒体运营的低门槛、低成本带来更多机会。自媒体赋予了每一个人更大的话语权，人人都可以通过自媒体平台发布信息，只需要在自媒体平台上注册申请，无须大量的人力财力便可以生产内容，这样的低成本自然会吸引许多创业者。第二，自媒体的内容更加平民化、个性化，满足某一精准的定位的受众的需求。传统媒体的受众比较广泛，发布的新闻信息大多具有公共意义；而自媒体相对来说更加自由，自媒体人可以选择自己擅长的领域，分享自己的经验，发表自己的看法，有自己鲜明的风格。第三，基于强关系的交互性传播加强了传播效果。与传统媒体的传播方式不同，自媒体往往是"点对点"的传播，先吸引一部分受众群体，再通过这部分受众的分享和转发进行"二级传播"，扩大影响力，增加粉丝量。一般来说，自媒体会使用平民化的语言和视角激发受众的同理心，从而带动受众分享转发，进而形成热点话题，吸引更多的关注，粉丝的"二级传播"从中起到了

---

① 孙志刚，吕尚彬.《纽约时报》付费墙对中国报纸的启示[J].新闻大学，2013(3):109-114.

很重要的作用。

2. 自媒体的转向

在中国，自媒体发端于博客，最初是由专业作者分享原创性内容，商业化并不明显；微博、微信等社交媒体的发展为自媒体提供了平台，自媒体可以通过社交平台实现变现；时至今日，各大社交媒体平台越来越关注自媒体的发展，加大了对自媒体的扶持力度，由此也使自媒体获得了更多的投资，因此自媒体产业化特征日益突出，逐渐开始了机构化、联盟化的运作。自媒体联盟可以被大体分为两种类型：第一类是各大社交媒体、商业网站推出的自媒体平台，比如腾讯的企鹅媒体平台、搜狐的公众平台、网易的自媒体开放平台等；第二类主要是由广告公关公司进行组织，为自媒体和广告主建立联系，如界面联盟、WeMedia自媒体联盟等。①

伴随着这种产业化、集约化的趋势，许多自媒体调整运营模式，寻求新的发展，从无序的个体经营转变为组织化与规模化的公司生产。Papi酱因拍摄短视频在网络上吸引了大量粉丝，她由一开始的单打独斗，到与同学的团队化合作，随后吸引了1200万的投资，走上了产业化的道路。2016年，Papi酱团队宣布推出"PapiTube"平台，吸引更多原创视频创作者入驻，让更多创作者在这个平台里分享新鲜的内容和创意，实现自身价值。现在，PapiTube拥有近30个账号，每个账号都有清晰的行业定位，覆盖8个垂直领域，包括搞笑、生活、美妆、影视、科技、萌宠、美食、旅行。PapiTube目前的思路是做垂直化的自媒体运营，打造一个生活方式的自媒体矩阵。而曾经作为Papi酱投资方的"罗辑思维"也开始了自己的社群经济新尝试。"罗辑思维"以内容生产奠定了社群的粉丝基础，之后实现了渠道变现，包括招募付费会员、广告收入、商业赞助，甚至还在公众号上开设了微商城，售卖图书和生活用品，并且开始投资其他创业团队。

3. 自媒体的潜在问题

蓬勃发展的自媒体已经成为当下传媒领域不可忽视的生力军，随着大量资本的注入，自媒体已经成为大众传媒领域颇有影响力的一极。

与传统媒体相比，自媒体既有年轻、活泼、可塑性强等优势，也存在质量参差不齐、运行团队专业素养不足等问题，其中最严重的是内容质量问题。

---

① 腾讯研究院.中国自媒体商业化报告：芒种过后是秋收[R/OL]. http://mp.weixin.qq.com/s/TBmSPfiqZkgHiyrOAkYXjw.

首先，自媒体的内容真实性得不到保证。传统媒体由于其专业素养和职业道德，在发布信息之前都会进行谨慎的核实工作；但有些自媒体缺少这种自律精神，为了追求新闻时效性会传播一些未经核实的信息。其次，自媒体大多依托社交媒体进行传播，其内容多是适合移动平台的碎片化信息，很难带给受众深度、理性的思考，有些自媒体甚至会用夸张的手法刻意煽动受众情绪，最终让事实信息的传达只流于表面的情绪。此外，自媒体内容同质化现象也很严重。在自媒体环境中，抄袭成本很低，只需要复制转发便可以利用别人的原创内容扩大自己的粉丝量，而版权意识淡薄和维权难度高等问题也加重了自媒体的同质化现象。

面对这些问题，传统媒体在转型的过程中应引以为戒，找准自己的定位，利用高质量内容、权威的话语权以及更专业的素养发挥自身优势，扩大自身影响力。但如今，自媒体平台也在逐渐完善各项制度，运营模式更加规范、内容更加丰富、目标更加精准、广告投放也更具规模，这无疑给传统媒体的转型带来了更大的压力。在转型过程中如何应对自媒体带来的挑战，仍然是传统媒体必须应对的问题。

第二节　从意见领袖到社群概念

一、意见领袖与沉默的螺旋

意见领袖这一概念最早由美国哥伦比亚大学的传播学者保罗·拉扎斯菲尔德提出，他在1944年出版的《人民的选择》一书中提出："对一个事件的看法往往是由广播和报刊流向意见领袖，随后从意见领袖逐渐扩散至社会中不十分活跃的受众。"之后，他又与伊莱休·卡茨在《个人影响》中进一步深入解释了"意见领袖"，认为意见领袖几乎是透明的、无形的，不容易被人发现和察觉的，但在日常生活里和人与人之间的接触中使人们接受自己的意见。书中提出两级传播论，也就是说，信息在传播的过程中并不是由大众传播媒介直接影响受众这个终端，中间要经过意见领袖这一环节。信息先从大众媒介传达到具有一定代表性和权威性的人物上，再由这个代表人物凭借自己的威望，将信息以及个人观点传播到大众中去，即"大众传媒—意见领袖—一般受众"模式。

对于这一模式，美国社会学家罗杰斯提出质疑，他认为："信息流和影响流是构成大众传播的两个重要部分，前者由大众传播媒介直接传达给目标受众，称为一级传播；而后者则通过'意见领袖'这个中间环节和平台，转达给目标受众。"他将"两级传播"模式发展为"多级传播"模式，把意见领袖传达到一般受众的过程放置在较为复杂的环境中，更接近现实生活中的状态。

近些年，传统媒体中的意见领袖与网络新媒体中的意见领袖逐渐出现差异，很多学者着手研究新兴的网络意见领袖的角色定位。杨阳在《微博中舆情管控问题——基于"意见领袖"理论的思考》中提出"网络新媒体意见领袖"的定义：这是在网络环境里言论十分活跃，言论中包含自己的观点，同时拥有很多粉丝关注的群体。通常情况下，他们对社会当下发生的时事热点有敏锐的洞察力，较之普通民众也更容易接触到一手的线索与信息。在网络意见领袖分类方面，有学者从宏观的角度将其分为事件型网络意见领袖和群体型网络意见领袖，有学者则是从微观角度将其细分为文体界明星、公共知识分子、草根领袖。在关于网络意见领袖的特征方面，学者认为有五点：一是与受众分享共同爱好；二是为了获得更多的关注量，行为表现非常活跃；三是表达能力出色，能够成功影响受众对事件的看法；四是具有某种专长或有途径掌握事实的真相；五是与受众关系缺乏稳定性。

在对网络意见领袖的影响的研究方面，有学者指出三种主要影响：一是设置网络议事日程，比如发布信息引起网民关注，突出报道某个方面或者调整信息发布顺序影响受众判断；二是打消网民的沉默，意见领袖首先站出来表达自己的不同观点，这在一定程度上缓解了网民"沉默的螺旋"效应；三是通过控制报道规模和呈现具体信息来设置网络新闻框架。

值得注意的是，当人们纷纷指出网络新媒体带来的是"去中心化"效应时，李良荣和张莹大胆地提出，新意见领袖的产生是"去中心化—再中心化"的必然结果。在新媒体环境下，受众有更多的自主权，网络越来越重视个性化的资源配置，这是"去中心化"。然而，当人人都可以做记者，人人都可以发布消息时，海量的信息令人目不暇接，谣言四起，这时候就需要新的意见领袖站出来发布相对权威的信息。因此，必然出现新一轮的中心建构，受众将筛选信息和处理信息的"任务"委托给新意见领袖，让其完成更高质量的信息传递。

"沉默的螺旋"最早是由德国学者伊丽莎白·诺尔·诺依曼提出，她在1973年对德国大选的一系列舆论进行调查后发表《重归大众传媒的强力观》。她在文中指出，大部分人在表达自己观点和做出选择时会有一种趋同的心态，"当个人的观点和态度与其所属的团体或周围环境的观念产生背离时，个人会产生深深的孤独感和恐惧感。因此，在这种感觉的驱使下他会放弃自己的看法，渐渐变得沉默，最后转向支持的一方，与优势群体、优势观念一致。这个过程不断地强化抬高一种优势观念，确立一种主流观点，形成一种螺旋式的过程。"

二、把关人

"把关人"这一概念最早由美国社会心理学家库尔特·卢因提出。1947年，他在《群体生活的渠道》中提出，在群体传播信息时存在着一些"把关人"，他们对信息进行筛选，只留下符合"把关人"价值标准和社会道德规范的内容，过滤筛选出来的内容顺利进入传播渠道向群体传播。1950年美国学者怀特将这一概念引入新闻传播领域，他确切提出"把关"模式在媒体传播中所占的重要地位，也就是说，每天都会出现大量的新闻素材，大众传媒在报道时是不可能将这些新闻素材统统报道出来的，大众媒体在其中形成一道"关口"对信息内容进行取舍筛选，当受众接收新闻时，他们只是接收通过"关口"后的大量新闻素材中的一小部分内容。

在传统媒体为主导的传播时代，受众作为信息传递的被动接收者，无法参与新闻筛选的过程，新闻把关行为主要发生在大众传媒内部。在媒介融合环境下，信息传播者和信息受众趋于融合，受众既是信息的接收者，也是信息的传递者，双向交互的传播模式兴起，传统媒体的主导地位受到冲击。

三、社群

社群是一个社会学概念，指"由两个及两个以上的具有相同认同感和团结感的人所集合起来的一个群体，其中的成员相互作用并且相互影响，共享特定的目标和期望。""社群经济"一词由罗辑思维的创始人罗振宇提出，他认为"社群经济"是"社群"这个社会学的概念逐步走向经济领域的发展，是以用户的个体兴趣与总体的社会价值为基础而形成的社群，通过联系经济学中的市场和利益机制而形成的平台和机制。

社群经济在国内已经有相当规模的研究，不少国内学者对传播行为和商业营销模式进行了深度研究。有人认为，社群经济的传播特征主要分为三点：聚合力和裂变效应是社群的外部传播特征；情感价值是社群的内部传播特征；自行组织传播协作是社群得以顺利运营和持续发展的核心逻辑。社群经济的商业营销模式主要有用户个人参与的生产模式、品牌效应的营销模式和体验为主的消费模式。有争议的地方在于粉丝经济和社群经济究竟有没有关系。有学者认为，不能将粉丝经济和社群经济直接画等号，这两种经济之间比较直观的区别在于，前者是依赖粉丝对品牌主体的爱慕和信仰，从中获得经营性的经济利益，而后者则是以社群内部用户和成员之间的互动交流为依托，通过为成员定制服务不断创造社群价值，从中获得经济利益。有学者持反对的观点，认为粉丝经济是社群经济的一种，社群经济是由许多粉丝经济支撑形成的，而一个粉丝经济体很可能是一个社群平台上的一部分。有学者则持中立态度，认为传统的粉丝经济已经随着互联网高速发展发生变化，进入了 2.0 时代，粉丝经济延伸和深化后成为社群经济，二者是递进式的关系。

第三节 案例解析

一、人民日报"中央厨房"的媒体融合实践

近年来,随着网络和数字技术,尤其是移动互联网的飞速发展,媒介之间的界限不再清晰分明,媒介融合是传统媒体顺应时代需要的必然选择,继续循规蹈矩,只能慢慢走向衰败。但是媒体融合并不是媒介之间简单的堆积和集合,胡正荣在《众媒时代》的序言二"媒体融合走向哪里——共媒时代与智媒时代"中指出:"媒体融合是一个全新的生态系统再造的过程,除了中央说到的内容、渠道、平台、经营、管理需要一体化的新格局,更需要在互联网思维下重新建构一个融合媒体产业的生态系统。"

为了响应习近平总书记2014年8月在中央全面深化改革领导小组第四次会议上提出的关于传统媒体与新媒体融合发展的战略部署,人民日报正式推进全媒体平台的建设。此时人民日报媒体技术股份有限公司已经成立,伴随着公司的成立,人民日报社全媒体平台(中央厨房)建设也正式拉开帷幕。经过各方面协调与努力,"中央厨房"在2016年底正式建成,成为国内媒体融合的标配和龙头工程。2019年1月25日上午,中共中央政治局就全媒体时代和媒体融合发展举行第十二次集体学习,习近平总书记强调,推动媒体融合发展,要坚持一体化发展方向,通过流程优化、平台再造,实现各种媒介资源、生产要素有效整合,实现信息内容、技术应用、平台终端、管理手段共融互通,催化融合质变,放大一体效能,打造一批具有强大影响力、竞争力的新型主流媒体。[①]"中央厨房"的实践使人民日报在媒体融合的过程中,实现了不同媒介平台和采编播的"相融"新架构,从多点突破的尝试转变为整体推进的新思路,从手段上的报道创新扩展为制

---

① 习近平.推动媒体融合向纵深发展 巩固全党全国人民共同思想基础[N].人民日报,2019-01-26(1).

度上的创新,从局部实践上升为顶层设计。

(一)"中央厨房"的本土化运作

美国学者布雷德利通过测算发现,面对同一个新闻选题,报纸、广播、电视记者的前期采访成本的比例大致约为1:1.8:3.5,如果在同一个集团内,不同媒体之间能够积极互动,通过协同效应实现整合,把同样的新闻素材包装成适用于不同媒体的媒介产品,从而在很大程度上减少媒体运营成本,收获较大的经济效益。"中央厨房"的理论基础是打乱原本"发者—传者—受者"的单一型产业链条,传统媒体通过建立"中央厨房"式的发布平台,可以更好地促进媒介融合,从而实现"一次采集、多种生成、多元传播"的效果。

目前,人民日报"中央厨房"由空间平台、技术平台、业务平台三个平台构建而成。空间平台为新闻采编提供基本保障,建筑总面积3200多平方米,位于人民日报社新媒体大厦10层,是融合指挥部和生产线的大型办公场地。开放式的空间,自由灵活的区域分布,非常适合新闻从业人员随时交流沟通。技术平台为全媒体平台的业务运行提供了有力的后台支撑,拥有一套完整的技术应用体系,消解"中央厨房"体系内所有媒体和平台之间的界限,保证媒介融合的畅通无阻。业务平台包含总编调度中心和采编联动平台,是"中央厨房"新闻采编的"大脑",负责统筹和指挥调度,是新闻能够顺利达到"一次采集、多种生成、多元传播"传播效果的前提。

(二)"两会"期间的新媒体尝试

在2016年全国两会期间,"中央厨房"推出的《傅莹邀请您加入群聊》和《你有一份来自总理的神秘快递》在全网刷屏,而这只是人民日报全媒体产品百万+阅读量的缩影。2017年全国两会期间,"中央厨房"再次重磅出击:赵雷的两会版《成都》短短几天点击率超过两千万,《两会喊你加入群聊》也成为刷爆朋友圈的H5创意作品。由此可见,人民日报的"中央厨房"在推动新闻报道全媒体化的进程中是非常成功的。业内人士也对此次新闻行业"供给侧改革"给予了极大关注,从内容生产创新到协作方式创新进行了广泛的讨论。人民日报从传统官方纸媒转型为一个全媒体式的"中央厨房",其中的模式值得业界分析和借鉴。

(三)"中央厨房"转型模式探析

人民日报"中央厨房"充分发挥中共中央机关报的平台优势,敢于放下传统媒体的"架子",从策划、采集、编辑、发布、评价五个方面进行深度探索。在策划环节上，实行一体化管理统筹，打通各个传播渠道。事件发生后，"中央厨房"内部的各个媒体接受统一的管理统筹，各部门在前期共同准备选题，在内部达成资源和线索同享的共识；同时，人民日报"中央厨房"与大型互联网公司合作，做到全网实时监控，及时得到舆论热点，不做过时的新闻。各部门采编人员提前与后台编辑沟通选题，减少重复选题、重复角度的出现，降低资源浪费和运营成本。在采集环节上，实现"1+N"报道模式，即1名前方记者对应后方几名编辑和技术人员。当一位记者采集到一条新闻后，可以迅速将信息传递给后方的编辑和技术人员，直接转化为生产环节，制作出直播、H5、图解等不同形态的报道，实现"一个素材炒几盘菜"，用多元的形式来报道，适合不同受众观看和接收信息；报道之后，这条素材会被纳入公共稿库，为其他媒体提供素材。在编辑环节上，实现生产制作形式的多元化，鼓励技术创新。人民日报"中央厨房"编辑中心主要由报社总编室、人民网总编室和新媒体中心总编室构成，三个总编室分工明确，鼓励下属媒体运用技术创新促进内容的多形式创作。另外，"中央厨房"还推出融媒体工作室机制，允许报社内部采编中层以项目制形式带头组织工作室，推出适于新媒体传播的创新内容，这就打破了人民日报长期以来严肃庄重的刻板印象，为人民日报争取了大量年轻的受众。例如侠客岛和麻辣财经，一改人民日报以前的文风，令受众眼前一亮，年轻而又活泼的感觉扑面而来。这也更有利于打造网络新媒体中的意见领袖，让受众不排斥本社的观点，引导舆论。在发布环节上，人民日报积极探索新媒体的传播特点，重视发布渠道的多样性，并在掌握大量数据的基础上为受众提供"私人订制"的内容。

移动互联网时代的传播方式已然发生改变，信息碎片化对新闻时效性的要求越来越高。但是在追求与事件同步报道的同时，不能忽视信息的真实性难以保障、内容越来越肤浅、稿件质量普遍不高等问题。面对时效性和质量的双重标准，人民日报"中央厨房"进行分批次和分阶段的信息发布，力求面向同一个现场和新闻事件，烹饪出最佳的新闻美味。第一波就是求"快"，在保证信息真实性的前提下，前方记者和后台编辑及时沟通联系，尽量做到消息全网首发，做到新媒体信息发布的速度到位。第二波就是求"全"，把握新闻内容的核心点，诉说现象发生的"前世今生"，将完整的资料梳理出来，将晦涩难懂的要点归纳出来，让受众对事件有一个完整的概念和印象。第三波是求"深"，作为一个具有职业道德和媒介素养的媒体，新闻事件的深度解读，尤其是具有独家视角的解读是非常重要的，这是传统媒体不可忽视的一大优势，保证自身在新媒体中的权威性。通过大数据的收集和分析，可以更精准地知道受众的偏好，实现个性化内容推荐和定制，精准投放信息。在评价环节上，专门成立大数据事业部，深度评估传播效果，及时进行反馈，从而更好地了解受众，更好地为受众服务。

随着中国力量的逐渐崛起，传播中国声音，讲好中国故事越来越重要。人民日报"中央厨房"不再局限于国内的新闻传播，而是要连接中外媒体，为内容推送扩展渠道，走向世界。在习近平主席2015年访美期间，"中央厨房"出品和发布海外作品近六十篇，推送平台包括了主要的世界级的媒体，还在脸书和推特等社交媒体推送符合平台特性的信息，阅读量超过了五千万次；其自制短视频极具趣味性，引起热烈反响，被世界各国主流媒体转载报道。

可以看出，人民日报"中央厨房"在对内容和平台进行融合之后，正在努力发展社群经济，培养自己的受众社群。在内容生产方面，设立融媒体工作室机制，旗下拥有多个社交媒体账号，成功建立起基于垂直领域的社交媒体矩阵。在需要发声的时候，可以按照各账号不同的特点和风格发声，引导舆论走向。同时，人民日报各社属媒体不忘媒体初心，以保证高质量和真实性内容为前提，针对不同渠道的特点，把内容用互联网模式进行包装。在受众方面，人民日报重视大数据的收集和研究，从而精准定位受众群体，了解受众喜好，为制作更多符合受众偏好的产品提供数据支持。"中央厨房"还重视受众的评价和反馈，不再是高高在上的主流媒体，更多地走近群众，与用户互动，重新塑造在受众心中的形象和地位。

（四）不足与挑战

不可否认的是，人民日报的"中央厨房"仍存在一些不足和挑战。第一，这种全媒体式运营模式还未形成常态化趋势。只有在遇到重大新闻事件时，"中央厨房"才会被临时启动，因此那些脍炙人口的精良新媒体作品大多是主题报道。未来，"中央厨房"可以创作更多贴近人民生活的出色新闻作品。这样做不仅满足了受众的心理需求，也能从中吸取经验，完善运营体系，促进媒体融合发展。第二，新闻走向同质化，容易造成突破自我的动机缺失。在内部使用统一的内容生产平台后，各子媒体本身的特点可能弱化。当子媒体无保留地共享新闻素材后，它们之间的竞争也就小了，没有竞争，就少了不断完善和突破自我的动机，这将会削弱整个传媒集团的竞争力。

二、新京报的转型与创新

2003年创刊的新京报一直都是北京乃至全国范围内影响力较大的主流媒体。

2012年起，新京报逐渐向全媒体平台转型。新京报始终坚持生产原创内容，并提高新闻生产过程中的综合能力，在互联网平台上走出了一条独特的媒介融合之路。在 2014 年新京报成立 11 周年之际，新京报确立了"革故鼎新"的发展战略，此后，新京报彻底改革了内容生产方式、生产流程，以及报社的人员构成、传统的纸媒发行和经营策略。随后，新京报又开始打造"新京报+"和"+互联网"的转型模式，在这样的战略领导下，新京报积极与外界合作，创建了大燕网、热门话题、动新闻等融媒体产品，将新京报的优势资源（原创内容）与互联网公司的特长（技术、资本、渠道）进行结合。自创刊起，新京报一直以"办中国最好的报纸"为宗旨，并积累了相当大的品牌影响力和内容资源优势。2016 年，新京报明确提出了"创建中国最好的原创内容平台"的全新目标，进行大刀阔斧的转型。在坚持生产优质原创内容的同时，新京报拓展传播方式，确立了"先网后报"的战略，更加重视移动网络平台上的产品，并且大力发展直播、视频、深度报道和评论。在媒体融合的大趋势下，新京报善于利用自身优势，已经逐渐从一个单纯的传统媒体，转型为一个全媒体的原创内容平台。

（一）立足原创内容的产品创新

新京报在转型过程中始终坚持"内容为王"，持续生产优质原创内容，并紧跟网络技术发展，将原创内容打造成多种样式的创新类产品，通过多种渠道传播给受众。2016 年，新京报每天生产 330 余条原创内容，"新京报"旗下拥有超过三千万的用户量，再加上与互联网科技公司等合作方的版权销售方式扩展的信息发布渠道，每天阅读量超过一亿。[①]

1. 微信矩阵

2013 年，新京报先后开设 30 个微信公众号，形成微信传播矩阵。这个微信传播矩阵并不是简单地将纸质媒体上的内容照搬到微信公众平台上，而是进行了垂直领域的细分，更加注重内容差异和受众的个性化服务。总体上，这个微信矩阵由两大类型的公众号组成：一种是较为官方的公众号，以"新京报"冠名，例如"新京报""新京报评论""新京报书评周刊""新京报 Fun 娱乐"，这类公众号将母媒上不同类型的内容进行细分，在微信平台上进行二次传播；另一种是不带"新京报"字样的，例如"政事儿""剥洋葱 people""沸腾"，这些公众号的编辑

---

① 于陆,冯琪,研究事儿.直播来势汹汹，新京报设新奖敲黑板.[Z/OL].(2017-2-23). http://media.people.com.cn/n1/2017/0223/c404465-29103155.html.

记者针对互联网的传播特点，采用适合互联网传播的内容生产方式，与官方公众号相互配合，相互宣传。以"政事儿"为例，最初它是新京报以记者个人名义开通的微信公众号"官场现形记"，产品上线数日便引起了大量关注，后改名"政事儿"。在"刺猬公社"公布的纸媒公号排行榜中，"政事儿"经常获得北京地区榜单冠军。"政事儿"的标语是"小细节解码大时政"，同样是报道一个时政事件，"政事儿"经常能从细节入手，用差异化的报道角度进行有趣的时政解读。

2. 直播和短视频

在如今媒介融合的大环境下，直播和短视频成为新闻报道的一个重要形式。新京报紧紧跟随行业形势，在 2016 年创办了"我们"视频，并提出了口号：用直播和短视频覆盖一切重要的新闻现场。2016 年全国两会期间，新京报进行了网络直播的试水，参与两会报道的新京报记者全部配备移动视频直播设备，与腾讯平台合作，进行了持续 16 天的直播，全方位、立体化、多角度地报道了两会信息，直播时长累计近一百小时，浏览量累计已经超过一亿人次，视频新闻超过一百二十多条，播放量累计近七千万。①基于新京报完善的采编团队和优秀的专业素养，"我们"视频十分擅长找到独特线索和角度，跟进热点事件。例如，2016 年夏，新京报对江西鄱阳向阳圩溃口合龙进行了视频报道。新京报记者在遭遇洪灾的村庄进行了超过 4 小时的直播，包括地面直播和航拍两个部分，不但完整记录了向阳圩合龙的瞬间，还全面展示了受灾村庄的救助情况，以及村民在受灾之后的真实生活。以 2017 年数据为例，新京报全年发起新闻类直播超过 600 场，制作新闻类短视频超过 6000 条，总播放量超过 45 亿。②

3. 动新闻

动新闻是指以动画形式生动、立体地呈现新闻报道的方式。2015 年开始，新京报与小米、360 等多家互联网科技公司合作，成立了动闻天下公司，推出了"动新闻"这一融媒体产品。动新闻可以帮助还原无法实际拍摄的新闻现场，使新闻更加生动形象，还可以用来解读一些政策文件，以三维动画的形式增加新闻的趣味性。2017 年 3 月 5 日，李克强总理代表国务院在十二届全国人大五次会议上作《政府工作报告》，报告的首页右上角第一次出现了二维码。扫描这个二维码之

---

① "新京报传媒研究"微信公众号.纸媒也玩视频直播！新京报在下一盘多大的棋？[Z/OL].(2016-5-5). http://mp.weixin.qq.com/s/uFHqb9DuZR6b1ukUjnPzPA.

② "我们视频"微信公众号.理想让我们重新出发[Z/OL].(2017-11-10). https://mp.weixin.qq.com/s/g4pmpEegGo7UFI9s7iAaOg.

后,就可以看到京报"动新闻工作室"与中国日报网负责国务院客户端内容运营维护工作的团队共同制作的2016年政府工作报告主要指标任务完成情况的动画。

(二)与外部合作进行平台创新

对于传统媒体来说,想要完成转型必须突破原有的体制和障碍,解决资本的问题。在走向媒体融合的道路上,新京报善于借助外部力量,与互联网公司合作,通过资源互补实现自身的平台化创新。

1. 大燕网

2014年,京津冀协同发展成为重大国家战略。新京报顺势而为,贯彻了"+互联网"的理念,与腾讯合作创办了以打造京津冀区域第一生活平台为宗旨的门户网站——大燕网。在这次合作中,腾讯负责提供传播渠道,新京报负责提供原创内容。大燕网还进行了线上线下的互动尝试,举办了各种专题论坛以及线下活动,都取得了良好的效果。到2017年11月,该产品在电脑客户端和手机客户端数据可观,日均独立访客量达到900万,日均页面浏览量近9000万,日活跃用户超过1.2亿。[1]结合到京津冀协同发展和雄安新区成立等重大事件,大燕网生产了一批高质量的原创图文报道。

2. 热门话题

新京报并没有在报社中增设新媒体部门,其新媒体业务全部由旗下子公司——派博在线科技有限公司负责,这家公司独立运营、自负盈亏,这就避免了许多体制改革、业绩核算的复杂问题。2015年,新京报又和三胞集团联合出资,"内部创业"成立了热火朝天科技公司,并推出了新闻类App"热门话题"。不同于其他市面上的新闻类App,"热门话题"的特色是利用智能加人工的方式精选优质内容,将重心放在对新闻的热点解读上,注重视觉体验与互动,主要精选"有趣""有用""有温度"的新闻,以此打造一个新型的"话题类"产品。

3. 线下活动

除了内容创新和平台创新之外,新京报还积极投身其他领域,比如创投领域。新京报近年来打造了专业深度的创投报道,并建立了自己的创投基金,举办了"寻找中国创客"系列活动,旨在"寻找影响未来的伟大公司",为优秀创业者打造了一个包括报道、品牌活动以及融资支持的全媒体服务平台。"寻找中国

---

[1] "我们视频"微信公众号.理想让我们重新出发[Z/OL].(2017-11-10). https://mp.weixin.qq.com/s/g4pmpEegGo7UFI9s7iAaOg.

创客"是一个大型的创业报道评选活动,自2015年启动以来,已经有超过五千多个创业项目报名。新京报用350多个版面对近500个创业项目进行了报道,开展年度中国创客和年度新锐创投机构的评选,并在乌镇世界互联网大会期间举办颁奖盛典。①目前该活动已从单纯的报道评选升级为创业新媒体平台,融合报纸版面、垂直网站、微信公众号、论坛活动、创客俱乐部、创业地理、创投基金等,可以为创业者提供从媒体报道、创业辅导、综合服务一直到投资的全链条创业服务平台。目前,马云、柳传志等15位大咖作为创客导师加入"寻找中国创客",创客峰会成为了创投行业的风向标。

(三)新京报的媒介融合之路

在媒介融合的大背景下,新京报做了许多探索,将自身逐渐转型为一个全媒体内容平台。

1.传播内容更满足受众需求

"使用与满足"理论认为,受众不是被动地接收媒介信息,而是对媒介有一个评价和选择的过程。受众在初次接触媒介后,会根据是否在获取信息的过程中获得满足判断是否再次使用它。在美国传播学者卡茨看来,受众成员主动利用媒介内容,而不是被动接受媒介的控制,因此,它所假设的并不是媒介与效果之间的直接关系,而是推定受众成员能够利用信息,他们对信息的利用也会影响媒介效果。②在如今网络技术高度发达的时代,受众可以通过多种渠道获取信息,受众选择重复使用某种媒介,一定是因为自身需求得到了一定程度上的满足。新京报的口号是"品质源于责任",在内容报道上,新京报始终坚持生产原创性、深度性的优质内容。在内容良莠不齐的网络环境中,新京报的优质内容可以满足受众获取信息的需求。同时,新京报在转型的过程中不断细化垂直领域,提供各个领域有差异性的、个性化的内容,符合如今分众化的特点,也满足了不同受众的不同需要。

"把关人理论"提出,大众传媒不能"有闻必录",而应该进行专业的把关和取舍。在新媒体环境下,职业把关与非职业把关并存,把关人的门槛也随之降低,这导致网络上出现许多虚假信息、低质量信息。而新京报作为一个有操守的

---

① 寻找中国创客将设创客导师扶持基金[N].新京报,2017-03-31.

② 〔美〕斯蒂芬·李特约翰.人类传播理论[M].史安斌译,北京:清华大学出版社,2004:375.

传统媒体,从创刊之初便坚决反对"有闻必录",在内容生产上始终坚持专业主义。①新京报顺应时代趋势进行了媒介融合的转型,但转型不代表放弃原有的原则,新京报在新媒体领域也没有降低把关要求,保证受众能接收真实、准确的信息。

2.传播方式更加多元

人际传播的方式发生了很大的变化。以前人们需要用口语、文字来传递信息,随着技术的不断发展,人际传播突破了时间和空间的限制,由以前"面对面"的传播方式转变为今天的"人—媒介—人"的传播方式。目前,人际传播的重要方式是社交平台,比如微博、微信,基于人际强关系传递信息,便会事半功倍。在这样的大环境下,所有的媒介都应该注重提升自己的互动性和社交性。以新京报产品"热门话题"为例,这个App采用智能加人工的呈现方式,旨在做到"无延展不新闻、无分享不热门、无互动不话题"。在这个App上,受众可以通过其他社交平台账号进行登录,订阅自己感兴趣的内容并分享给社交平台上的好友。此外,该App还具有"闪聊"功能,可以随时建立聊天室进行互动,并且"阅后即焚"。新京报对于社交性和互动性的重视符合如今人际传播的规律,使其产品能够实现更好的传播效果。

网络媒体赋予了大众更多的话语权,于是有学者提出了"反沉默的螺旋",即受众是有能动性的个体,而不是被动地接收信息,他们不是盲从,而是有思考和分析的能力。以2017年11月的"江歌遇害案"为例,在公布了江歌母亲与刘鑫见面的视频之后,舆论迅速发酵,大多数都是对刘鑫的指责与谩骂。部分自媒体发表"声讨刘鑫"的偏激文章,一度影响了事件的舆论导向。网民纷纷把关注点从事件真相上移开,而是专注对刘鑫及其家人进行攻击,许多持不同意见的人保持了沉默,一定程度上形成了一个"沉默的螺旋"。直到新京报发表文章《江歌被害刘鑫无罪,人们为什么没有耐心听刘鑫的自辩》,从较为客观的角度报道了双方的立场和心态,打破了"沉默的螺旋",使网络舆论从偏激逐渐回归理性、多元,许多网民经过理性的思考分析,对江歌遇害案做出了更加公正的评价,这一定程度上也印证了"反沉默的螺旋"理论。

---

① "新京报传媒研究"微信公众号.新京报为什么行?答案在这4本书里[Z/OL].(2017-2-13). http://mp.weixin.qq.com/s/_M8uqx1W5RDF4htdX2agKw.

3.传播模式偏重社群化

随着互联网技术的迅速普及和发展，人们可以随时随地实现交流和互动，这就催生了网络上的各个兴趣社群和粉丝社群。社群的形成可以巩固品牌形象，迅速吸引兴趣群体。以"寻找中国创客"为例，新京报通过这样的大型创业报道及竞赛活动，将许多创业者连接到一起，形成社群。自"寻找中国创客"项目启动以来，仅第一季就举办了5场千人落地论坛活动，数场小型沙龙，引起强烈反响。新京报通过社群经济的方式，既可以产生社会意义，也可以实现自身商业模式的创新发展。

第四节　新的传媒业态的中国传媒业

一、新的传媒业态下的理论变革
（一）人际传播的变化

人际传播是个体之间传播信息的活动，亦是由两个个体系统之间互相连接组成的新的信息传播系统。随着媒介技术的发展，人际传播的方式也开始改变，"面对面"的人际传播逐渐减少，以媒介为中间环节的"人—媒介—人"的传播模式成为主要方式。以往依附于语言和文字的信息，也转向互联网平台为载体的传播新媒体。人们之间的交流不再需要亲力亲为，不再需要通过见面来传播，而是通过媒介技术，足不出户便可以通过电视、广播、互联网知道世界上各个国家发生的大事。正如麦克卢汉所言，人与人之间的关系和人的活动在形态、规模或者速度等方面的改变是媒介所能引发的最大的影响。技术带来的最直观的影响是传播方式的变革。"人—新媒体—人"已经成为互联网时代的人际交往的常规模式。人们不再需要电脑就可以连接网络，随时随地查看手机上的新闻，可以和相隔半个地球的朋友视频通话。相比以前来说，时间上和空间上受到的条件限制明显减少，人际传播更加自由。

微信朋友圈的强关系模式就是人际传播变化的典型案例。与过去所说的网友概念不同的是，微信通讯录中的人基本上都是与现实生活相关的，人们可以同时在线上和线下进行人际交流，线上的信息会影响线下的来往，线下的沟通也会影响线上的信息传递。朋友圈的功能有效实现了由原先"一对一"到现在"一对多"的转变，人们可以实时分享自己做的事情，微信通讯录内的其他人可以在朋友圈里点赞或回复，互动性增强。

詹恂和严星在《微信使用对人际传播的影响研究》中更进一步地提出"弹性社交网络"的概念，指出与现有的在强关系和公众关系基础上发展起来的SNS不一样，弹性社交主要表现在社交关系的变化和不确定性上，打破了传统保持稳固状态下的社交方式，使人们可以因为相同的时间、相同的空间及相同的兴趣话题走在一起，进行社交。他们认为，微信具有的移动性和即时性这些特点，是微信在强关系的基础上做的进一步延伸，如"扫一扫""摇一摇"，它们能在有限的时间里，不再局限于熟人之间的信息传递，而是令彼此不熟悉的人同时进行同样一件事，这也是对互动性的进一步加强。

（二）意见领袖的话语权进一步扩大

新媒体的即时性传播特点使信息能够在短在时间内及时传递到数亿人的移动设备上，于是，意见领袖能够将自己的观点发到网络中，并且迅速让网友接收到。微博上享有数十万、数百万粉丝的大V账号和微信上享有一定程度关注量的公众号就是典型的意见领袖，他们经过一定时间的经验积累，在网络上享有一定的知名度。在面对重大事件或有争议的事件时，他们的发声会影响很多网民，倘若其中有一定的逻辑性，就容易被网民接受，得到网民的认同，进而形成一定的舆论导向；当一个观点形成规模时，受众的从众心理就会促使更多的人同意该观点，成为一个事件的主流观点。

（三）"反沉默的螺旋"的出现

互联网技术的普及让社交媒体具有自由开放互动的基本属性，为民间或网络信息和舆论的开展提供了平台。在此基础上，"沉默的螺旋"不再适用多元的传播模式，因此出现了"反沉默的螺旋"模式。作为传播终端的接收者，受众不再是闭环的最后一级，可以同时作为信息的发布者和扩散者，拥有能动地思考和分析信息的能力。针对这一现象，王国华和戴雨露认为，一是基于网络的原因，与传统媒介传播相比，网络有其匿名性、交互性和传播方式多变的特点，带来了群体压力失效、受众主体地位的确立以及公众知情权的重获；二是基于网络受众的原因，从众心理的弱化和中坚分子的力量增强。目前，不少学者认为"沉默的螺旋"效应正在消解，有的则认为"沉默的螺旋"依然起作用，然而也必须看到，在新媒体发展的过程中，"沉默的螺旋"和"反沉默的螺旋"两种模式并不是互否命题，而是呈现出交替甚至同时存在的情况。首先，从众心理并没有在所有受众中完全消失；其次，网络的匿名性和群氓影响下，受众仍然忌惮网络暴力，因此在发表意见之前谨慎揣摩；最后，若媒体意见与大部分受众利益相符，"沉默的螺旋"就会生效。

（四）把关人理论不再是传统媒体的特权

在新媒体环境下，把关主体除了原来的广播、电视、报纸三类传统媒体以外,还出现了互联网新媒体和受众自身这两类新兴的把关主体,新媒体的开放性使更多的受众直接参与传递信息的过程,成为信息的第一道"把关人"。有学者认为,与传统的"把关人"相比,新媒体环境下的"把关人"出现新的变化:一是职业把关与非职业把关并存;二是事前把关向事后把关过渡;三是一元把关向多元把关转变。"把关人"的门槛降低,导致媒介素养水平降低,从而出现了网络谣言等问题。国内学者开始呼吁重视"把关人"的角色,强调传统的职业"把关人"地位不可替代,网络新闻的"把关人"则亟须提高自我把关意识;政府要加强监管力度,各网络媒体要出台相关规范制度。微博官方发布的《微博社区公约》和微信官方发布的《微信公众号运营规范》,就是很好的例子。

(五)社群及社群经济成为新媒体新兴态势

黎斌对当今传媒环境的判断是:"这是一个流量经济衰退,社群经济兴起的时代。"他提出社群时代应当是在内容、渠道和平台融合之后下一步的方向和战略。对于传统媒体发展社群经济的策略,国内学者的主要观点是:第一,精准定位,分众培养;第二,加强与受众互动,将受众变成粉丝,粉丝变成社群;第三,积极介入并建立起基于垂直领域的社交媒体矩阵;第四,在坚守内容为王的基础上通过专业的媒介产品生产,用互联网模式包装内容。

在国内,最具代表性的互联网社群品牌是"暴走漫画"与"罗辑思维",前者是娱乐型社群品牌,后者是知识型社群品牌,二者成功的共同原因有四个。第一,内容生产为社群奠定粉丝基础。两个品牌都有明确的目标受众,"暴走漫画"的受众是追求搞笑的中青年群体,"罗辑思维"的受众主要是学历较高、有独立思考能力的知识分子。二者都很重视与用户的互动,因为用户能带来巨大的社群经济效应。第二,多种传播平台的有效利用。二者都是由最初的单一产品形态逐渐发展成全方位的产品形态,跨越传统媒体和新媒体等多个平台。第三,组织化发展和团队化经营。二者背后都有一个相对成熟的团队,保证了内容的质量和效率。第四,意见领袖与社群的深度开发。"暴走漫画"的王尼玛和"罗辑思维"的罗振宇通过个人人格魅力在节目中担当意见领袖,影响受众思维。

二、中国传媒业态的新特征

技术的变革带来了传播手段和方式的变化。作为新兴的传播媒介,互联网改变了信息储存所需要的空间平台,突破了发布时间的限制,由此带来的是从产业体制到传播格局以及运行模式的颠覆性变革,中国传媒业呈现出了新的业态特征。

（一）传媒体制从单一的国有垄断走向多种形式混合

主要社交媒体平台垄断了网络上的信息流量，这打破了长久以来以国有资本为主导的传统媒体独大的局面。各种资本形式开始进入媒介市场，以阿里和腾讯为首的超级商业公司和资本大鳄瓜分了大部分新兴的媒介产品与互联网渠道，形成了初具规模的跨界超级媒体集团，并将在相当长的一段时间内保持并继续发展现有的多种所有制混合的媒介体制。

（二）基本形成了互联网为主导的传播新局面

2015年12月16日，习近平主席在第二届世界互联网大会开幕式上正式提出要建设"数字中国"；2015年7月4日，经李克强总理签批，国务院印发《关于积极推进"互联网+"行动的指导意见》。这体现了从国家层面上对互联网为主导的传播格局提供鼓励和政府支持。

与此同时，国内主要的互联网公司也在积极拓展其媒体版图。除了从社交媒体渠道直接发布和争夺新闻流量以外，"腾讯新闻"客户端也是移动新闻客户端的佼佼者。在这场新媒体为主导的互联网传播新格局中，传统媒体直接在"两微一端"照搬纸媒内容和电视内容是无法适应传播需求的。而在民营资本不断涌入的新媒体中，最初以门户和社交产品起家的腾讯，2019年的公司营收为3700亿，净利润980亿，而以个性化新闻推送为标签的"今日头条"也在短短几年内成为移动新闻客户端的领头羊。

（三）"去中心化"的新闻生产新模式

互联网对传播业态的影响是革命性的"改造"。传统媒体所习惯的新闻采访、新闻写作/拍摄、新闻编辑、新闻评论等一体化的生产流程需要根据网络特性及时改进。

同时，自下而上的自媒体纷纷转型，逐渐向组织化和规模化的方向发展，吸引了大量的优秀的专业媒体人以及资本的注入，传统媒体所推崇的"编辑分发"正面临着精准化、定制化的冲击。公众愈发倾向从移动终端获取符合个人兴趣的新闻资讯和内容，一对多的一元化大众传播模式受到了极大影响，互联网建立起的公共世界获得了话语的空间和能量。

（四）"去边界化"的传播平台趋势

在新媒体的影响下，报纸、广播、电视、互联网平台的媒介边界逐渐消融，传播平台之间的壁垒逐渐被打破，以短视频、图像等视觉符号为主体的形式成为传播平台新的发展趋势。人民日报的"中央厨房"、香港大公文汇集团的"全媒体中心"都在进行积极的流程改造,以适应移动化、碎片化、视频化的受众信息需求。

网络不再是单纯的媒介,而是集纳和满足不同受众传播需求的超级平台。信息获取渠道也不限于报纸、广播和电视台,更有感情、温度和互动的特性使微博微信等社交媒体成为新闻获取和传播的重要渠道。

第五节　本章小结

　　互联网技术对传媒业态的变革无法逆转，媒体转型与融合是必然选择。但是融合绝非简单的数字化与网络化，明确受众及渠道和内容的变化，开展积极有效的融合才是把握变革的关键。

　　未来十年，国内的人口结构将发生较大的变化：一方面，社会中坚力量向20世纪80年代和90年代出生的中等收入群体转移，另一方面95后及千禧年后出生的新生代将成为主要网络群体。

　　与传统媒体一元化时代的传播对象不同，未来占据社会中坚力量的中等收入群体基本上具备高学历和高收入的基本素质，但是也承担着高消费、高负担的压力，带有由此导致的高焦虑的心理特征。基本素质决定了中等收入群体在网络上是"沉默的少数派"，较少发表极端观点和言论；但是高消费和高负担的压力，以及医疗、住房、教育、环境等问题，随时会成为压垮中等收入群体的决定因素，轻易地改变其阶层及身份；而此类新闻和社会议题也极易成为他们高度关注和高度焦虑的网络话题，使他们成为积极的意见表达者甚至意见领袖。因此，在传统媒体的融合过程中，创造和满足中等收入群体精神需求的内容是实现其社会守望的重要功能。

　　出生于互联网高速发展时期的新生代将逐渐成为网民的主要力量，这会形成不同于以往的舆论形态。这一代人对时政新闻的敏感度低，娱乐化倾向明显，具有朴素的爱国情怀又较为情绪化，因此也极易成为网络舆论的传播群体。把握这代互联网原住民的喜好，是打造未来互联网产品和把握媒介发展方向的重要因素。

　　新媒体一方面连接了整个世界，打通了时间和空间，另一方面也造成了人际交往的割裂和碎片化。这种碎片化的社会网络投射在新闻和信息的传达上，就反映为复杂事件与事实的碎片化。在这种碎片化与情绪化的社交媒体网络平台上，容易出现所谓的新闻事件"反转"：由于信息并不是一次性完整地呈现，甚至不是按照时间或者重要性的逻辑顺序出现,而是以事实的片段拼凑而出的,所以在"真相"未出现之前,网络舆论场极易出现若干次反转,这也是未来传媒业态变革需要真正思考和面对的问题之一。

此外,"无视频不新闻"已经成为当前传媒业态的又一鲜明趋势。从直播的兴衰到2017年短视频的崛起,以及VR/AR的新闻视频尝试,新媒体重新定义了"新闻"的特性——新媒体环境下,新闻不是只依靠眼睛来读来看的,而是诉诸视觉、听觉甚至触觉的整体感官体验,现场感与代入感成为传媒业态的新趋势。

第三章

媒介体制创新：新闻传播
与国家治理

2014年1月28日上午，河南安阳市文峰区法院宣判，被告人郭增喜因犯故意伤害罪，被判处有期徒刑3年，被告人当庭表示不再上诉。这起引发了社会舆论高度关注的"河南林州警察摔婴事件"，在时隔半年后终于画上了一个"句号"。然而，这起事件留下的教训及带来的反思，却并未终止。

"摔婴事件"发生于2013年7月18日晚9时许，河南林州市一对夫妇怀抱7个月大的女婴散步时，被当地一名公安局民警突然抢走，并高举过头重摔到地上。婴儿当即昏死，虽经抢救后脱离生命危险，但颅骨3处骨折并有淤血。为何警察会无缘无故摔婴？据后来多家媒体报道："摔婴"民警郭增喜说，他和另外两人饭后准备去歌厅"放松娱乐"，远远看到这对怀抱婴儿的夫妇，就借酒劲打赌，猜那个婴儿是硅胶玩具还是真人。他一口咬定是硅胶玩具，遭到大家取笑。他为证明自己的判断正确，遂发生上述悲剧。他说，这件事他很惭愧。

这起十分荒唐的"摔婴事件"成为舆论的焦点是在事发一个月后。2013年8月17日，此事被媒体公开报道，随后林州宣布成立联合调查组展开调查，并以涉嫌故意伤害罪依法逮捕了郭增喜。从事发到媒体报道的一个月时间内，此事一直不被外人所知，林州公安局内部只将郭增喜关了15天禁闭，直到媒体报道后才立案调查。这引发了媒体和公众极大的质疑。在《新闻1+1》栏目中，白岩松批评这种沉默的行为是"对整个社会的伤害"。

白岩松评论道："如果说这种沉默是一种处理方式的话，这种处理方式就有点太愚蠢了，因为在目前的时代和环境当中，这样的事情想要藏着、掖着、私了，那几乎是不可能的事情。同样要做的事情，主动做跟被动做差别太大了。如果说要主动做，当时是他给抓起来的话，抓他一个人就够了；而现在被动做，不仅要抓他一个人，还停职了四个，接下来，会不会还有继续被处理的都很难说。如果主动做，当时会有一些坏影响，但是会迅速为包括公安、包括司法、包括我们整个政府的形象加分，因为你快速处理，而且你不徇私情等是会加分的。"①

该评论点明了两个关键词，一是"信息公开"，二是"政府行为"。在互联网已经成为社会生活基础架构的信息时代，可以说是真正的"天下没有不透风的

---

① 中央电视台《新闻1+1》.摔婴与之后的沉默，都是伤害! [Z/OL].(2013-8-20). http://tv.cctv.com/2013/08/20/VIDE1377009480962306.shtml.

墙"的环境，试图掩盖信息的行为只能适得其反。因此，在公共事件中主动公开信息是必然之举；对信息的遮掩或者公开太迟缓，造成的后果是相当严重的。在"摔婴事件"中，已被停职的林州市公安局局长称："没上报不是说不追究他了，主要考虑的是公安队伍的形象和人民警察的声誉。"①这反映了一种传统的管理思维，公共事件发生后政府官员为了所谓的"形象"，希望将"大事化小、小事化了"。然而，该事件迟迟未公开处理，导致当地舆论发酵，在媒体报道后，当地政府和警察的形象更是遭到了严重损害。据《法制晚报》报道，事发后林州市民警称，整个林州的警察都抬不起头，不想跟着一起被骂。②这就是政府被动应对公共事件时产生的负面效应，有时甚至会陷入"塔西佗陷阱"，即使发布的是事实的真相，但依然无法让公众相信。

"摔婴事件"中的媒体报道、舆论与政府行为，正好反映了在国家治理中媒体所发挥的重要角色，以及在互联网传播环境下国家治理与媒介体制之间的互动关系。

---

① 怀若谷.河南摔婴民警被批捕并双开　局长称为声誉"捂"案[N].京华时报，2013-8-23.
② 田北北.河南林州民警：整个林州警察因摔婴案抬不起头[N].法制晚报，2013-8-20.

第一节　媒介体制的延续与调适

一、国家治理体系中媒体的主体性角色

近年来，国家治理及其现代化研究已经成为政治学、管理学、社会学、经济学、法学等多个学科的热门议题。政治学一般认为，治理（governance）是与统治（government）有很大区别的概念。国家治理、社会治理与国家统治，在权力的主体、来源、性质、过程、范围、目标等方面都是有差异的。俞可平指出，国家治理体系就是规范社会权力运行和维护公共秩序的一系列制度和程序，它包括规范行政行为、市场行为和社会行为的一系列制度和程序，政府治理、市场治理和社会治理是现代国家治理体系中三个最重要的次级体系。①可见，国家治理涵盖了政治、经济、社会乃至文化等领域，概念更为宽泛。现代国家的治理逻辑或者理想的国家治理，被认为是开放性、竞争性和限任性的结合，既要让国家有能力，又要让国家权力有所限制，实现一种混合的、合理的、制动平衡的治理结构。②

在广义的国家治理体系中，媒体作为一种公共传播的机构、组织和平台，是社会信息交流的重要渠道，自然也是国家治理的重要组成部分。在政治过程研究、意识形态研究、公共决策研究等领域，对大众传媒都有所涉及。汤普森就认为，传播媒体的发展以一种根本性的方式改变了行动或事件的公共性或可见性。③在一个媒介技术发达、互联网发展迅猛的时代，"政治媒介化"或者"媒介化政治"几乎成为现实。然而，在我国的国家治理研究中，媒体要么被简单地当作一

---

① 俞可平.推进国家治理体系和治理能力现代化[J].前线，2014(1).

② 燕继荣.国家治理及其改革[M].北京：北京大学出版社，2015:21-25.

③ 〔英〕约翰·B.汤普森.媒体与政治[M]//凯特·纳什，阿兰·斯科特.布莱克维尔政治社会学指南.杭州：浙江人民出版社，2007:185.

种宣传工具，要么被认为是民意的一种反映渠道，是政治输入的一种方式，很少有从我国独特的媒介体制出发的深入研究。

因此，有的新闻传播学的学者呼吁，参与国家和社会治理是现阶段及未来中国传媒最主要的实践，传媒要承担主体性的社会新角色、参与多元治理，而网络协商民主、政府信息开源、社会多元利益表达以及形成社会信任机制则是未来方向。①实际上，媒体的主体性既关乎我们怎样看待媒体的社会功能，又意味着我们要在媒介化社会这一维度审视国家治理体系建设。当前摆在我们面前最重要的问题是如何创新媒介体制，充分发挥我国媒体参与国家治理的主体性作用，在监测社会最新变动、沟通社情民意、传播党和国家的方针政策、推动国家治理现代化等方面起到关键作用。

二、新闻舆论工作与国家治理能力的适配性

党的十九大报告明确指出，只有社会主义才能救中国，只有改革开放才能发展中国、发展社会主义、发展马克思主义。必须坚持和完善中国特色社会主义制度，不断推进国家治理体系和治理能力现代化，坚决破除一切不合时宜的思想观念和体制机制弊端，突破利益固化的藩篱，吸收人类文明有益成果，构建系统完备、科学规范、运行有效的制度体系，充分发挥我国社会主义制度优越性。②

2019年10月31日，党的十九届四中全会审议通过了《中共中央关于坚持和完善中国特色社会主义制度 推进国家治理体系和治理能力现代化若干重大问题的决定》。《决定》指出完善坚持正确导向的舆论引导工作机制。坚持党管媒体原则，坚持团结稳定鼓劲、正面宣传为主，唱响主旋律、弘扬正能量。构建网上网下一体、内宣外宣联动的主流舆论格局，建立以内容建设为根本、先进技术为支撑、创新管理为保障的全媒体传播体系。改进和创新正面宣传，完善舆论监督制度，健全重大舆情和突发事件舆论引导机制。建立健全网络综合治理体系，加强和创新互联网内容建设，落实互联网企业信息管理主体责任，全面提高网络治理能力，营造清朗的网络空间。③在媒体融合发展的背景下，建立全媒体传播体系，

---

① 李良荣，方师师.主体性：国家治理体系中的传媒新角色[J].现代传播，2014(9).
② 决胜全面建成小康社会　夺取新时代中国特色社会主义伟大胜利[N].人民日报，2017-10-19(2).
③ 中共中央关于坚持和完善中国特色社会主义制度　推进国家治理体系和治理能力现代化若干重大问题的决定[N].人民日报，2019-11-06(1).

构建网上网下一体的主流舆论格局，是推进国家治理体系和治理能力现代化的重要一环，有助于"把我国制度优势更好转化为国家治理效能"。

2019年1月，中共中央政治局在人民日报社就全媒体时代和媒体融合发展举行第十二次集体学习；3月，《求是》刊发习近平总书记文章《加快推动媒体融合发展 构建全媒体传播格局》。文章指出，要深刻认识全媒体时代的挑战和机遇、全面把握媒体融合发展的趋势和规律、推动媒体融合向纵深发展。文章谈到媒体融合与社会治理的关系——媒体融合发展不仅仅是新闻单位的事，要把我们掌握的社会思想文化公共资源、社会治理大数据、政策制定权的制度优势转化为巩固壮大主流思想舆论的综合优势。[①]在当前推进国家治理体系和治理能力现代化的背景下，如何充分发挥全媒体体系作用、增强网络治理水平，对推进国家治理效能具有理论和实践意义。

与国家治理密切相关的另一个概念是国家能力，或者国家治理能力。很多政治学者都谈到两者之间的关联性。比如美国政治学者福山，他在《政治秩序的起源》中谈到，国家（the state）、法治（the rule of law）和负责制政府（accountable government）是现代国家治理的三种基本制度，只有三者的平衡发展，才能造就既有强大的国家能力又有良好治理能力的现代国家，福山称之为"强大国家和强大社会之间的平衡"。[②]中国具有"强国家"传统，在国家能力的汲取和建设方面拥有丰富的历史经验，但仍需要发展现代化的国家治理体系。有研究者基于国家能力理论，总结出现代化治理能力的四个方面：第一，能力强大（以税收提取能力为代表但不局限于此）；第二，国家、市场、社会共治且相互赋权，这是现代治理能力的本质属性；第三，能力的多元化及各种能力间的协调发展而非相互冲突；第四，基于制度化和法治化，这是实现之前三点的前提。[③]这四个方面其实将国家能力贯穿其中，同时又强调了国家治理体系的现代化。

新闻舆论工作是我国国家能力建设的重要一环。在革命年代，党的报刊、广播是中国共产党夺取全国胜利的主要宣传工具。1949年中华人民共和国成立后，新闻事业成为党领导下的国家建设的重要组成部分。改革开放以来，传媒一方面

---

① 习近平.加快推动媒体融合发展 构建全媒体传播格局[J].求是，2019(6).

② 〔美〕弗朗西斯·福山.政治秩序的起源：从前人类时代到法国大革命[M].毛俊杰译，南宁：广西师范大学出版社，2012:16,470.

③ 张长东.国家治理能力现代化研究——基于国家能力理论视角[J].法学评论，2014(3).

"为经济建设创造良好的安定团结的舆论环境",是中国特色社会主义意识形态和思想政治工作的关键;另一方面又作为我国现代化建设的一部分,其现代化正是改革开放的题中之意。在我国,传媒与政治有着极为紧密的联系,"党的新闻舆论工作是党的一项重要工作,是治国理政、定国安邦的大事"[1]。可以说,新闻舆论工作的水平体现了党的执政能力,进而也在一定程度上反映了国家能力建设的水平。

2013年习近平总书记在全国宣传思想工作会议上用"明者因时而变,知者随事而制"来形容宣传思想工作创新,并提出重点要抓好理念创新、手段创新、基层工作创新。[2]2016年习近平总书记在党的新闻舆论工作座谈会上进一步指出,"随着形势发展,党的新闻舆论工作必须创新理念、内容、体裁、形式、方法、手段、业态、体制、机制,增强针对性和实效性",并且在谈到加强党对新闻舆论工作的领导时,明确提到"领导干部要增强同媒体打交道的能力,善于运用媒体宣讲政策主张、了解社情民意、发现矛盾问题、引导社会情绪、动员人民群众、推动实际工作"。[3]国家能力建设需要有与之相适配的信息传播能力、社会动员能力、意识形态领导力,这也正是近年来党和国家反复提出要增强"四力"(传播力、引导力、公信力、影响力)的重要考量。

三、信息公开、政治沟通与决策模式的变化

2008年5月1日起施行的《中华人民共和国政府信息公开条例》[4],明确规定了政府信息公开的范围、方式、程序、监督和保障,保障了公民的知情权、表达权、监督权与参与权,是一部国家治理现代化建设中具有标志性的行政法规。有研究者评价道,这部法规的颁布结束了我国没有全国性的、专门的信息公开法的历史,政府信息从单向信息公开到整体信息公开,并且从零星的公开措施到信息公开制度化。[5]信息公开的制度化一方面是政府职能转型、建设服务型政府的重要

---

① 坚持正确方向创新方法手段　提高新闻舆论传播力引导力[N].人民日报,2016-2-20(1).
② 胸怀大局把握大势着眼大事　努力把宣传思想工作做得更好[N].人民日报,2013-08-21(1).
③ 坚持正确方向创新方法手段　提高新闻舆论传播力引导力[N].人民日报,2016-02-20(1).
④ 2019年4月3日《中华人民共和国政府信息公开条例》经中华人民共和国国务院令(第711号)修订,自2019年5月15日起施行。
⑤ 魏永征.新闻传播法教程(第四版)[M].北京:中国人民大学出版社,2013:26-27.

举措，另一方面则是政府在新媒体发展改变信息传播结构的背景下的主动之举。有学者分析道，民众和舆论是服务型政府建设的一种动力机制——外压力，该机制通过信息公开、权利意识、媒体监督、网络监督等得以发挥。[①]总体来看，政府信息公开、党的新闻舆论监督、政府新闻发言人等机制发挥了比较重要的作用。

国家治理中的政治沟通十分关键，良好的、充分的、有效的政治沟通有助于政府决策的科学化、理性化、制度化。在中国目前的决策结构中，大众传媒的参与程度渐深，市场化媒体和互联网的兴起为不同利益群体提供了一种更便捷的参与平台，知识精英和普通民众影响决策的渠道越来越多样化。[②]改革开放以来，中国传媒业在坚持党的领导下推动市场化改革。互联网新媒体快速发展，使媒体在政治决策过程中的影响超出了"输入/输出"的模式，深刻地影响了政治议程。有政治学者认为中国有六种政策议程设置模式（关门模式、动员模式、内参模式、借力模式、上书模式、外压模式），在潜在压力转换为现实压力的过程中，大众传媒的转型和互联网的兴起也发挥了关键性作用，网络媒体和传统媒体的交叉作用改变了公众议程的设置逻辑，中国的最高决策层对网络也越来越重视。[③]

媒体除了影响常规的公众议程和政治议程外，在公共事件突发时所扮演的角色也至关重要。正如"摔婴事件"所示，由于当地政府发布信息迟缓拖延、遮遮掩掩，媒体议程与公众议程、政治议程三者之间出现不同程度的错位，该事件最终演变为舆论热点事件，引发了当地政府一定程度的信任危机。在当今这样一个无远弗届的信息传播环境下，这样的教训是十分深刻的。新闻媒体是突发事件报道的传播主体，担负着信息沟通、抚慰民众、监督政府、动员社会的重要使命，应坚持"及时发声、有力发声、理性发声"的报道原则，要坚持信息公开，使公众对政府行为和重大事件的走向有一个合理预期。[④]在《政府信息公开条例》实施十余年后，我国在政治决策过程模式转变、政府主动信息公开以及利用媒体及时、公开报道公共事件等方面有了很大的进步。未来，各个主体之间应积极配合，形成政府信息公开，媒体主动报道与舆论引导，政治沟通渠道畅通同，政治

---

① 燕继荣.国家治理及其改革[M].北京：北京大学出版社，2015:224-226.

② 王磊，胡鞍钢.结构、能力与机制：中国决策模式变化的实证分析[J].探索与争鸣，2010(6).

③ 王绍光.中国公共政策议程设置的模式[J].中国社会科学，2006(5).

④ 本书编写组.实践中的马克思主义新闻观——新闻报道经典案例评析[M].北京：高等教育出版社，2015:201-207.

决策科学化、理性化、制度化的良性循环。

四、传统的新闻传播管理模式与互联网治理挑战

这里所谓的"传统的新闻传播管理",指的是基于我国媒体所有制的新闻传播管理方式,即党和政府如何管理报纸、杂志、广播、电视等传统媒体。在所有制形式上,中国的新闻传媒实行国家所有制,国有资产是中国新闻传媒的主体,从法律、政策和新闻传媒业在产业结构中的定位来看,其性质和主要功能是不会变的。[①]也就是说,在这一传媒的基本制度的安排下,媒体在资本和运营的市场化、产业化、集团化等方面的改革创新,并没有改变"党管媒体"的核心逻辑,媒体不仅有明确的主管主办单位,而且各级党委、政府和相关部门负有管理媒体的职责。总体上,中国媒介制度设计的核心理念是"宣传新闻主义"(宣传既是新闻的根本出发点,也是新闻的主要归宿处,新闻在宣传新闻主义的实践中,作为宣传的工具和手段是其本质特征),资产所有制上是国家所有制,新闻业态性质是三种属性(意识形态属性、产业属性、公共属性),传播取向上具备新闻与宣传两种主要功能。[②]

这就决定了中国的新闻传播管理模式是具有中国特色的模式,不管是称之为"中国模式"还是"中国特色社会主义新闻传播模式",都凸显了其与国家基本政治制度、经济制度、意识形态、社会结构等方面的"耦合"性。童兵教授在比较了美、日、中、德四国对新闻传播的调控(调节、控制)之后指出了它们的异同,其中我国以行政调控为主、西方以法律调控为主。[③]党和政府对传统媒体的管理,主要就是这样一种调控模式,并且在几十年的新闻管理实践中形成了一套较为行之有效的理念、方法和模式。不过需要注意的是,这一管理模式的有效性主要体现在划定了传统新闻媒体实践的主题和边界,而非管理者取代了新闻从业者的角色或者两者处于绝对的"上下级关系"。比如有研究发现,在新闻生产过程中,管理者与被管理者之间的"权力关系"是辩证的,其间大量存在的是一种合作/冲突、冲突/合作的互动关系;从这个意义上说,新闻生产同时也是新闻生产

---

① 童兵.比较新闻传播学[M].北京:中国人民大学出版社,2002:155-158.
② 杨保军.新闻领域的中国模式:描述、概括与反思(上)[J].新闻界,2011(4).
③ 童兵.比较新闻传播学[M].北京:中国人民大学出版社,2002:238-239.

关系的再生产。①

在互联网时代，传统的新闻传播管理模式也面临着巨大的挑战。

第一，互联网的发展正在加速改变人们的生活、工作、交往、认同等各个领域，带来了人类文明的再一次变革，也使国家治理必须充分将互联网治理纳入其中。有学者指出，网络化时代社会结构再次发生转型，这些变化是在新的社会展开形式、存在基础和权力关系中的变化，是用传统概念框架和研究方式难以说明的新现象、新问题。②在很大程度上，互联网治理需要国家与社会、技术与观念、制度与人才等多方面的协同。2016年的4月19日，习近平总书记在网络安全和信息化工作座谈会上发表重要讲话，习近平总书记指出，有专家提出，我们的国家治理中存在信息共享、资源统筹、工作协调不够等问题，制约了国家治理效率和公共服务水平。这个问题要深入研究。我们提出推进国家治理体系和治理能力现代化，信息是国家治理的重要依据，要发挥其在这个进程中的重要作用。习近平总书记强调，各级党政机关和领导干部要学会通过网络走群众路线，经常上网看看，潜潜水、聊聊天、发发声，了解群众所思所愿，收集好想法好建议，积极回应网民关切、解疑释惑。善于运用网络了解民意、开展工作，是新形势下领导干部做好工作的基本功。各级干部特别是领导干部一定要不断提高这项本领。③

第二，互联网治理在很大程度上已经超出传统的新闻传播管理模式范畴，也就是说现有的媒介体制很难适应互联网治理的需要。互联网在发展初期主要被当作一种通信设施和信息技术，一段时间后，互联网的新闻传播属性被重视起来，网络传播也极大地扩展了新闻传播的边界。自20世纪90年代末开始，互联网的相关管理规定逐步完善起来，也逐步形成了与传统媒体有所不同的管理方式。互联网公司在经营模式上是较充分的市场化、公司化、商业化运作，拥有独立的企业法人资质、自主的人事权。对这样的市场主体进行管理和规范主要依靠的是法律法规，而宣传指令、宣传纪律、行政管理、人事权管理等传统的新闻管理政策

---

① 芮必峰.新闻生产与新闻生产关系的再生产——以"宣传通知"及其执行情况为例[J].新闻大学，2010(1).

② 刘少杰.网络化时代的社会结构变迁[J].学术月刊，2012(10).

③ 习近平.在网络安全和信息化工作座谈会上的讲话[N].人民日报（海外版），2016-04-26(3).

则难以行之有效。①因此，互联网新媒体与传统媒体的管理之间就形成了"两套模式""两套系统"。而随着媒介技术的迭代，两套模式之间的张力更加凸显，互联网的管理遭遇的挑战、难度和压力则更大。在国家治理体系现代化的框架下如何改进传统的新闻传播管理模式以适应互联网的发展，或者在更宏观的层面统合两套管理模式，是当前的一大挑战。

---

① 有学者指出，20世纪90年代初期以来新闻管理体系比以前丰富，主要分为四个层次：一是法规政策，属于政府管理；二是红头文件，包括"通知""讲话""座谈会纪要""意见"等；三是具体指令和协调，包括办学习班、新闻"通气会"制度、"打招呼"、谈话制度、监听监看制度、新闻阅评制度、新闻发布制度、新闻调研制度等；四是各类、各级别的新闻评奖活动。
夏倩芳.党管媒体与改善新闻管理体制——一种政策和官方话语分析[J].新闻与传播评论，2004(1).

第二节 社会转型中的媒体与国家治理

一、媒介体制及其变迁

媒介体制作为一个系统层面的概念，具有丰富的内涵，媒介制度、媒介规制、新闻的内部系统等概念均属于媒介体制的范畴。关于媒介体制的定义，学界一直存在分歧。美国学者丹尼尔·哈林认为，媒介体制实际上是不同媒介结构、不同媒介实践之间相互作用，以及他们同社会其他因素、机构之间的相互作用而融于其中的一个整体。[①]秦汉、杨保军认为，媒介体制是指媒介组织与媒介规范的结合。[②]李红涛认为，媒介体制是指运作于特定社会与整治系统内的所有媒体及其组织方式。[③]潘祥辉从博弈论的视角为媒介制度下了定义：媒介制度通常是制度变迁主体之间博弈的产物，博弈方之间的力量对比，决定了制度均衡。[④]从上述定义可以看出，媒介组织（主体）是媒介体制不可或缺的一部分。

关于中国的媒介体制，各国学者的说法也存在分歧。美国学者丹尼尔·哈林认为中国的媒介体制是政府历来处于核心地位，媒体主要表现出动员民众完成革命并推动革命向前发展的政治功能。[⑤]可以看出，哈林对中国媒介制度的理解颇为陈旧。国内学者方面，胡正荣、李继东将中国的媒介体制总结为"一元制度，二

---

① 秦汉.媒介体制：一个亟待梳理的研究领域——专访加利福尼亚大学圣地亚哥分校传播学院教授丹尼尔·哈林[J].国际新闻界，2016,38(02):75-85.

② 秦汉，杨保军.我国新闻媒介体制的基本特征与可能改进方式[J].山西大学学报(哲学社会科学版),2015,38(06):79-87.

③ 李红涛.全球媒介体制：从规范理论到比较研究[J].中国传媒报告，2012(4).

④ 潘祥辉.探究中国媒介制度变迁的变化——一种博弈论的视角[J].哈尔滨工业大学学报（社会科学版），2010(3).

⑤ 秦汉.媒介体制：一个亟待梳理的研究领域——专访加利福尼亚大学圣地亚哥分校传播学院教授丹尔哈林[J].国际新闻界，2016,38(02).

元运行"。一方面，中国的媒介在资产制度上属于国家所有制，需要政府作为国有资本的所有者去经营和管理；另一方面，中国的媒介具有国家媒介和商业媒介并举的二元结构。①这更多是从媒介所有权角度来定义的。可以看出，国内学者都强调从媒介的组织方式和新闻管理运行方式来定义中国的媒介制度。与此同时，当前我国的新闻媒介体制是新闻媒介的组织方式与新闻管理运行方式的结合，而且这两者的实际运行离不开新闻观念的指导。②

大多数学者认为，中国媒介体制是动态的，并就其动态的变化和今后的发展提出了自己的看法。有学者将中国媒介体制的变迁划分为三个阶段：以事业性结构调整为主、以规范市场主体的经济活动为主和以资源重新整合和资本化为主。③杨保军、涂凌波则从新闻系统的结构角度解释了中国媒介体制的变化，认为新闻系统的内在结构由此前的"三足鼎立"（电视、报纸、广播）的媒介形态逐步过渡到"四足鼎立"（电视、报纸、广播和新媒体）。④陈力丹按照时间顺序总结了新中国成立以来新闻报道方式的演变，从传媒作为阶级斗争和整治斗争工具背景下的新闻报道方式，到传媒"事业单位，企业化经营"背景下的新闻报道方式，再到今天的传媒作为"文化产业"背景下的新闻报道方式。⑤李良荣将新中国成立后中国新闻的最根本的变化概括为从宣传本位到新闻本位。⑥丁柏铨总结了改革开放以来中国新闻报道转变的三个阶段：第一个阶段是1978年到1992年，报道逐渐回归理性；第二个阶段是1992年到2002年，"党在思想宣传领域中的主导性理念、市场经济体制、传播技术等三种前所未有的因素彰显出巨大能量"；第三阶段是2002年至今，许多新的重要因素，比如"以人为本"的观念，影响着中国

---

① 胡正荣，李继东.我国媒介规制变迁的制度困境及其意识形态根源[J].新闻大学，2005(1).

② 秦汉，杨保军.我国新闻媒介体制的基本特征与可能改进方式[J].山西大学学报(哲学社会科学版),2015,38(06):79-87.

③ 胡正荣，李继东.我国媒介规制变迁的制度困境及其意识形态根源[J].新闻大学，2005(1).

④ 杨保军，涂凌波.新中国中国新闻系统的结构变迁解析[J].兰州大学学报（社会科学版），2014(1).

⑤ 陈力丹.新中国60年：关于传媒性质的认识及新闻报道方式的变化[J].当代传播，2009(5).

⑥ 李良荣.艰难的转身：从宣传本位到新闻本位——共和国60年新闻媒体[J].国际新闻界，2009(9).

的新闻报道。①

二、中国社会转型与治理现代化

中国社会转型是从"总体性社会"向"多元化社会"转型的历史性进程。"总体性社会"主要指从新中国成立到 20 世纪 70 年代末这一历史时期的社会形态。在这种一元化的社会形态中，国家政权无处不在，各级社会组织高度政治化，各种社会资源被牢固地控制在国家政权手中。新闻媒体作为党和国家的"喉舌"，其政治宣传功能是重中之重。在超强的政治宣传功能面前，媒体的其他功能，如信息传播、文化娱乐等严重萎缩。媒体功能结构是单一的，其社会结构也是单一的。媒体的这种特征与"总体性社会"的大语境紧密相连，国家的政治结构、社会结构、意识形态结构决定了媒体的结构和特征。②

与"总体性社会"相对的是"多元化社会"。在多元化社会中，由于社会分工趋于明确，社会关系陌生人化，人与人之间的距离变得更远，公民对信息的需求逐渐增加。在互联网兴起之后，人们对互联网的依赖愈发明显，而互联网的迅速发展则给媒介制度带来了较大冲击。文化方面，中国社会受到西方以及世界各国文化的影响，变得多元、包容性强。法律方面，从改革开放 40 年来的法制化进程来看，我国法律法规进一步完善和健全。值得注意的是，互联网治理已经步入比较完善的法制化轨道。由全国人民代表大会常务委员会于 2016 年 11 月 7 日发布，自 2017 年 6 月 1 日起施行的《中华人民共和国网络安全法》，是我国第一部全面规范网络空间安全管理问题的基础性法律，标志着在保障网络安全、维护网络空间主权和国家安全、社会公共利益，保护公民、法人和其他组织的合法权益，以及促进经济社会信息化健康发展等方面的进步。"十三五"规划也明确指出，要实施网络强国战略，将"安全"作为未来信息基础设施的重要内涵。

三、新闻观念变迁与媒介体制创新问题

1978 年，党的十一届三中全会拉开了我国改革开放的序幕，"解放思想、实事求是"是过去 40 余年最具影响力和主导性的思想观念。观念与行动、制度之间具有相互的建构作用。从马克思历史唯物主义的角度来看，思想观念对社会存

---

① 丁铂铨.论改革开放以来我国新闻报道的嬗变[J].现代传播，2010(7).
② 张涛甫.当代社会转型与中国传媒业改革[J].复旦学报(社会科学版),2005(04):95-100.

在具有能动作用。而在一定意义上，观念的创新和变革先于实践并指导实践。在基本逻辑关系上，新闻观念源于新闻活动实际，依据某些社会认可的新闻观念建立新闻制度，新闻制度又规约新闻活动的展开、新闻观念的演变与更新；新闻观念是变革新闻制度的精神动力，它决定制度变革的意识和设想、变革的程度、价值取向。[①]纵观改革开放以来中国新闻业的转型历程，从"事业单位，企业化运作"到"文化产业"，从以"宣传为本位"到"以新闻为本位"，从单一的传媒结构走向多元的传媒结构，以至近年来提出的"媒介融合发展"，无不体现这些实践背后新闻观念变迁的深刻影响。因此，如今提及要创新媒介体制机制时，应该着重关注新闻观念的创新，这也是频频提及"互联网思维""新媒体传播规律"的原因所在。

在国家治理现代化建设中，有学者提出了"善治"（good governance）的概念，认为善治是公共利益最大化的管理方式，善治已经成为政治合法性的主要源泉，其本质特征是政治国家与公民社会的一种新颖关系。[②]媒体作为国家治理体系中的重要组成部分，一方面是沟通国家与社会之间的传播渠道，另一方面也是意识形态合法性的象征形式。换言之，媒介体制创新、变革的首要目标是建立传播的合法性，以适应新的社会条件下国家治理的现代化。从这个意义上讲，媒介体制也要确立善治的目标，即对传统媒体和新媒体的治理不是单向的管理、规制，而是要做到信息沟通、信息平衡和信息规范。这就需要各个主体树立正确认识媒体、正确认识媒体与国家治理之间的关系、正确认识新媒体传播规律的新闻观念。

在全球化的互联网时代，媒介体制的创新既要基于中国特色媒介体制传统，又要破除那些不适应时代发展的陈旧观念。有学者分析我国媒介制度变迁的制度困境时就指出，困境背后的意识形态根源在于对媒介的理解、关于国家的理念、对人的思考等方面。[③]互联网带来的新闻传播的观念冲击，在很大程度上"倒逼"媒介体制创新，传统主流媒体在媒介技术、媒介属性、媒介功能、媒介生产等多个方面做了不少探索，有的取得了不错的成果。从新闻观念的创新来看，有

---

① 杨保军.新闻观念论[M].上海：复旦大学出版社，2014:331-342.

② 俞可平.敬畏民意：中国的民主治理与政治改革[M].北京：中央编译出版社，2012:183-188.

③ 胡正荣，李继东.我国媒介规制变迁的制度困境及其意识形态根源[J].新闻大学，2005(1).

的学者提出了要树立公共性的改革目标，他们认为传媒公共性实践就是作为多元主体之一参与社会治理和国家治理，是符合传媒和政府、市场、社会各自目标和利益的最佳契合点，有利于"制造社会共识"[①]；有的学者提出"发展新闻专业主义"是当代中国主导新闻观念的可能选择，"发展主义"基于改革开放以来的中国经验以及中国的现实与应有的（可能的）未来，发展与专业两者之间可以有机结合，"发展"为体，"专业"为用[②]；还有学者提出，互联网时代的国家传播治理要处理好体制"变"与"不变"的关系，在宏观的制度层面和具体的治理机制上都要有所传承和创新[③]。这些新闻观念的研究和探索，带给我们思考媒介体制创新的多种角度。

[①] 李良荣，张华.参与社会治理：传媒公共性的实践逻辑[J].现代传播，2014(4).

[②] 杨保军.当代中国主导新闻观念的可能选择：发展新闻专业主义[J].国际新闻界，2013(3).

[③] 姬德强，胡正荣.完善互联网时代国家传播治理[J].中国社会科学报，2017-4-6.

第三节 案例解析

一、我国互联网治理的演变

试想你的个人隐私,包括开房记录、名下资产、乘坐航班、手机实时定位记录、通话记录都成为商品,只要别人肯花钱就能在网络上买到,这是否让你感到恐惧?

2016年12月12日,南方都市报推出了重磅调查《恐怖!南都记者花700元买到同事行踪,包括乘机、开房、上网吧等11项纪录》,引起社会广泛关注。记者通过暗访揭秘黑灰产业链上的服务商,花700元就买到同事的行踪、住宿、航班、银行开户等各种信息一应俱全[1]。整个交易不仅实现了平台化,而且还有第三方平台担保。

2016年4月底,公安部网安局牵头全国公安机关开展了为期六个月的打击整治网络侵犯公民个人信息犯罪专项行动。虽然专项行动取得了阶段性成效,但"网络侵犯公民个人信息违法犯罪"尚未得到根本解决。公安部网安局决定将打击整治网络侵犯公民信息专项行动延长至2017年12月底[2]。

2017年9月22日,浙江省绍兴市公安局召开新闻发布会,宣布成功破获了全国首例利用AI犯罪的侵犯公民个人信息案,捣毁一条集撞库盗号、贩卖公民信息、实施网络诈骗、非法信息推广于一体的互联网黑色产业链。这一链条的犯罪环节中,犯罪分子用AI技术识别验证码,破解速度快至毫秒级[3]。

近年来,随着互联网技术的飞速发展,公民个人隐私泄露问题日益凸显。社会

---

[1] 恐怖!南都记者花700元买到同事行踪,包括乘机、开房、上网吧等11项纪录[N].南方都市报,2016-12-12.

[2] 公安部回应南都调查[N].南方都市报,2016-12-13.

[3] 绍兴警方侦破首例利用AI犯罪案[N].法制日报,2017-09-22.

高度关注"公民隐私泄露问题",但互联网平台贩卖"个人信息"的链条逐渐产业化,甚至高科技化,人们越来越担忧。2015年11月1日起施行的《中华人民共和国刑法修正案(九)》中新增两项罪名,即"出售、非法提供公民个人信息罪"和"非法获取公民信息罪"。这意味着,出售或者非法提供公民个人信息是犯罪,购买公民个人信息也是犯罪。2017年6月1日起施行的《互联网新闻信息服务管理规定》中明确规定:"互联网新闻信息服务提供者对用户身份信息和日志信息负有保密的义务,不得泄露、篡改、毁损,不得出售或非法向他人提供。"

(一)互联网管理制度的变迁

1.互联网管理机构的完善

1997年3月,国务院新闻办公室和新闻出版总署发布《利用互联网开展对外宣传暂行规定》,国新办作为网络新闻宣传工作的主管部门,统筹协调新闻宣传进入国际互联网络的有关问题。2011年5月,国家互联网信息办公室成立,代替国新办行使互联网新闻信息服务管理职责,集中统一"负责网络新闻业务及其他相关业务的审批和日常监管"。2012年6月《互联网信息服务管理办法(修订草案征求意见稿)》明确规定:"国家互联网信息内容主管部门依照职责负责互联网信息内容管理,协调国务院电信主管部门、国务院公安部门及其他相关部门对互联网信息内容实施监督管理。"①

2014年,中国网络安全和信息化迈入了全新的时代。自2月27日中央网络安全和信息化领导小组成立以来,我国围绕网络安全工作加强顶层设计,频出新政。中央网信办成立之后,开展了多项针对网络安全的专项行动。新设立的中央网络安全和信息化领导小组着眼国家安全和长远发展,统筹协调涉及经济、政治、文化、社会及军事等各个领域的网络安全和信息化重大问题,研究制定网络安全和信息化发展战略、宏观规划和重大政策,推动国家网络安全和信息化法治建设,不断增强安全保障能力②。

汪玉凯介绍,中央成立网络安全与信息化领导小组,从表面上看,沿袭的是20世纪90年代设立的国家信息化领导小组的整体格局,但实际上已经发生了重大变化。这一领导小组不单是信息化领导小组,而是把网络安全放在更突出的

---

① 参见《互联网信息服务管理办法(修订草案征求意见稿)》第3条第4款。
② 中央网络安全和信息化领导小组成立:从网络大国迈向网络强国[Z/OL].(2014-02-27). http://news.xinhuanet.com/fortune/2014-02-27/c_119538719.htm.

位置，将网络安全问题与国家信息化整体战略一并考虑，同时可以发挥集中统一领导作用，统筹协调各个领域的网络安全和信息化重大问题，制定实施国家网络安全和信息化发展战略、宏观规划和重大政策，不断增强安全保障能力。新组建的中央网络安全和信息化领导小组，是在中央层面上设置的一个高层领导和议事协调机构，大大提高该小组总全局的整体规划能力和高层协调能力。同时，中央网络安全和信息化建设领导小组以规格高、力度大、立意远来统筹指导中国迈向网络强国的发展战略，把网络安全放在更突出的位置。在中央层面设立一个更强有力、更有权威性的机构，体现了中国最高层全面深化改革、加强顶层设计的意志，显示出在保障网络安全、维护国家利益、推动信息化发展的决心。①2014年2月27日，习近平总书记主持召开中央网络安全和信息化领导小组第一次会议并发表重要讲话。习近平总书记指出，没有网络安全就没有国家安全，没有信息化就没有现代化。建设网络强国，要有自己的技术，有过硬的技术；要有丰富全面的信息服务，繁荣发展的网络文化；要有良好的信息基础设施，形成实力雄厚的信息经济；要有高素质的网络安全和信息化人才队伍；要积极开展双边、多边的互联网国际交流合作。建设网络强国的战略部署要与"两个一百年"奋斗目标同步推进，向着网络基础设施基本普及、自主创新能力显著增强、信息经济全面发展、网络安全保障有力的目标不断前进。②

2.相关管理规定：互联网治理时间节点

党的十八届四中全会以依法治国为主题，提出了建设中国特色社会主义法治体系、社会主义法治国家的总目标。党的十八届四中全会通过了《中共中央关于全面推进依法治国若干重大问题的决定》(以下简称《决定》)，《决定》指出，加强互联网领域立法，完善网络信息服务、网络安全保护、网络社会管理等方面的法律法规，依法规范网络行为。③这为全面推进网络空间法治化提供了行动指南和强大动力④。

---

① 汪玉凯.中央网络安全和信息化领导小组的由来及其影响[J].信息安全与通信保密,2014(03):24-27.

② 何治乐.习总书记"4·19讲话"开启网络安全战略规划全新时代[Z/OL].(2017-4-19). http://opinion.people.com.cn/n1/2017/1107/c363824-29631911.html.

③ 中共中央关于全面推进依法治国若干重大问题的决定[EB/OL]. http://news.xinhuanet.com/politics/2014-10/28/c_1113015330.htm.

④ 张鸫.依法治网是全面推进依法治国的时代课题[J].信息安全与通信保密,2014(12):55-56.

《中华人民共和国计算机信息系统安全保护条例》（国务院令第147号）是我国对互联网实施管理的首个标志性政策。随着互联网技术的演进，互联网治理也体现出阶段性特征。有研究表明，立足政策议题，我们大致可以将1994年之后中国互联网治理政策变迁划分为三个阶段：1994至1999年以规制接入为核心，在这个阶段中央政府共发布规章政策25项，重点涉及域名、互联网国际联网、网吧等议题；2000至2009年以规范应用为重点，越来越多的应用主题，包括医疗卫生、网络出版、网络知识产权、数字印刷、互联网地图、医疗卫生、网络文化、网络游戏、网络音视频传播、电子商务、电子支付、电子银行、网络税务、网络民事纠纷等被纳入政策议题；2010年之后以引导产业发展为主线，各主管部门纷纷出台政策，推动互联网接入服务、数据服务、应用服务、网络文化等行业的转型。[①]

从互联网自身的发展来看，我国互联网治理政策变迁同样可分为三个阶段，即以门户网站为核心的Web1.0时代，以社交媒体为核心的Web2.0时代，以及以移动互联网为核心的Web3.0时代。

在Web1.0时代，整个互联网以门户网站为主，门户网站这一新生事物被认为是传统媒体传播内容的延伸，门户模式是对传统大众传播模式的沿袭。此阶段我国对互联网的管理主要集中在技术和安全方面，对传播内容少有关注，主要以维稳和安全为主。相关行政法规有《中华人民共和国计算机信息系统安全保护条例》《中华人民共和国计算机信息网络国际联网管理暂行规定》《计算机信息网络国际联网安全保护管理办法》和《中华人民共和国计算机信息网络国际联网管理暂行规定实施办法》等。此阶段是中国互联网治理的早期探索，处在传统媒体和网络媒体两套管理制度阶段，缺少统筹治理的思维。

到了以社交媒体为核心的Web2.0时代，国家严格管控互联网新闻管理的审批和行政许可制度，控制网络入口，以行政审批来控制市场准入，以此规范网络新闻的发展。海量的网络信息很难被掌控，大量关联性、偶发性因素使舆情更加复杂多变，传统的舆情监测手段和方法难以奏效，需要更高的海量数据监测、数据存储和数据挖掘技术。这一切使政府在舆情监测和管理方面面临巨大考验，如何实现大数据环境下网络社会管理的科学化与法制化，推动社会管理进程，已成

---

① 孙宇，冯丽烁.1994—2014年中国互联网治理政策的变迁逻辑[J].情报杂志,2017,36(01):87-91,141.

为国家治理的重要内容。①2005年9月25日，国新办、信息产业部联合发布的《互联网新闻信息服务管理规定》是我国规范互联网新闻信息服务的一个重要规章。2017年6月1日起施行的《互联网新闻信息服务管理规定》则体现我国网络新闻规范与治理的与时俱进。

在以移动互联网为核心的Web3.0时代，人们接收资讯的渠道更加多元，在线社交、移动直播、大数据、场景成为互联网传播的重要特征；互联网视听领域的发展日新月异，网络直播、网剧、网络综艺节目等鱼龙混杂。2007年国家出台《互联网视听节目服务管理规定》，提出"从事广播电台、电视台形态服务和时政类视听新闻服务的，除符合互联网视听节目服务的基本规定外，还应当持有广播电视播出机构许可证或互联网新闻信息服务许可证。"2014年8月28日，中国政府网发布了《国务院关于授权国家互联网信息办公室负责互联网信息内容管理工作的通知》，逐渐完善管理体制。2016年《互联网直播服务管理规定》，首次明确互联网直播定义，首次提出了"双资质"要求。2016年9月，国家新闻出版广电总局②下发《关于加强网络视听节目直播服务管理有关问题的通知》，重申互联网视听节目服务机构开展直播服务，必须符合《互联网视听节目服务管理规定》和《互联网视听节目服务业务分类目录》的有关规定。《通知》指出，开展网络视听节目直播服务应具有相应资质。不符合相关条件的机构及个人，包括开设互联网直播间以个人网络演艺形式开展直播业务但不持有《信息网络传播视听节目许可证》的机构，均不得通过互联网开展相关活动、事件的视音频直播服务，也不得利用网络直播平台（直播间）开办新闻、综艺、体育、访谈、评论等各类视听节目，不得开办视听节目直播频道。未经批准，任何机构和个人不得在互联网上使用"电视台""广播电台""电台""TV"等广播电视专有名称开展业务。

2017年6月1日，网信办发布新版《互联网新闻信息服务管理规定》和《互联网新闻信息服务许可管理实施细则》，进一步提高了我国互联网信息管理的科学性与合法性，推动互联网新闻信息服务健康有序发展。

（二）互联网治理典型案例

2017年5月25日国家新闻出版广电总局发布通告，要求腾讯网视听节目进

---

① 朱庆华.大数据环境下的互联网亟须法律保障[N].社会科学报,2015-03-05(3).

② 2018年3月，根据第十三届全国人民代表大会第一次会议批准的国务院机构改革方案，在国家新闻出版广电总局广播电视管理职责的基础上组建中华人民共和国国家广播电视总局，不再保留国家新闻出版广电总局。

行整改。国家新闻出版广电总局相关业务司局先后四次约谈了腾讯公司相关负责人，腾讯公司违反国家规定，传播自采自制的时政社会类视听节目、直播新闻节目、大量播放低俗节目，以及腾讯微信公众号、移动客户端播放视听节目管理中存在的其他各种问题，其行为已严重违反《互联网视听节目服务管理规定》相关规定，扰乱了互联网视听节目服务秩序。①

2017年6月22日，国家新闻出版广电总局采关停"新浪微博""ACFUN""凤凰网"等网站上的视听节目服务，要求其进行全面整改。上述网站在不具备《信息网络传播视听节目许可证》的情况下开展视听节目服务，并且大量播放不符合国家规定的时政类视听节目和宣扬负面言论的社会评论性节目，违反《互联网视听节目服务管理规定》（广电总局、信息产业部第56号令）的相关规定。②

2017年春节期间网上充斥着"上海姑娘逃离江西农村""东北村庄农妇组团'约炮'"等吸人眼球的文章，引发舆论关注，并造成严重负面影响。经有关部门核实，这些文章均属于虚假信息。对此，国家网信办表示，根据《全国人大常委会关于维护互联网安全的决定》《互联网信息服务管理办法》等法律法规，利用互联网造谣、诽谤或者发表、传播其他有害信息，构成犯罪的，依法追究责任。国家网信办要求互联网信息服务提供者切实履行主体责任，并针对虚假信息、非法网络营销等较为突出的问题开展专项整治工作，持续清理造谣传谣、侵权假冒等不良网络生态信息，对构成违法违规的依法追究责任，维护健康有序的网络空间。

2017年6月29日，据新华社报道《文化部整治网络"三俗" 关停"悟空TV"等12家手机表演平台》，文化部在整治网络表演市场的基础上，持续加强网络表演市场监管，对50家主要网络表演经营单位进行"全身体检"式集中执法检查，并开展了手机表演平台专项排查，依法查处虎牙直播、YY直播、龙珠直播、火猫直播、秒拍等30家内容违规的网络表演平台。在专项排查的基础上，部署全国29个省（区、市）文化市场综合执法机构开展查处工作，处罚"天使社区""映客"等20家手机表演平台，立案调查"楠楠""热门""妙妙"等23家手机表演平台，关停"悟空TV"等11家手机表演平台。严查"星夜"平台提供含有淫秽内容的网络表演，吊销濮阳市新艺文化传媒有限公司网络文化经营许

---

① 总局责令腾讯网视听节目深入整改[EB/OL].(2017-5-25). http://www.sapprft.gov.cn/sapprft/contents/6582/335111.shtml.

② 国家新闻出版广电总局要求"新浪微博""ACFUN"等网站关停视听节目服务[EB/OL].(2017-6-22). http://www.sapprft.gov.cn/sapprft/contents/6588/338032.shtml.

可证，关停其网络表演平台。[①]

2017年6月7日，北京市网信办依法约谈微博、今日头条、腾讯、一点资讯、优酷、百度等网站，责令网站切实履行主体责任，加强用户账号管理，积极传播社会主义核心价值观，营造健康向上的主流舆论环境，采取有效措施遏制渲染演艺明星绯闻隐私、炒作明星炫富享乐、低俗媚俗之风等问题。依据国家网信办6月1日颁发的新版《互联网新闻信息服务管理规定》《互联网新闻信息服务许可管理实施细则》的相关规定，上述网站关闭了"卓伟""全民星探""名侦探赵五儿""风行工作室""娱乐圈揭秘""八卦_我实在是太CJ了"等一批与明星八卦相关的账号，微信永久关闭了包括"关爱八卦成长协会""毒舌电影""严肃八卦"在内的25个娱乐公号。[②]

为了加强"标题党"问题的长效治理，国家网信办还制定印发了《互联网新闻信息标题规范管理规定（暂行）》，明确要求各网站把坚持正确舆论导向贯穿互联网新闻采集、撰写、编排、发布等各个环节。在报道各类新闻，尤其是涉及重大时政新闻和重大突发事件等重要信息时，要通过标题内容传达正确的立场、观点、态度，确保导向正确，恪守新闻伦理，严禁恶意篡改标题炒作或蓄意制造舆论"热点"。[③]

2018年底，国家网信办会同有关部门，针对自媒体账号存在的一系列乱象，开展了集中清理整治专项行动。专项行动从10月20日起，依法依规全网处置"唐纳德说""傅首尔""紫竹张先生""有束光""万能福利吧""野史秘闻""深夜视频"等9800多个自媒体账号。11月12日，国家网信办又依法约谈腾讯微信、新浪微博等自媒体平台，对其主体责任缺失、疏于管理、放任野蛮生长、造成种种乱象等问题，提出严重警告。腾讯微信、新浪微博相关负责人表示将认真接受群众和舆论监督，自查自纠，积极整改，严格管理。

（三）互联网治理迎接新的挑战

1.依法治理互联网

伴随着网络直播技术和直播平台的发展，直播进入移动互联网时代。当前网

---

① 文化部整治网络"三俗" 关停"悟空TV"等12家手机表演平台[EB/OL].(2017-6-29). http://news.xinhuanet.com/shuhua/2017-06/30/c_1121237099.htm.

② 北京网信办整顿娱乐八卦账号 "全明星探"等被关[N].北京青年报，2017-06-08.

③ 国家网信办深入整治"标题党"问题[EB/OL].(2017-1-14). http://www.cac.gov.cn/2017-01/13/c_1120302910.htm.

络直播的平台内容主要分为秀场直播、游戏直播和"泛生活"直播等。移动互联网浪潮下，以抖音、快手等平台为代表的全民"泛生活"视频直播逐渐崛起，将网络直播的内容拓展到生活的各个方面。然而，为了博眼球、求出位，大量直播内容存在三俗问题。有学者指出，互联网管理的难度之所以很大，主要原因在于传统的媒体管理模式和办法主要是针对传播机构而不是针对个人的，在个人成为基本传播元素后，传统的管理模式和办法就很难奏效。[1]

2016年9月9日，国家新闻出版广电总局下发《关于加强网络视听节目直播服务管理有关问题的通知》，重申互联网视听节目服务机构开展直播服务，必须符合《互联网视听节目服务管理规定》和《互联网视听节目服务业务分类目录》有关规定。2016年11月4日，国家互联网信息办公室发布《互联网直播服务管理规定》，该规定要求实行"主播实名制登记""黑名单制度"等强力措施，且明确提出直播平台"双资质"要求。2016年12月12日，文化部印发《网络表演经营活动管理办法》，进一步规范网络表演单位、表演者和表演内容。

政策和法律法规都旨在促进互联网的发展，依法规范和管理是为互联网行业的良性发展服务的。随着互联网的发展日新月异，相关的政策法规将在实践中逐步完善，使其具备可操作性、科学性与合理性。[2]

2.社交媒体的内容监管与自律

社交媒体是当前最活跃的互联网传播平台，然而网民在自由发表观点的同时，存在违反法律法规和传播伦理的问题。世界上多个国家已通过法律和行政手段，加强对社交媒体违规信息的监管。以脸书为例，其监管方式主要有两种：一是通过技术自动过滤色情、暴力内容，据相关报道称，该社交媒体还设有专门小组负责监测十多种语言的视频，对违反公司标准的暴力内容、嘲讽内容等进行删除；二是根据用户举报投诉，删除违规内容。[3]

即便如此，2017年脸书仍多次因传播伦理问题引发争议。2017年4月18日，美国男子史蒂夫·斯蒂芬斯将其随机枪杀一名老人的恐怖视频上传到脸书，该杀人视频在脸书上传播3个小时后才被删除，引起网上轩然大波。随后脸书的CEO

---

[1] 喻国明.基于互联网逻辑的媒体发展趋势[N].人民日报,2015-04-19(5).

[2] 匡文波.依法治理假新闻的关键一招——谈2017年版《互联网新闻信息服务管理规定》[J].中国记者,2017(06):5.

[3] "节制"内容　提高"透明度"　社交媒体监管与自律并重[N].中国社会科学报,2017-5-24(3).

扎克伯格发帖称，计划再聘请3000名内容审核员加入运营团队，以协助审查直播视频中传播的仇恨言论、虐待儿童、谋杀、自残、暴力等不良内容，脸书内容审查员将增至7500人，相当员工总人数的41%。

3.提高网民的媒介素养

在美国"黄色新闻潮"的历史阶段，受众的自发抵制起到了重要作用。"黄色新闻"采用夸张的写作手法，持续报道负面新闻、三俗新闻等，长此以往使受众心生厌恶。1901年，美国总统威廉·麦金莱遇刺，一些群体的不当言论激发了民众的愤怒和厌恶，舆论指责赫斯特的《新闻报》煽动和宣扬暗杀总统，民众纷纷自觉抵制"黄色新闻"。在当前的互联网传播中，存在与当年的"黄色新闻潮"类似的状况。因次，有研究指出，面对新的媒介传播环境，应该提升网民对信息的筛选、判断、质疑和利用的能力，提高网民的自律意识，加强网民的道德修养和社会责任感。①

当然也应看到，由于社交媒体结合可视型与通信型双重媒体形态，所以用户在使用社交媒体接收并传播新闻等信息的同时，可以通过对话进行讨论，交换意见。社会应该给予每个人充分的机会，保证他们能够充分接触且使用社交媒体，进而保障个人权利。正如对数字鸿沟的争论，各种群体的人们是否具备对社交媒体的接近权，社交媒体的使用者能否准确应用其效力，这不仅是个人层面的问题，更是社会层面需要讨论的重要议题。②

4.媒介技术迭代下网络管理的滞后性

互联网技术的演变给我国的互联网发展形态带来了根本性、革命性的变化，媒介技术迭代的背景下，网络管理体现出一定的滞后性，这种滞后性体现在时间和思维两个层面。

第一，在实践方面，制度构建是网络治理方面极其重要的组成部分，但重要的法律体系和制度滞后于互联网发展形态的变化。网络空间治理的制度构建，通常包括组织建设、法律法规建设和审查制度建设三个部分③。制度构建难以避免地滞后于社会的发展，在制度资源不足的情况下，就会有其他的治理手段填补空

---

① 朱晓瑾.移动互联网时代网民媒介素养研究[J].新闻战线,2017(08):121-122.

② Eun-Mee Kim，朴之贤，金义猷，崔波涛.社交媒体与青少年：从政策与制度到媒介素养[J].全球传媒学刊,2017,4(02):32-46.

③ 虞崇胜，邹旭怡.秩序重构与合作共治：中国网络空间治理创新的路径选择[J].理论探讨,2014(04):28-32.

白。与现实空间有所不同，网络空间的法律制度要着重解决网络空间安全维护、公民言论规范、信息安全保护等三个方面的问题。网络空间法律制度必须适应互联网的业态特点，强化网络空间立法的实效性、前瞻性、明确性、规律性和可操作性①。

第二，在思维方面，互联网管理思维还有所局限，特别是对技术发展带来的新问题缺乏预判。对于机构的控制和应用而言，外在的规则和严厉的措施最为重要，而对于人和人心、关系的把握而言，内在的尊重和激发活力的自由度更为关键②。一个健康网络生态的形成，需要尊重网络传播基本规律，从而释放其在社会发展中的正能量③。这要求互联网管理思维要尊重互联网传播规律，听取专家意见，提高管理思维的前瞻性，实现科学管理。

（四）小结

中国在坚持网络空间主权的前提下，倡导互联网的共建共享、共管共治、互联互通。④回顾我国在互联网管理领域取得的成绩，可以看出我国互联网空间管理的机构逐渐健全、法律法规日益完善，更加尊重互联网发展规律，更加注重与国际接轨，倡导构建"网络空间命运共同体"，"从完全由政府管控的互联网监管，到相对丰富的（涉及多个行为体）的社会治理概念，并能应用于国际对话。这是多重力量作用的结果。"⑤

2019年9月16日，国家网络安全宣传周在天津拉开帷幕。习近平总书记作出重要指示强调，国家网络安全工作要坚持网络安全为人民、网络安全靠人民，保障个人信息安全，维护公民在网络空间的合法权益。⑥这要求我们的治理思维要更加开放、全面，尊重互联网发展规律，坚持依法治理，寻求多元治理。

---

① 谢晓娟，金国峰.网络空间法治化建设的路径分析[J].马克思主义研究,2016(08):142-148.

② 喻国明.传媒业的脱困之路与端口建设[J].新闻与写作,2016(03):21-25.

③ 周勇.尊重网络传播规律，促进网络健康发展[J].新闻与传播研究,2016,23(06):5-12,126.

④ 唐绪军，黄楚新，王丹.中国新媒体发展趋势：智能化与视频化[J].新闻与写作,2017(07):19-22.

⑤ 钱忆亲，陈昌凤，袁烨，戴佳.互联网治理：一种综合路径的探索[J].全球传媒学刊,2017,4(02):4-31.

⑥ 彭波，张璁，倪弋.迈出建设网络强国的坚实步伐——习近平总书记关于网络安全和信息化工作重要论述综述[N].人民日报，2019-10-19(1).

二、互联网治理案例分析

（一）"抢盐风波"背后的思考与启示

1. 事件梳理

2011年3月11日，日本发生里氏8.9级地震，导致福岛县第一和第二核电站发生核泄漏。中国作为与日本一衣带水的邻邦，地缘上的接近使公众和媒体对此次事故高度关注。3月15日，类似"碘盐可以防核辐射""日本核辐射导致海水受到污染，海盐从此变核盐"等谣言开始在网上传播，舆情很快从网上延伸到网下。次日，浙江、广东、江西等地发生市民抢购食盐的现象，恐慌性购盐行为迅速在全国蔓延。群众的抢盐行为在17日达到顶峰，部分城市食盐短缺、盐价暴涨。与此同时，中国盐业总公司成立应急工作小组保证食盐供应，政府职能部门、主流媒体开始辟谣。3月18日，抢盐风波逐渐平息。

2. 舆论影响及社会影响

3月18日，多家主流媒体对抢盐风波进行报道，主要是澄清谣言，加强舆论引导。《人民日报》发表文章《盲目购买食盐，没必要——我国生产的加碘食盐90%以上是矿井盐》，从"碘盐能防核辐射？""我们会没盐吃？""海盐会被污染？""食盐可能涨价？"四个方面回应民众关注的问题。《北京日报》发表《全市食盐库存充足不会涨价》，对吃碘盐能防核辐射进行辟谣，并表明食盐价格将保持稳定。《光明日报》发表《突击买盐毫无必要》《吃碘盐无助防辐射》《海盐可以放心食用》等多篇文章澄清谣言。主流媒体发布的权威信息一定程度抑制了谣言的传播，使"抢盐风波"得以尽快平息。

日本地震发生后，腾讯推出《日本地震系列策划》专题。3月12日发布《日本怎样与灾难共存》，14日至17日的报道分别是《不必担心日本"核爆炸"》《天灾过后尽谣言》《日本核辐射会影响中国吗》《抢购食盐毫无必要》。在连续几天的专题报道当中，腾讯的关注焦点从最初的地震对日本造成的影响，逐渐转移到地震给我国带来的影响，尤其针对核泄漏事故发生后谣言肆虐导致我国民众产生的恐慌情绪，分析民众关注的核辐射问题、大范围的抢盐行为，通过梳理相关内容一定程度上填补了民众的信息真空。

"抢盐风波"在社会舆论场域中影响巨大，整体舆情指数为94.2分，为极高值的范畴（舆情指数的最高值为100）。从地区来看，除西藏、青海等省域没有受到影响，其余省份均受影响。其中，浙江、上海、江苏、广东和北京等5个地区的影响度和关注度最高。①

在"抢盐风波"中,谣言的传播加剧了民众的恐慌,多地出现扰乱市场秩序的行为,商家哄抬价格、囤积居奇,食用盐的价格和购买量直线上升。虽然事件的高潮仅出现在 16 日至 17 日两天的时间中,但是造成极大社会影响。18 日后,各地退盐现象逐渐增多。

3. 传播分析

伴随着互联网的发展,人们获取信息的渠道逐渐增多,但这并不意味着获取的信息都是真实可信的。在接收信息之后,多数人常常对信息不加鉴别就再次传播。在"抢盐风波"中,有人提出"碘盐可以防核辐射",获得该信息但是缺乏科学知识的人表示认同后,便开始新一轮的传播,进一步扩散谣言。

喻国明认为 3 月 14 日至 17 日是"抢盐风波"的爆发期和影响期。在这个过程前期,政府信息处于真空、缺位的状态,政府部门的介入时间在 3 月 16 日晚上 7 点 30 分,总体来说比较落后。针对这一点,喻国明提出,政府在面对突发公共事件时,应该提升应对速度,使官方信息快于谣言的传播速度。

陈力丹认为"抢盐风波"是同一类流言的循环再现。一旦人们新获取的信息(日本的核辐射)与原有的经验(2003 年"非典"疫情下的抢购等)相联系,并以此进行判断和采取行动,就会发生流言四起和随后的抢购或拒购,这是由于眼下的事情与人们的记忆结构和社会认知心理相关联。②

1947 年美国社会学家奥尔波特和波斯特曼在《谣言心理学》中提出谣言传播规律基本公式:$R = i \times a$,流行谣言的传播广度随其对相关人员的重要性乘以该主题证据的含糊性的变化而变化。③谣言的虚假程度与事件的重要性和模糊性均成正相关,事件越重要、信息越模糊,谣言的影响就越大。本次"抢盐风波"中的谣言——"碘盐能防核辐射",使盐与人们的生命健康产生关联,关系到每个公民的切身利益,加重了事件的重要性,由此导致谣言的传播效果进一步扩大。在经典谣言公式的基础上,研究者提出新公式:

---

① 喻国明."抢盐风波"的生成因素、传播路径、议题演化及媒介表现——基于网络文本的智能化舆情分析技术[J].新闻与写作,2011(5).
② 陈力丹.舆论学:舆论导向研究[M].上海:上海交通大学出版社,2012:16.
③ 〔美〕奥尔波特,波斯特曼.谣言心理学[M].沈阳:辽宁教育出版社,2003:17.

$$R = \frac{C_{好奇} \times A_{不安} \times U_{不确定} \times I_{相关程度}}{C_{批判能力}}$$

如果流言传播能够完全填补人们的信息空白，消除不确定性，那么它可能起到控制不安的作用；否则，会引发更大的不安和恐惧，继而寻求新的解释和举措，流言中的"滚雪球"效应，就来源于此。[①]从"核辐射造成污染，海盐变核盐"到"吃碘盐防核辐射"，不断出现的谣言是在公众的不安心理一直持续的情况下产生的，没有决定性的证据出现，公众的不安心态难以消除，这就为谣言滋生提供了土壤。

4.互联网谣言考验社会治理

3月15日，浙江省杭州市陈姓网民在网络上发布日本核泄漏污染我国海域的谣言。谣言在网络上出现后，借助网络传播和人际传播扩散，影响力逐渐扩大。面对谣言，普通民众因为不了解相关信息或缺少相关知识，大多选择轻易相信并进行了二次传播，在这个过程中不仅导致原有谣言的扩散，而且又产生了一系列的衍生谣言。显然网民缺乏辨别互联网信息真假的能力，使谣言大规模的传播成为可能。在可靠信息匮乏的情况下，民众的不安情绪逐渐滋生，这种不安伴随不确定信息的增多而进一步增强，反过来又助长谣言的产生与传播，形成恶性循环。反思"抢盐风波"，相关职能部门需要吸取教训，政府部门未能在第一时间回应网络谣言，谣言迅速由我国东南沿海地区向全国范围扩散，造成较大的社会混乱。在今后的谣言治理中，政府应该保证信息渠道的通畅，通过传统媒体和新媒体及时发布相关信息，安抚民众的不安情绪，避免新一轮谣言的产生。

在我国互联网发展的早期，网络游戏、网上交友都给互联网蒙上了一层虚拟平台的色彩，让人感觉与现实生活存在一定的距离。但是当我国网民人数逐渐增多，互联网对人们生活的影响不断变大之后，虚拟世界和现实世界有了更多的交集，线上行为和线下行为的边界日益模糊，甚至线上和线下行为逐渐趋同合一。在这次事件当中，谣言的传播路径主要是从互联网开始，扩展到人际传播，最终导致了全国范围的抢购行为。

（二）政务微博的兴起与网络空间治理

1.典型案例：@平安北京

@平安北京是北京市公安局的官方微博。2010年7月29日，@平安北京第

[①] 陈力丹.舆论学：舆论导向研究[M].上海：上海交通大学出版社，2012:13.

一次出现在新浪微博平台,2011年8月8日正式落户人民网。截至2019年12月,@平安北京微博粉丝数量1258万,发布微博数量6万条。@平安北京常年在"政务微博影响力"排行榜中位居前列。

@平安北京的微博发布形式包括文字、图文、视频、视频配相关文字,以及其他内容转发,内容包含信息发布、安全知识和提示、案件通报、公益活动等。除了网上办案的特色内容,@平安北京在消除谣言方面也做到快速反应、及时处理。

2010年8月25日,网友"嘉欣(夹心)"在新浪微博留言称:"据传,北京地铁1号线在军博站发生爆炸,据说有伤亡!"收到留言后,@平安北京迅速向地铁公司了解情况,并将地铁公司的回复及时转发给网友,澄清事实:"经向地铁部门了解,今天8时44分,地铁1号线426号车在军事博物馆上行方向列车后部一个受流器接地,出现轻微拉弧和声响。现场采取停电及列车清人等措施。8时48分,处理完毕恢复正常运行。"①微博发出后,立即获得网友的好评。及时澄清谣言,最大限度降低了谣言对社会造成的负面影响。

2012年7月21日,北京市遭遇特大暴雨灾害,城市交通、安全多个方面面临巨大的考验,@平安北京在提供信息、缓解舆论压力上发挥了重要作用。在暴雨期间,@平安北京即时发声、快速反应、综合发布、引导舆论,有效使用多媒体表现方式和组合报道进行信息发布,利用典型人物和感人事迹的报道塑造政府形象,积极应对负面信息,发出声音引导舆论。②

2017年8月8日九寨沟发生地震,"@平安北京"从9日起陆续发布15条相关微博,其中有关安全提示和科普知识的微博6条,与救援人员宣传相关的微博5条,辟谣微博4条,微博的形式有图片和文字、短视频和文字、文字和链接,以及对其他微博的转发和评论。从内容上看,在九寨沟地震后,安全知识的科普是信息发布的重点,并侧重宣传救援工作,澄清流言和谣言。

人民网舆情数据中心发布的《2019年政务指数·微博影响力报告》显示,在"奔驰女车主哭诉维权"事件中,"@市说新语"(原"@中国市场监管")及时跟进事件进展,发布权威消息,体现了市场监管总局对于维护良好市场秩序、严厉

---

① 警务微博开启互动新窗口[EB/OL].(2010-09-21). http://politics.people.com.cn/GB/14562/12783608.htm.

② 孙振虎,张驰.风险社会语境下政务微博的政府形象塑造——以"7·21北京大雨事件"中"@平安北京"微博传播为例[J].现代传播,2013(8).

打击违规行为的决心，获得了网民支持和肯定；"南京应用技术学院虚假招生风波"中，"@南京人社"深入调查还原事件真相，防止以讹传讹，遏制不实信息继续扩散，有效稳定了舆论场。①

通过发布突发事件信息，政府微博能在一段时间内增加用户关注；而如果希望用户更加持久地关注微博，则有必要坚持发布和用户日常生活息息相关的实用信息——生活辅助信息，在@平安北京的微博中，这一比例为61%。@平安北京通过发布防骗、防盗提示、天气预报等信息维持了用户黏性；通过传播正能量故事，消除谣言的负面影响，把握舆论引导的主动权，发挥着维护社会稳定、保障人民正常生活的功能。

2.政务微博的特点与作用

政务微博是政府依托现有影响力较大的微博平台，建立政府部门官方微博账号，以"织博为民"的理念，与群众进行交流沟通。②2009年，湖南省桃源县开通的"桃源网"，是我国第一个官方政务微博，从此我国进入"微博问政"新时代。

2011年12月10日，在新浪网认证的党政机构微博账号12103个，党政干部微博账号10652个。③此后6年，政务微博账号数量持续增加。到2017年3月31日，经过新浪平台认证的政务微博账号达168839个，其中政务机构微博账号129568个，公务人员微博账号39271个。④人民网舆情数据中心发布的《2019年政务指数·微博影响力报告》显示，截至2019年12月26日，经过微博平台认证的政务微博已达到179932个，其中政务机构官方微博138854个，公务人员微博41078个。

总体看来，我国政务微博发展呈现如下特点：机构微博数量多于官员微博，南方省份发展政务微博的意识较强；公安微博所占比例最高、服务性较强，党政机关、交通部门微博亦呈亮点；官员微博的行政级别分布呈金字塔形，县处级以

---

① 2019年政务指数·微博影响力报告[EB/OL].(2020-01-17). http://yuqing.people.com.cn/n1/2020/0117/c209043-31553643.html.

② 谭云明.政务微博管理与应用[M].北京：中共中央党校出版社，2014:16.

③ 2011年中国政务微博客评估报告[R/OL].(2012-02-09). http://cegf.egovernment.gov.cn/art/2019/6/23/art_1852_5952.html.

④ 2017年年度人民日报·政务指数微博影响力报告[R/OL].(2018-01-23). https://www.peopleyun.cn/uploadfile/2018/0123/20180123104602765.pdf.

下的官员微博数量最大，但高层官员的微博更具关注度和影响力。①

政务微博的兴起有利于发挥政府职能，增强政府公信力，树立良好形象。

第一，政务微博为政府部门提供了信息公开的平台。在政务微博开通之前，政府的信息发布渠道主要是报纸、广播、电视等传统媒体，信息传播效果受媒体的时间、空间局限。但是政务微博开通之后，政府信息发布更加灵活，时间反应快速及时，面对的受众群体是所有关注微博的网民，其信息传播的影响力扩大。

第二，政务微博加强了政府和人民之间的联系。微博不仅提供了一个公共空间，而且赋予人民更多的话语权，使人民的声音能够在互联网中得到广泛传播，并被政府部门关注。政务微博开通之后，政府和人民之间的联系渠道更加多元，突破了时空的局限，互动更加高效、便捷，人民反映的问题能够在网上沟通、网下解决。

第三，政务微博有利于追踪网络热点问题，加强舆论引导。伴随社交媒体的发展，网络谣言有了更广阔的传播空间，这为互联网管理带来极大的挑战。在第一时间发现谣言并及时辟谣，能够有效地控制谣言的传播，政务微博无疑是消灭谣言的最佳平台。面对网络谣言不回避，及时公布真实信息，倾听公众意见，积极互动交流，可以有效降低网络谣言对人民的影响。

通过近几年的发展，政务微博不仅数量增多，而且矩阵联动更加明显。政务微博矩阵联动的核心路径是既要以矩阵式组织管理模式加强内部的垂直、沟通、联动，同时又要更加注重与横向合作职能单位的协同合作。②政务微博和行政职能相联系，既能加强舆论引导，又能提高政府部门的行政能力。

3.社交媒体时代社会治理的新变化

以@平安北京为代表的政务微博的出现，为政府信息的传播提供了更直接、权威的通道。政务微博在日常维护和运营中，通过与民众的积极互动、改变信息的传播方式、恰当使用网络流行语言等方式，增强政务微博的用户黏性和政府部门的公信力。只有在平时的工作中形成良好的权威性、公信力，政务微博才能在面临突发事件时，快速、高效地对社会进行舆论引导，塑造良好的舆论环境。

微博上的"大V"承担了意见领袖的角色。在网络舆论的发展过程中，意见领

---

① 张志安，贾佳.中国政务微博研究报告[J].新闻记者，2011(6).

② 2017年年度人民日报·政务指数微博影响力报告[R/OL].(2018-01-23). https://www.peopleyun.cn/uploadfile/2018/0123/20180123104602765.pdf

袖可以是舆论的源头，基于掌握的第一手信息促使舆论形成；也可以是舆论的助推者，在舆论形成后发表意见或信息，将事件推向高潮；还可以是舆论议题的改变者，通过设置新的议题改变舆论走向。鉴于意见领袖在传播中的作用，他们在传播信息、表达观点时，应该有更明确的责任意识。在应对一些负面社会事件时，政府可以邀请"微博大V"对事件进行解读、与网友互动，强化主流舆论的影响。

微博的兴起促使社会的对话机制建立并走向成熟。从参与主体来看，微博用户数量与日俱增，政府部门通过政务微博建立传播渠道，社会组织也成立了传播平台，微博使各主体之间开展对话。由于微博的准入门槛较低，"草根"拥有了在公共空间发声的便捷条件，能够随时随地传播信息。小事件也可能通过二次转发变成社会的舆论热点，以致微博上的热点事件层出不穷，时刻对政府的社会治理提出挑战。互联网治理中既要注意"黑天鹅"事件，也要注意"灰犀牛"效应。

在微博快速成长之时，微信、豆瓣、知乎等社交媒体也逐步发展，近两年抖音、快手等短视频社交媒体的发展方兴未艾。总体上来看，社交媒体呈现多元化发展的趋势，但是微博仍然是为公众提供公共空间的主要平台，也是流言、谣言扩散的重要领域。

在"后微博时期"，网络意见领袖的公共性和商业性之间的结合更加紧密，商业影响加大，公共性遭到挑战，意见领袖的精英色彩和启蒙意识消退，大众色彩和娱乐风格突出，理性的网络表达和对话较为缺乏，网络行动的动力正在下降。[1]在商业动机的驱使下，渴望成名的个人或者团体、网络水军、网络大V之间产生紧密的联系，彼此利用谋取利益。140个字的微博，难以准确、客观、具体、完整地描述事件，这导致更易于传播的不是事件信息，而是情绪信息。[2]社交媒体中的谣言在传播过程中能够刺激公众产生恐慌、愤怒、惊讶等情绪，这些情绪可以通过个体之间的交流得到传播且容易受他人操控。公众的情绪一旦被人操纵，将会影响网络舆论环境。因此，政府在面对谣言问题时，除了及时发布信息保证公开透明之外，还应该加强对公众情绪的引导，缓解情绪对社会造成的压力，避免发生群体性事件。

社交媒体作为一个开放的平台，赋予了使用者接收信息、传播思想、表达观

---

[1] 涂凌波.草根、公知与网红：中国网络意见领袖二十年变迁阐释[J].当代传播，2016(5).

[2] 隋岩，李燕.论群体传播时代个人情绪的社会化传播[J].现代传播，2012(12).

点的机会。在使用社交媒体时，每位使用者都应该珍惜在公共平台的发声机会，遵守互联网用户的使用规范。同时还应注意培养自身独立思考的意识及信息鉴别能力，培养理性思维，尽量减少他人对自己的情绪引导，提升个人的媒介素养，避免沦为新时代的"乌合之众"。

三、互联网视听领域发展及治理变迁探析

过去十余年间，中国互联网呈高速发展的态势，在网络规模、网站和用户数量、网络内容、网络产品、网络经济等各方面都取得了长足的发展。其中，网络视频在中国的快速发展尤为引人注目。网络视频的生产与消费，已经成为中国互联网信息传播中不容忽视的现象。然而，关于中国网络视频的研究却不多见，这使我们很难从整体上对其做出一个合理的判断。

与欧美国家不同，中国的网络视频也是一个复杂的领域，它至少由五个部分组成：商业门户网站的视频部门（如新浪、搜狐、腾讯、网易等）；商业视频专业网站（如优酷土豆、爱奇艺等）；传统媒体网站与网络电视台（如CNTV、新华电视、人民网、芒果TV等）；视频新技术应用平台（如迅雷看看、暴风影音、中关村在线等）；短视频社交平台（如抖音、快手等）。按照出资主体和管理模式来划分，主要分为两大类：国有传媒企业和非公有制媒体。在以往的研究中，商业视频网站被讨论得比较多，而对国有传媒企业所有的视频网站则或多或少有所忽略，两者在结构上的广泛互动也讨论较少。中国网络视频的主导力量也正从UGC转型为PGC，而且在产业结构上发生了显著的变化。

从制度的视角来看，过去10年间中国网络视频的发展经历了一个逐渐制度化的过程。首先，国有传媒企业大举进军网络视频领域，改变了过去商业视频网站独占鳌头的局面，网络视频领域的管理与规范逐渐系统化。其次，网络技术的发展使网络视频的推广更为便捷，其广告样式和营利模式也逐渐清晰，于是资本大量涌入该领域。再次，随着网络视频内容从UGC向PGC和OGC（Occupationally Generated Content，职业生产内容）的转型，版权问题日益成为各方关注的焦点，也成为国家加强网络视频管理的主要内容之一。最后，媒介融合（media convergence）是当前中国传媒领域最为热门的话题，网络视频正好成为传统广播电视媒体与互联网新媒体进行融合的交互地带，不同传播主体都投入了很大的资本、技术、人力等，因此，网络视频正逐渐从边缘地带的亚文化变成中心地带的主流文化。

（一）互联网管理制度与治理变迁

从 1994 年中国全面接入互联网开始，国家相继出台了多部互联网管理条例，主要包括：《中华人民共和国计算机信息系统安全保护条例》（1994 年）、《互联网信息服务管理办法》（2000 年）、《互联网上网服务营业场所管理条例》（2002 年）、《互联网等信息网络传播视听节目管理办法》（2004 年）、《新闻记者证管理办法》（2005 年）、《互联网新闻信息服务管理规定》（2005 年）、《互联网视听节目服务管理规定》（2007 年）、《互联网视听节目服务业务分类目录（试行）》（2010 年）、《国务院关于授权国家互联网信息办公室负责互联网信息内容管理工作的通知》（2014 年）、《互联网直播服务管理规定》（2016 年）、《关于加强网络视听节目直播服务管理有关问题的通知》（2016 年）、《互联网新闻信息服务管理规定》（2017 年）、《互联网新闻信息服务许可管理实施细则》（2017 年）、《互联网视听节目服务业务分类目录（试行）》（2017 年）。

从这些管理规定来看，互联网治理在 Web 1.0 时代针对的是门户网站、论坛、博客；在 Web 2.0 时代主要针对微博、微信等社交平台，以及近年来兴起的短视频社交平台及直播平台；涵盖的焦点包括网络新媒体的采访权、门户网站内容转载权、网络新闻采编权、标题党问题、网络三俗问题、平台责任问题等。

（二）互联网视听领域治理的典型事件

2017 年 6 月底，文化部在前期网络表演市场整治的基础上，持续加强网络表演市场监管，对 50 家主要网络表演经营单位进行"全身体检"式集中执法检查，并开展了手机表演平台专项排查。在此次集中执法检查中，文化部部署北京、上海、广东、浙江等地文化市场综合执法机构，依法查处虎牙直播、YY 直播、龙珠直播等 30 家内容违规的网络表演平台。文化部部署开展手机表演平台专项排查，共排查手机直播应用 10562 款；处罚"天使社区""映客"等 20 家手机表演平台，立案调查 23 家手机表演平台，关停 11 家手机表演平台；严查"星夜"平台提供含有淫秽内容的网络表演，吊销濮阳市新艺文化传媒有限公司网络文化经营许可证，关停其网络表演平台。

2017 年 1 月，为进一步净化网络舆论环境，打击乱改标题、歪曲新闻原意等"标题党"行为，国家网信办联合相关部门开展了为期 1 个月的专项整治行动。[①]

---

① 国家网信办深入整治"标题党"问题[EB/OL].(2017-1-13). http://www.xinhuanet.com/legal/2017-01/13/c_1120306387.htm

(三）网络视听管理

中国网络视听正逐步由单纯的政府监管向社会协同治理转变，初步建立起规范有序、依法管理、适合国情的综合治理体系。

第一，管理制度日趋完善。我国先后出台《互联网等信息网络传播视听节目管理办法》（2004年）、《互联网视听节目服务管理规定》（2007年）等部门规章，以及《广播电视管理条例》（国务院令第228号）等法规，将互联网视听节目服务、IP电视、手机电视、互联网电视等新业态纳入管理范畴。针对近年来网络自制视听节目快速发展的新态势，相关部门及时下发《关于进一步加强网络剧、微电影等网络视听节目管理的通知》（广发〔2012〕53号）等文件，创造性地提出"互联网视听节目服务单位要按照'谁办网谁负责'的原则，对网络剧、微电影等网络视听节目实行先审后播管理制度"。这一政策既规范行业秩序，也保护节目创新的活力。

第二，强化准入管理。依据相关法规，广播影视行政部门对互联网视听节目服务、IP电视、手机电视、互联网电视等业务建立了行业准入管理制度，对符合条件的运营主体发放了业务许可。据统计，截至2017年12月31日，互联网视听节目服务持证机构共586家。

第三，结构趋于稳定。从2012年开始，严格审批《信息网络传播视听节目许可证》的申请，控制持证机构总体数量，加强对已持证机构的核查，注销了部分不符合要求主体的许可资格。按照规定，从事互联网视听节目服务应当依照规定取得广播电影电视主管部门颁发的《信息网络传播视听节目许可证》或履行备案手续，未按照规定取得《许可证》或履行备案手续，任何单位和个人不得从事互联网视听节目服务。

第四节 本章小节

本章主要探讨了传媒在现代国家治理体系中所扮演的主体性角色，以及在媒介技术变革和信息传播环境变迁下所面临的一系列挑战，由此引发了对新闻舆论工作如何更好地适配国家治理能力现代化转型这一问题的思考。

在新闻传播学的经典论述中，大众传媒的功能主要是监测社会环境、协调社会关系和传承社会遗产（拉斯韦尔的"三功能说"），或者是环境监视、解释与规定、社会化和提供娱乐（赖特的"四功能说"）。在媒介与现代化的关系讨论中，发展传播学认为政治过程与传播过程有着十分紧密的关系，现代传播体系可以促进国家和社会的现代化，"一个现代传播体系是高技术和特殊而专业的传播过程的结合，与之伴随的还有非正式、以社会为基础、非专业化的人际传播过程"[①]。尽管大众传媒的社会功能以及发展传播学的主导范式都经过一段"低谷"时期，但是其解释力并未完全消退，可以帮助我们审视互联网时代的大众传播与社会发展所面临新问题，简言之即数字信息技术带来的社会结构的变迁，及其背后所涉及的传播、媒介与国家治理的现实问题。

大众传媒在国家治理体系中发挥主体性作用毋庸置疑。在互联网时代，个人能力被激活，人的社会关系成为社会传播"最后一公里"，这是当下的社会性传播的基本现实。[②]在国家治理体系中，传统意义的大众传播媒体已经延展为包括机构媒体、组织化媒体、自媒体在内的多维度构成，涵盖了大众传播、群体传播、组织传播、人际传播等多个范畴的传播网络。因此，在政府治理、市场治理和社会治理中，互联网时代的传媒角色和功能是一个整体性的问题。从政治传播的角度来看，它贯穿各个治理体系，并非一个单独的系统或者角色。这一点是不可忽略的。

---

① 派伊.政治发展面面观[M].任晓，王元译，天津：天津人民出版社，2009:180-181.
② 喻国明.关系赋权范式下的传媒影响力再造[J].新闻与写作,2016(7).

如果说政府、市场和社会构成了一个多元治理的模式，那么我们可以将传媒的主体性角色定位于政府、市场和社会之间，将其作为三者的"桥梁"。

第一，在我国，大众传媒是党和政府、人民的"耳目喉舌"这一意识形态属性是稳固的，也就说传媒参与社会治理是扮演了一种政治沟通的角色。"新闻媒体要在党和政府同人民群众之间发挥好桥梁和纽带作用，努力把体现党的主张和反映人民的心声统一起来"，"做党、政府和人民的耳目喉舌是我国新闻事业的根本性质，新闻媒体要积极发挥耳目喉舌功能，自觉地服务党和人民"。①

第二，传媒本身并不是国家治理的行动主体，这是改革开放以来新闻业从"一元"属性到"多元"属性、回归"新闻本位"的宝贵经验，是现代社会系统对各类主体及其功能的区分所规定的，如果不能明确就会发生功能的混乱和冲突。有学者论述道，从具体的管理结构和运行体制上看，媒体改革和治理逻辑经历着从"国家一元论"向"国家—市场"二元论的转变。②从新闻传播学的视角审视，国家治理能力现代化体现在充分发挥信息在国家治理体系中的作用，让政府、市场与社会之间的信息沟通顺畅、充分和均衡，从而促进治理体系现代化以及媒介体制现代化，以适配网络社会对于新闻传播业提出的需求。"制度发源于来源这块土地，扎根于人性，因此制度应对的有些问题甚至许多问题一定源远流长，不会到此为止，还未流向未来。"③

我们应当坚持实事求是的态度，充分研究新闻传播规律与新媒体传播规律，改进媒介管理和制度，大力发展网信事业，建设良好网络生态，厘清多元治理模式下的传媒角色，充分发挥互联网时代传媒参与社会治理的功能和作用，推进国家治理体系和治理能力现代化。

---

① 本书编写组.马克思主义新闻观十二讲[M].北京：高等教育出版社，2019:51-53.
② 殷琦.从"国家一元论"到多元治理框架的构建路径：中国传媒治理结构改革的逻辑及其转型取向分析[J].新闻与传播研究，2012(4).
③ 苏力.大国宪制：历史中国的制度构成[M].北京：北京大学出版社，2018:542.

第四章

新媒体环境下当代中国社会共识构建研究

第一节 从"江歌遇害案"看社会共识危机

2017年11月12日下午，江歌母亲江秋莲及众多中国留学生志愿者，在东京池袋西口公园集会，征求民众署名支援，请求日本法院判决陈世峰死刑。一年前，当地时间2016年11月3日，就读于日本东京法政大学的中国留学生江歌，被闺蜜刘鑫的前男友陈世峰用匕首杀害。随后"江歌遇害案"在网络媒体的推动下逐渐在国内发酵，对江歌母亲和当事人刘鑫的一系列访谈掀起了国内舆论高潮，引发各方观点的剧烈碰撞。

事实上，与以往任何一起惨烈的刑事案件相比，"江歌遇害案"并没有曲折的情节，事发后，凶手陈世峰迅速被捕。在案件曝光初期，该事件只是在日本留学生圈子内传播，并没有引起全国范围、全网性的热议。但随着社交媒体的传播，有关人性和道德的讨论沸反盈天，推动事件关注度直线增长。热门微信公众号发布《刘鑫，江歌带血的馄饨，好不好吃？》等文章后，部分网民开始转向对刘鑫和刘鑫一家的指责，掀起舆论谴责的高潮。公众对刘鑫的指责愈演愈烈，全民讨论呈现向网络暴力转向的势头，甚至在这些言论中有不少声音认为在此事件中网络暴力具有正当性；同时，大V与公知持续发声，支持用舆论制裁人性。情绪比事实更具感染力和传播力，在自媒体发文探讨人性后，网民的情绪被彻底激发，质疑、谴责甚至谩骂的话语铺天盖地涌向了当事人刘鑫，而真正的凶手陈世峰却被人遗忘。

随后，新京报记者发布文章讲述江歌母亲和刘鑫的见面始末，该文章引发大量转载，各媒体和社交平台涌现出大量相关报道在，公众舆论开始出现不同的声音，聚焦其他关注点，如江歌母亲是否应该在微博上公开刘鑫和其家人的个人信息，将矛头对准刘鑫是否会放走真正的凶手陈世峰，江歌母亲发起的万人请愿书是否会干预司法公正，舆论是否能制裁人性等。北京市春林律师事务所主任庞九林认为，从法律上来说，江歌母亲公布刘鑫一家信息的行为可能构成侵犯公民个人信息罪；澎湃新闻在社论《让"江歌案"回归法律》中表示，江歌母亲江秋莲在痛失爱女后在网上散布刘鑫及其亲人的个人信息，间接鼓动网民进行"人肉"、骚扰，有侵犯他人隐私权之嫌，对证人的步步紧逼也可能会干扰证人作证，不利于公正审判；新京报刊文《江歌案，朴素正义感莫被情绪带偏》指出，朴素的正义感并非现代法治之全部，现代法治讲究真凭实据，也强调程序正义，即使有舆论普遍支持下的朴素正义感，最终也未必能抵达真相和法治，有时候两者甚至会背道而驰。文章还指出，汹涌的舆论夹杂着太多背离法治轨道的做法，一些大V借此煽动仇恨、制造冲突，更是与现代文明和法治精神相去甚远。逐渐趋于理性的公众舆论普遍认为，公众应该尊重江歌母亲为女儿讨回公道的决心，但不应超越法律去追求正义。只有基于对事实的判断，正义才不至于被单方面的信源迷惑，也只有尊重正当的程序，法治才不至于被非理性的情绪裹挟。2017年12月20日下午，日本东京地方裁判所对江歌遇害案宣判，法院以故意杀人罪和恐吓罪一审判处被告人陈世峰有期徒刑20年。这一结果又引起社会各方的热议。

　　从江歌遇害案引发的舆情中，我们可以看出，在当前社会现实下，公众舆论具有很强的自发性，社交媒体中的情绪传播往往能够带来大规模的讨论，但某个单一的观点即使占据了压倒性优势，也很难完全淹没异见的发声。而在类似"江歌遇害案"的事件中，一部分人呈现出不认同、不接受的态度，另一部分人则呈现出极其拥护、充分相信的态度。但此次舆情只是整个网络舆情世界的冰山一角。通过这一事件，我们看到多极多元、分化严重的观点争鸣成为网络话语空间的新特点，传统时代下主流媒体大众传播模型正在被拆解。一个值得关注的问题就是，过去我们常能得到或者看到的舆论共识在这个时代变得越来越稀有，想要达成共识变得越来越艰难。在当今这个文化多元化的时代，舆论差异是在所难免的。

　　本章将探讨当前我们所面临的社会共识危机，以及形成这一危机的主要原因和破解路径。目前，传播学者们不得不承认，现有的传播学理论已经很难解释当下的传播现象和社会舆论的传播与走向。因此，我们需要探讨，在当前的媒体环境下，社会共识到底是如何产生、重构与传播的。

第二节　网络舆论与社会共识

"共识"（Consensus）的字面意义指在一定时空环境内人们对价值理念以及达成价值理念的方式的公共认可。"共"表明其"共有"特征，意味着一定范围内的普遍承认；而"识"表明认识或态度，意味着一种认可态度[①]。形成"共识"，是大众传播的应有之意，是一次传播行而有效的标志，也是大众传播进入一定阶段后的最佳结果。然而，近年来我国互联网空间中的舆情呈现出共识稀缺、舆情危机频发的态势。

当前，社会事件常常引发大规模讨论，在喧哗的讨论与质疑中，事实的细节逐渐抽丝剥茧般地显露出来，真相相对滞后。信息的不确定性和不唯一性导致舆论的声音剧烈激荡。现象级社会事件常常发酵于互联网空间，而争论的主战场也在互联网空间。网友借助微信、微博等社交媒体充分表达自己的见解，一时之间难以达成共识。在传统媒体时代，重大事件形成公众讨论的流程是：第一，专业媒体报道，焦点事件爆发；第二，专业媒体迅速派出记者调查和还原事实真相；第三，形成公开报道，广泛传播；第四，多方评价，持续激荡；第五，多方形成共识，推动改变。

而在互联网时代，这一过程发生了颠覆性改变。首先，信息发布者和事件的曝光者由专业媒体变成了网民大众，一些焦点事件的爆发本身就是由舆论推动产生的。其次，事件的发展往往伴随着大规模的讨论和争议，不是线性时间关系而是同时进行，这和传统媒体时代先报道再讨论的顺序有所区别。最后，网民的热烈讨论往往是真相的助推器，呈现舆论倒逼"真相"的态势。如何在这种舆论环境下形成共识，舆论场如何变化等问题更值得关注。在此过程中，舆论中的立场之争和情绪对峙越来越激烈。

[①] 苏颖，作为国家与社会沟通方式的政治传播——当代中国政治发展路径下的探讨[M]. 北京：中国社会科学出版社，2016:106.

法国学者布尔迪厄较早提出"场域"这一概念，他认为场域是各种位置间客观关系的一个网络或一个形构，这些位置是经过客观限制的。以此理论为基础，辅以若干相互刺激的因素，许多人形成共同意见的时空环境被称为"舆论场"。

根据网络舆情指数显示，社交媒体已经成为中国重要的舆情源头，虽然新闻媒体报道仍是网络热点及重大突发公共事件的主要舆情源头，但其绝对优势地位正在受到新媒体的挑战。新媒体的快速发展也改变了大众传播时代单一社会舆论的格局，舆论表达越发多元，话语渠道和传播方式也多种多样。大众传媒通过大众传播的组织化、制度化把关选择来引导舆论，网络中的意见讨论则主要通过群体传播、人际传播的自发扩散来运作。在传统媒体时代，以大众传媒为主的传播占据了整个舆论场的绝大部分空间。而随着网络传播空间的逐渐形成，网络空间的舆论场逐渐壮大。

人民网舆情监测室对2007年至2016年间1600多个热点舆情事件的评估表明：主流媒体、意见领袖和网民构成的舆论场，已经走出2009年共识度的最低值，并在2015年达到最高值；对政府在热点事件中表现的认同度，也从2009年开始逐渐上升，2013年略有下降，2016年达到最大值。2011年起，政务微博等主流话语开始引导网络舆论，整个互联网舆论生态进入调整时期。此前，舆论场内部共识度与其对政府的认同度呈负相关，即舆论越是质疑和批评政府，就越是团结；但2011年之后变为正相关，即各舆论场越是质疑和批评政府，其内部争议就越多，而在对政府进行积极评价时则更显得团结一致。

在社交媒体时代，发展成熟的社交媒体为人们提供了充分表达自我的机会，满足人们更多的表达欲望。与此同时，短视频和直播这两种以视频为主要形式的传播方式，以更具实时性和现场感的传播样态，丰富了民众表达形式。在媒介技术的推动下，舆论场中的各种现象变得更加复杂。

第三节 互联网赋权下的舆论格局

早在20世纪20年代，李普曼就探讨了公众舆论与社会共识的形成过程。他认为公共舆论并不是针对公共事务的纯粹产物，而是受到各种与"公众"私人身份有关的因素的影响[1]。纯粹的公众舆论和社会共识是一种想象。但李普曼在公众舆论问题上似乎是个理想主义者，他用一种理想标准衡量现实，那结论自然是悲观的。事实上，舆论之所以成为舆论，就在于人们以各自的方式自由表达意见，最终形成舆论，这与舆论是否正确合理是两回事。无论传统新闻学中"观点自由市场"是否发展成熟，每个人的心里早已有自己的看法，而所谓的共同体，也只是存在于想象之中。每个人的立场各不相同，经验与认知也存在差异，这些都会影响一个人的判断，出现分歧并不奇怪。

公众舆论的分歧与的舆论分裂却并不相同。分歧无法消除，但是舆论分裂不是一个良好社会应有的产物。目前，某些事件会引发舆论分裂。这是应该被重视并着力消除的。诚然，我们不能忽视互联网对媒介生态的影响。微博等社交媒体出现后，舆论生态就发生了根本性的改变，开始出现舆论极化现象。

学界常把互联网比作一种赋权器，认为伴随着移动互联网的迅猛发展，赋权和赋权器使个体和群体在心理、技能、知识、生存上获得了自由裁量的权力[2]。互联网不仅赋予用户获取信息和表达意见的权利，而且充分释放了用户的某些天性，如兴趣、悲悯、愤怒等。在这种情况下，互联网空间的舆论生态发生了前所未有的变化。从网络自身的特征看，网络主体的多元化，网络意识与现实规范的冲突与矛盾，网络的虚拟性、匿名性，网络传播多媒体化、交互性、主动性，传播与控制权的多元化，情绪表达的隐匿性、夸张性，以及网络情绪传播的广泛

---

[1] 〔美〕沃尔特·李普曼.舆论学[M].林珊译.北京：华夏出版社，1989.

[2] 师曾志，金锦萍.新媒介赋权：国家与社会的协同演进[M].北京：社会科学文献出版社，2013:21-22.

性、突然性、快捷性等促成了网络信息的复杂化①。因此,舆论格局正在发生显著的变化。

美国社会心理学家多伊奇的"瀑布模型"生动地说明了公众舆论的形成过程。多伊奇认为舆论以多阶梯方式向下流淌,就像瀑布被一系列水潭切断一样。从上至下依次为:

· 经济和社会精英的水潭;

· 政治和社会精英的水潭;

· 大众传播媒介的水潭;

· 舆论领袖的水潭;

· 人民大众的水潭。

然而,在互联网出现后,这种瀑布模型的垂直排列急速倾塌,自上而下的天然势能正在被互联网逐渐削减。今天的舆论已经不是瀑布的样子了,而是水平分布、剧烈扰动的汪洋大海。在互联网的赋权下,人的身份建构有多种方式。此时的信息接收者,会在彼时成为信息的传播者;此时愤怒群体中的一员,会转而在另一件事情上成为狂欢的一分子;今天站在道德制高点上进行批判,明天又会只顾一己私利的祈求同情。和过去相比,单一的模块化格局瓦解熔化,最终演化成多变无形的液态形式。在这种舆论新格局下,形成共识变得更加困难,舆论引导也面临着重重障碍。

当前,互联网传播活动正在经历着一系列的变化。

首先,新媒体的赋权以及传播者的平民化、大众化。在传统媒体时代,专业的媒体组织和新闻记者是新闻传播与社会议程建构的主体,而普通公众往往是信息的被动接收者。汉娜·阿伦特认为公共交往和行动是人的条件,失去了这些,人就不是人,只是维持生命需求的动物。而新媒体的发展,为人的公共交往和公众舆论提供了更加宽广的可能性。在新媒体时代,媒体资源的丰富性和可用性不断提高,社会精英很难垄断社交媒体,公众可以通过各种方法参与信息传播和议程建构,民间话语、网络流行词也可以进入官方话语体系。这种思路有大众传播工具论的影子,即"每个人都可以成为传播者",并且可以在技术许可的范围内自由从事信息的交往活动。可以说,媒介系统是整体社会有机体的子系统,影响舆论的存在方式。目前,传播媒介甚至传播本身已经是社会交往和公众舆论的存

---

① 金云波,许远理.网络异化对网络情绪传播的影响[J].重庆文理学院学报,2011,30(2).

在方式。

其次，传播媒介呈现出多样化的特征。在传统媒体时代，社会传播媒介主要是广播、电视、报纸、杂志等大众传媒。在新媒体时代，互联网、VR、AR等技术持续更新，新闻游戏、H5、互动新闻等各种各样的新媒介传播技术和传播手段不断出现，大量优质的UGC内容层出不穷。这些新的媒介平台往往各有所长又相互兼容，补足了传统大众媒体的短板，媒介形态的不同也在一定程度上影响了舆论的多样性。

再次，传播内容个性化与多元化。在传统媒体时代，报纸、广播、电视等大众媒体往往是内容的把关者，对新闻价值判断、新闻内容生产的流程有一套专业的评判标准。而在新媒体时代，内容生产与传播的门槛和成本降低，公众可以随时随地分享所见所得，传播内容变得个性化、多元化。

最后，传播过程多向化。大众传播时代，信息基本是单向地从传播者流向受众，而新媒体时代，互动模式是多向的。新媒介技术下，大部分媒体平台都具备开放性，主题讨论更多是多对多的交流，呈现出无节点、多向交流的过程。

任何时代、任何地方都存在社会成员交流意见、分享信息的方式，但是在移动互联网与社交媒体出现之前，交流讨论总会受空间和时间的限制。新媒体打破了时间和空间的限制，用户可以通过各种新媒体在广阔的虚拟空间中联系和交流。

在当下中国的舆论生态中，传统的新闻价值发生了变化。公众对信息的需求增加了，网络上大量的新闻事实和材料在某种程度上满足了公众对于新闻的需求。同时，互联网空间给公众提供了更多的兴趣选择，丰富的内容分解了传统的大众传播，以不同标签和不同群组为特点的分众传播成为主要的传播格局。新媒体语境下，兴趣成为信息接收的首要要素，与以往相比，传统媒体的传播效度正在递减。如何向用户的兴趣靠拢，借助用户的兴趣进行有效传播，成为媒体在互联网空间找回主动权和引导力的有效方法。在复杂的网络环境中，公众的思想浸泡在噪音中，很难理性冷静地依据新闻报道形成并发表意见。

此外，在互联网空间里，不同的关注点直接影响公众对新闻事件的判断。传统新闻价值的要素正在被重构，舆论并不一定是人们对真相的认知，而是了解一部分事实后现象表达。在现实中，严肃理性的公众，往往表达的也只是自己对可能事实的看法，而非针对新闻事实的意见。舆论往往只是以新闻为契机、针对相似的社会现象而非具体新闻事实的意见表达。实际上，公众舆论是相当模糊的，构成公众的个体之间存在很大差异。公众意见代表了谁的意见，意见的性质、质量怎么样，这都是很复杂的问题。

互联网赋权的最明显表征是民众获得了面向大众传播的条件和可能。在互联网的赋权下，传统的传播格局被打破了。

第一，民众获得了大众传播的条件和机会。以往信息发布的主体只有一个，而现在却变成了千千万万的个体，人人皆有麦克风，人人皆是传声筒。在互联网的空间里，一些重大事件发生后，还没等官方发布消息，真真假假的信息就已经铺天盖地了。传播赋权下，信息势能增强，信息扰动更加剧烈，因此更难形成共识。

第二，信息传播环境与公众心理产生变化。在较为封闭的社会信息环境下，"沉默的螺旋"理论依旧发挥效力。因此，意见环境在公众舆论的生成机制中有举足轻重的作用，塑造公众感知的意见环境，就能够影响公众舆论。在互联网的赋权下，开放的网络环境和匿名的舆论空间造就了大量的表达机会，个体不再需要时刻紧盯报纸等有限的媒体资源所营造的拟态舆论环境。在事实信息的传播过程中，信息环境就可能几经波折，一些本来不是传播主体内容的细节，被网友发现后可能迅速成为新的传播"刺点"，吸引了公众的眼球，甚至导致事实传播偏离了主体目标。在这种情境下，传播的靶向功能被大大削减，信息的传播速度和方向都发生了显著的变化。

与此同时，新媒体赋予公民更多的对话筹码。随着短视频、直播等媒介形式的出现，影像化的信息表达替代了过去的文字传输，这种富媒介给予民众传播核心事实的可能。一些热点事件的最初影像就是网友拍摄的短视频，直播更是实时影像化传播事件，观感直接，传递迅速，这给官方媒体的应对带来新挑战。

第四节　群体性表达与互联网情绪传播

传统媒体时代，以报纸为代表的严肃媒体常常以"理客中"的身份传播信息。如果传统媒体时代给人的感觉是客观的、理性的，那么互联网新媒体时代则可以看作感性的、情绪的。在传统媒体时代，情绪往往被看作增强传播效果的调剂品，主要载体是软新闻。即使是骇人听闻的天灾人祸，悲痛的表达也往往是克制而压抑的。而在互联网新媒体时代，情绪的表达被放大了。公众的同情、愤怒、狂欢、惊叹、欢呼等情绪以新闻事件为载体横扫舆论场，成为学界分析公众舆论、社会共识绕不开的课题。国外的专家学者对情绪的研究主要集中在心理学的范畴。在社交媒体上，我们可以用评论、转发、点赞等非常简单的方式去表达情绪，而这种情绪又会影响他人。在同理心的作用下，情绪汇聚成一种巨大的力量，牵引着不同群体的不同观念，向完全不同的方向涌动。

一般情况下，情绪盖过了事实，直接影响舆论导向的正常运作，为舆论引导带来新的困难。因此，如何疏导情绪，削减情绪传播的势能，让舆论引导回归正常路径，重新构筑共识，成为当前亟须解决的问题。

2020年春节前后，一场突如其来的新冠肺炎疫情在武汉暴发并迅速向全国蔓延，严重危及人民群众生命安全和身体健康。如何防范病毒的入侵和扩散是很重要的问题，如何防止恐惧和焦虑的聚集和扩散也是很重要的问题。在这种情况下，信息的流通、知识的交流和情绪的疏导成为关键。当社会面对危机时，我们需要思考应该如何理解国家主权中的生命意识，如何在保卫社会的同时，保护其中的生命。在这个意义上，国家必须在解救危机的情况下，充分地考虑公众情绪，考虑民众恐惧心理的传染和传播机制。让人民摆脱焦虑、激愤、恐惧等负面情感，这也是国家危机治理的应有之意。

精神分析学派创始人弗洛伊德在《精神分析概论》中肯定了人的"情感流露"与"情绪表达"，认为人的情绪和欲望都是人类最基本的"本能"，而情绪传播的直接动力也源于人的基本交往需求。不过，也有学者提出了不同观点。法国社会学家古斯塔夫·勒庞对社会群体和群体心理学的研究最具代表性,他提出了"群体无意识"的观点,即群体不关心事实、不接受讨论、情感极端。他认为人作为个体时是可以进行理性思考且"有意识"的,然而一旦个体进入群体,就只能抛弃理性。在他看来,人类的推理、逻辑、智力等"有意识"因素只占极小的一部分,在更多的时候会受到情感、本能、欲望这些"无意识"因素的支配。个体之间之所以存在差异,是因为人的成长环境、教育水平等有意识因素存在差异,但当社会群体形成时,无意识因素就会被叠加放大,占据主导地位,因此,被情绪控制的群体并不在意"真相"。在《乌合之众》中,勒庞举了一个著名的例子,在法国大革命期间,巴黎发生了骇人听闻的"九月惨案"。一群店主、锁匠、泥瓦匠等普通市民聚集在一起,在"爱国主义"的鼓动下,在巴黎城内展开了大屠杀。在无意识的狂热氛围中,这些普通的市民丧失了理性,认为自己的屠杀不是犯罪,而是在履行光荣的"爱国主义任务"。鲍曼对于大屠杀的观点与勒庞截然相反,他认为恰恰是高度的"理性"和严密的科层制导致了大屠杀。无论是"不理性"还是"高度理性",都凸显了群体中个人情感因素和判断的重要性。勒庞在"乌合之众"中精准地描述了群体社会的种种问题,即使在今天仍具有现实意义。他时时刻刻都在提醒人们,在这个群"情"汹涌的时代,我们需要时时警惕。

移动互联带来了群体传播时代,人们更易于表达情感,而焦虑、愤怒、恐惧等负面情感更容易传染和扩散。在社交媒体的碎片化表达中,人们往往宣泄情绪而非表达理性。正因如此,在重大突发公共危机事件发生后,稳定公众情绪是危机管理的重要部分。

情绪本身也是信息。情绪不仅是客观信息的附属品,还是公众表达情感、传播思想的重要方式,其本身也是传播内容的一部分,对于意义理解和传播效果有着重要的影响。从经典传播学范式来分析情绪传播,作为传播内容,情绪可以是客观事实本身携带的,也可以是传播者主观情感表达导致的。不论是哪种情绪,在传播活动中都会受到暗示与感染机制的影响,尤其在互联网环境和社会群体极化的社会环境下,当有争议性的社会事件发生时,舆论的方向往往不是通过直接说服或价值观输出形成的,而是通过情绪感染、直接或间接地示意他人接受某种观点或从事某种行为。

感染是指某种观念、情绪或行为在暗示机制的作用下以异常的速度在人群中蔓延开来的过程。无论在什么传播活动中,情绪多多少少都会受到影响,只不过受影响的程度视传播参与者的理性程度及其他情况而有所不同。在传播者失去理智的情况下，如骚乱、恐慌等群体行为中，情绪间的相互暗示、相互感染尤其严重，某种观点或情绪会迅速支配群体，甚至引发群体的过激行为。除了人与人之间的横向传染，情绪也会在纵向不断积累，负面情绪会暂时隐藏起来，长此以往负面情绪的积累便可能随着事件的发展愈演愈烈，多个负面事件会导致负面情绪叠加，有人担心社会可能面临塔西佗陷阱。实际上，这是情绪引导的失控、信息公开的失效与社会共识构建的缺失。

公众情绪是社会舆论和社会共识中不可缺少的一部分。它并不是独立存在的，常常伴随着信息同时传播。情绪对公众舆论的影响，不仅在于它会左右人们对所接触的社会事件、新闻信息的认知，还在于对人们行为的指导和信念的维系。从微观角度看，不同的情绪会让人对同一信息的看法有所不同，相应的行为也会有所差异。积极的情绪促进人们积极地认识世界，消极的情绪则可能对他人甚至整个社会带来破坏性后果；在情绪失控的情况下，人很容易不顾后果地做出反常的举动。情绪虽然是个体的心理体验，但是通过传播交流，很容易变成社会群体成员的共同心理特征。因此，个人情绪不仅存在于个体自身或人际关系中，还会扩大到整个社会层面。与大众传播时代的信息传播不同，社交媒体时代个人情绪的社会化传播呈现出新的传播特征。

传播活动既是信息的沟通，也是情绪的交流。以往的传播活动多指信息传播，即以信息传递为主，以情绪传播为辅，情绪交流是为了更好地理解信息、分享意义。然而，当下的很多传播活动呈现出弱信息、强情绪的特征。在某种强烈的情绪推动下，一些情绪化的信息广为流传，尤其是当某种情绪获得了广泛的心理共鸣时，就更容易获得追捧。

网络中的谩骂、互撕、恶搞等情绪化的表达都是公众宣泄的出口，网络空间的负面事件和负面情绪更易引起话题，一些正面的事件也会被人暴力解码，解构出与原本传播意图完全相反的意义。媒介手段的丰富性，释放了公众的传播需求，不仅扩大了个人情绪的传播路径，也加快了传播速度，扩大了影响范围。互联网技术与移动多媒体技术的拓展和融合，使智能手机成为最重要的自媒体终端，微博、微信等社交媒体以及各类互联网应用日趋便捷，人际传播和群体传播也更加活跃。私人情绪只要迎合了某种普遍的社会心态，经由自媒体进入传播渠道后就会如同病毒般大规模地快速复制和感染，瞬间传遍网络空间，成为热点事件，甚至进入官方传播渠道，从而影响社会现实。个人情绪经过传播发酵变成社会情绪后，更容易进入大众传播和组织传播渠道，自下而上地影响议程设置框架，因此具有舆论功能。

传统政治学认为，社会共识也是一种社会合意，经由"问题产生—社会讨论—合意达成"这样一个理性过程而产生。事实上，人类传播活动是一种社会心理形成过程，受到各种传播心理因素和一系列传播机制的影响。经典大众传播学认为，影响人们感知意见环境的力量主要有两个，一是人们所处的社会群体，二是大众传播，后者的影响尤其大，是营造意见环境的主要力量。不可否认，在"沉默的螺旋"理论提出的20世纪七八十年代，大众传播空前繁荣，是人们认识客观现实、感知意见环境的主要力量，对于社会舆论的形成和走向发挥着至关重要的作用。新媒体传播时代，这一情况发生了很大变化。信息获取渠道的多样性降低了人们对大众传播的依赖，社会群体对意见环境的影响日益突出，基于各种新媒介的群体传播日渐成为营造意见环境的重要力量。网络成为人们爆料的首要选择。在网络空间里，人们跨越了年龄、阶层、地域的限制，集合成一个共同体，每一次自发的跟帖、转发、评论，都不自觉地以群体传播方式参与了社会意见环境的建构，体现了社会共识的生成过程。在新媒介条件下，经过人际传播、群体传播甚至大众传播，个人某一具体的情绪很容易发展为没有具体指向，而是针对某一类社会现象、某一社会团体或阶层的社会整体情绪。就像大众媒体的信息传播形成的信息环境会影响人们对社会现实的感知一样，当前社会整体情绪也必然会影响人们的感知和判断。也就是说，个人情绪以自媒体为中心，并借助多种媒体的社会化扩散的过程，也是建构意见环境、影响社会舆论生成的过程。匿名性、便捷性、公开性的特点让网络成为个人表达诉求、释放情绪的最佳途径。在沟通机制不畅、情绪表达受阻的情况下，舆论能通过网络影响大众传媒、企业，乃至政府设置议程，在多方的积极协调处理后，往往可以顺利舒缓个人情绪。人们意识到"有问题发微博"，于是，网络成为各种负面情绪滋生和蔓延的温床。每一起个人恩怨情仇扩大为社会热点事件后，情绪被调动起来的社会大众便会积极参与讨论、表达、传播，自发形成舆论场，或推动事情解决，或倒逼整改、完善制度、促进发展，进而影响政府机构的决策。但是，个人情绪多倾向于维护自身利益，本身并不完全是理性的。在传播过程中，还会受到暗示、感染、群体压力等复杂心理因素的影响，形成的社会情绪同样也不能保证绝对理性。因此，无论从形成过程还是从实践结果来说，基于情绪而形成的社会舆论都不能确保其正当性和合理性。

第五节　社会共识的重构与发展

当前，中国经济建设取得重大成就，互联网产业飞速发展，信息资源比以往任何时候都要丰富。与此同时，我国正处于社会结构转型的时期，互联网上汇集各种思想，研究当代社会共识构建的问题具有极强的现实意义。社会各群体共同构成了当今中国人文环境，每个社会群体、阶层都有自己的利益目标，并且每个群体都在为争取权利而斗争。这就需要群体内部形成社会共识，从而制定共同的行为标准。一个国家要想真正步入发达文明的社会，不仅要在物质上积累财富，还要在底线上形成社会共识，共同遵守着共识层面的价值观。这种共识的底线越高，一个社会就越稳定，也越和谐。反之，就会带来社会矛盾激化、社会动荡等问题。

一、风险社会与当下中国的舆论环境

共识往往代表共同的看法或一致的认识，共识来源于社会群体的合意。这就为分析社会共识的含义打下了认识上的基础，即社会共识是社会成员在实践基础上对社会问题或有关事务形成的大体一致或接近的看法。社会共识与公众的价值观、公众舆论不可分割，往往由生活在同一历史、地理时空下的群体共同维持，由自发形成的社会认知或情感体验组成，具有鲜明的群体性、社会性、混合性与自发性。社会要作为一个统一的整体存在下去，需要该社会的成员对社会发展达成一定程度的"合意"，即在理想信念、世界观、人生观、价值观，以及社会的方针政策等方面有比较一致或接近的认识。有学者将社会共识定义为社会主体间在共同实践基础上达成的一致性认识。

当下中国构建社会共识的时代背景是改革开放以来中国社会所形成的巨大变革。一方面，社会阶层分化、社会群体化正在加速形成，尤其在社交媒体时代拥有相同身份标签的人，往往具有强烈的身份认同感和共同的价值标准与群体规范，社会群体的分化导致社会共识构建主体的复杂裂变；另一方面，社交媒体带来的媒体技术的赋权引发了共识表达方式的彻底改变，个体不仅可以迅速找到所属群体，还拥有了极大的表达群体观点的空间。以上两大要素相互影响，导致当下舆论表达呈现出鲜明特点，即社会意见表达主体的群体化与碎片化，各方意见诉求的冲突化，同时还伴有表达方式的激烈化、对抗化等。这是构建社会共识的复杂背景，但也呈现出破除一元化声音、破除社会迷思、社会思潮繁荣、构建公共领域的可能性。在中国面临众多公共议题，尤其是各种突发公众事件的当下，如何在个体身份各有不同、群体之间可能存在利益冲突的言论场域中构建一定的基本共识，使各言论主体能够理性讨论、和谐共处已成为无法绕过的重要问题。

马克思主义认为，经济基础决定上层建筑，人的物质生活方式决定其精神的以及意识的一般状况。因此，在一个社会里，多层次、多样性的角色分化导致了千差万别丰富多彩的成员结构。要使千差万别的社会成员在同一个社会体系中各得其所、各安本分、相得益彰、共存共荣，就需要基本的社会共识。社会学家提出理想的社会形态属于"橄榄形社会"，即社会阶层结构中极富、极贫的人群处于少数，中间阶层处于大多数。从社会学意义上说，中间阶层的壮大，使对立的贫富两极成为一个连续性的排列，每一个社会成员都能看到拾级而上的希望，有助于舒缓贫富差距蕴蓄的对立情绪和由此衍生的一系列社会问题。但目前中国的社会阶层结构则更趋向于"金字塔形社会"或者"倒陀螺形社会"，是一种不太稳定的社会结构。德国社会学家贝克曾经提出"风险社会"的概念，指出风险社会往往具有不断扩散的、人为的不确定性，同时也导致现有社会结构、制度以及关系向更加复杂、偶然和分裂状态转变。总体来说，我国社会发展呈现出一系列新的阶段性特征。国家的综合实力迅速提升，人民生活水平总体得到改善，但新的社会矛盾也在不断产生。现代社会是一个利益分化、群体分化及意义价值分化的社会，社会共识如同社会的向心力与黏合剂，具有将分化的个体与群体凝聚在一起的功能，是维系社会稳定与安全的关键因素。

当前，形成社会共识的阻力可以从以下两点进行分析。

第一，个体意识形态观念的崛起在一定程度上淡化了社会共识的吸引力。社会共识的构建是由每一个社会个体的思想意识组成的，共识是对社会中个体意见的抽象和概括。但相较于社会共识而言，个体意识与个体观点往往来自个体对社会事件与社会生活变动的最直观的感受。只要社会中产生突发事件，或者社会生活发生重大变化，社会个体思想意识就可能发生变化。同时，互联网时代媒体技术的赋权，使个体意见的表达更具意义，大V、公知的形成就是个体意识崛起的杰出代表。这种个体意识的无序变化与个体意识地位的崛起给社会整体的思想意识带来了冲击,为社会共识的整合增加了难度。

第二,不同社会群体的意识形态和价值观差异大大降低了社会共识的凝聚力。在众多的社会成员之间,不仅其社会地位、经济条件不同,其主观世界也呈现出多元化的特征。同时,由于主观世界本身的特殊性,即使处于同一社会地位、同一经济条件下的社会成员,也可能产生完全不同的思想观点和社会主张。因此,我国传统社会中社会共识的形成方式、内容、形式都发生了极大的变化。

如何在一个风险社会中寻求共识呢?首先要打破"舆论一律"的传统思维,构建互联网公共领域,提供一个类似"观点的自由市场"的环境。积极认可"舆论不一律"的社会减压阀功能。同时,在对象选择中,要保证公共领域的公共性,避免私人领域的入侵,将舆论引导回归公共领域内,尤其要注意那些具有重大影响力和争议的公共议题。在构建社会共识的过程中,应注意区分事实与价值观点,在事实上追求真相共识,在价值判断上寻求全社会的底线共识,在社会风险高发社会环境下构建社会共识。

二、大众媒体时代的社会共识构建

在传统社会的早期,构建社会共识的任务往往是由教育和宗教来完成的;而在现代社会,这一职能则是由大众传播完成的。大众传播通过对信息的把关、整合和传播,向全体社会成员提供关于社会某个领域、某个问题的一致性认识或看法,以作为人们的认识和行动的基础。大众传播能够把同样的思想内容和价值观念以更快、更直接的方式传播到社会的各个阶层和各个角落。因此,相较于传统思想教育而言,大众传播形成的社会共识更具普遍性。在互联网以及社交媒体出现以前,大众媒体掌握绝对的话语权,是"社会现实的最主要反映和构建,是维持社会认同的要件"。数百万人读同一份报纸,数亿人看同一个电视频道,"共赏"的大众传播承载主流意识形态,成功地建构了人们的社会共识。人们甚至认为,传播不但是达成共识的方法,更是共识形成的结果,而大众传播几乎等于大众共识。

"舆论一律"的形态形成后,人们往往更倾向认同大众媒体提供的主流观点,同时,与主流观点相悖的异见往往无处表达,这就形成了一种表面上的和谐状态。但是,这种"社会共识"与我们上文提到的共识有所不同,这是因为害怕持有异见而被孤立所造成的"沉默的螺旋"限制了公众表达的空间。从话语权角度来看,相对紧缩和封闭的舆论环境中,与传统媒体严格把关的内容相对立的观点往往很难有机会得以表达。这种表面上形成的"社会共识"实际上是一种"伪共识",这种共识并不是在"非理性"的状态下产生的。传播学上,"沉默的螺旋"可以分为自上而下和自下而上两个方向,而真正意义上的"反沉默的螺旋"指的是"意见的自由市场"下舆论的多元化呈现,只有在这种环境下形成的共识,才算得上是真正有价值的社会共识。

三、互联网重构社会共识

与风险社会和现代性的关系相似,如今媒介和传播实践的发展同样对现代性(尤其是主体主义和人类中心主义)产生某种逆反作用。这既表现为智能媒介开始打破心与物、主体与客体、文本与行动的二元对立关系,也表现为将分散的个体行动者(以及非人的技术物)纳入行动者网络(Actor-Network)中,从而消解了原子式的主体。这无疑有助于人类形成全球治理所需的合作场域和合作体系,"整个场域、整个体系既可以以分散的无数单元行动体独立行动的形式出现,也可以以一个整体开展合作行动"。

我们也不宜把传播仅仅视为符号或文本,而应探讨其作为社会行动方式、参与社会治理的潜力。如果借用文化研究和语言学中的"述行(performative)"概念,会比较清楚地看到这一点。"符号再现、表征或表意本身就是一种行为实施过程……所有符号使用都是在做事、行事、表演或'述行'。符号活动本身就嵌入和参与了社会文化过程,它塑造现实和被现实所塑造,是整个生活构成中的一部分,而不是外在于生活、对生活反映或不反映、正确反映或歪曲反映的另一个独立系统。"传播不是单纯的文本内容,媒介也不是僵死的工具,传播本就有塑造现实的能力,某些传播就是社会行动。媒体作为社会行动者可以也足以参与社会治理,成为生成新的、正向的社会共识与社会认同的一股力量。

互联网与社交媒体的崛起,让传播权力史无前例地回归个体手中。技术赋权的今天,单纯从技术角度看,异见与观点有了广泛传播的可能性;但在实际操作过程中,这种可能性有多大仍然是个值得探讨的现实问题。互联网传播的全球化和无节点的特点,使传播文化与思想更具便捷性,但个体对于信息所具有的极高的选择性和自主性却加剧了社会群体的分化。早在19世纪,法国思想家托克维尔就已发现"信息茧房"的问题,社会群体会对人们的信息获取和解读习惯产生巨大影响。人们仿佛生活在信息的"回音壁"中,只能获取与自己和自己所属群体价值观一致的信息，而社会中的其他"异见"则会被自动排除，人类作茧自缚一般自我限制。群体间无法进行有效沟通，技术的问题虽然得以解决，但群体间的信息壁垒却成为社会共识形成的新障碍。

我国的社会共识构建同样面临着这样的困境，形成团结有力的社会共识对我国的社会治理有着重要意义。如果在新媒体传播中放任多元的意识形态野蛮生长，生成一个又一个相互孤立的信息茧房，公共领域又任由各种私人领域侵占，而外部又缺乏强有力的大众媒体辩论和引导，就易导致社会共识与社会认同的断裂，公众的归属感和人民的凝聚力也会受到威胁，极大地破坏了社会共识的形成。但是，新媒体技术的发展，无疑为社会共识的建立提供了前所未有的机会。即使不讨论社会共识与社会认同的生产机制，合理利用互联网技术也能产生一定的积极影响。要想在当今社会研究社会共识的构建，无论如何也不可能绕过互联网和层出不穷的新的媒介形态。

毫无疑问，互联网颠覆了当代社会共识构建的方式。根据福柯的观点，话语本身就是一种权力形态，在现代社会的形成过程中，启蒙时代开始的理性逐渐与权力结成联盟最后成为工具理性。马克斯·霍克海默和西奥多·阿多诺认为，虽然启蒙对现代社会的自由功莫大焉，理性取代了上帝，但在理性的指引下，普遍性的逻辑压制了差异，启蒙思想本身就包含着危机的萌芽。工具理性的要义是主体对自然和客体的认识、把握、主宰和利用，其逻辑体现在现代社会的方方面面。在政治上，统治者通过媒体等工具，利用某些话语或意识形态将"文化领导权"加之于民众。在经济上，大型公司在商业利益驱使下，大众媒体的文化变为文化工业。从根源上来说，现代社会许多弊端肇始于普遍性、同一性的工具理性。在这样深刻的现代性批判之后，尤尔根·哈贝马斯试图用交往理性来医治工具理性，他仍坚信理性的重要性，但他的理性不是主体—客体关系的工具理性，而是主体间的交往理性。哈贝马斯看到，康德的纯粹理性、实践理性和判断力的划分，是因为理性自身不能维持一个整体，不能用一种规则涵盖知识、伦理和审美三种语言游戏；但是哈贝马斯想用主体间的交往理性来统合分裂的理性，他引入了语用学，尤其是语言游戏和米德的符号互动论，通过语言等符号进行理性交往，实现"理想交往共同体"，从而达成社会共识。

随着互联网的发展，网络社会逐渐形成，以交往理性医治工具理性、以主体间交往的模式取代主体统治客体的模式，哈贝马斯的部分设想成为现实；在新媒体中，这一趋势仍在延续。但是，需要注意的是，社会共识不是工具理性的普遍性与同一性所强制的"共识"。社会共识的达成,虽然不可避免地涉及权力问题,但应立足于"交往"或"传播"的维度(二者实际是一个词,即 communication)。只有主体与主体之间形成公共性交往,才有构建社会共识的可能。

新媒体拉近了人们的空间距离,在某种程度上重构了"社会共识"的内涵。社交媒体则为公共危机事件的公共领域提供了条件。大型公共危机可以在很长一段时间内占据社交媒体的热搜榜头条,而原本充斥着明星绯闻、商业广告的社交媒体,在危机中也体现了强烈的公共性。

早在 1947 年,社会心理学家卢因就曾发现,经过讨论而自发形成的观点,往往比单向宣讲式的传播效果更好。在这里我们可以提出假设,社会共识并不一定是观点上的完全认同,只要观点和意见得以充分讨论,最终达成或者部分达成一致的观点,这一过程就已经构建了一种社会共识。在对危机事件的讨论中,虽然产生异见、出现质疑的声音,但公众经过几番讨论,还是从善良的人性出发,认为犯罪者应该得以惩罚、失职者应该承担责任,这就是一种正向的共识。

社会共识的形成还在于关注公众情绪。如何把握危机前端的征兆,如何在多重信息中做出判断,如何解决不同系统之间的平衡,是国家治理和社会治理中应对危机的关键问题。信息、知识和心理保障对应对危机非常重要,只有构建丰富畅通的社会渠道,才能及时把握危机的征兆,才能及时疏通和化解社会争议事件以及公共危机带来的社会恐惧、焦虑情绪,才能让国家和民众有充分的信心。

社会治理中的良好秩序,必须依靠多方联动。社会争议事件和公共危机发生后,行政部门应做出有效、积极、准确的反应,充分调动各类资源;专家学者应及时提供合理、准确的科学知识和保障安全的技术手段;媒体和公众应及时反应潜在的危险信息,在相互团结中塑造勇气。只有这样,才能在空前危险的状态下构建一种人性和社会的平衡,而不是陷入孤立、怀疑和恐惧的状态,也只有这样,缓解不安情绪,引导社会共识。在危机中达成共识,需要多方积极地参与讨论,公众充分交流不同观点,甚至进行辩论,直到真心接受,达成共识,而不是媒体与政府之间的私下沟通。共识是从分歧到统一的结果。舆论可以引导,新闻可以把关,但共识的建立则需要公众发自心底里的认同。因此,面对突发事件,媒体在进行议程设置或者媒体框架编辑后,应在某一阶段将自身还原为一个交流平台,使不同的群体、阶层的公众都获得表达意见的权利,这就是"公共领域"和"观点的自由市场"。通过提供最佳的公众话语平台和最广泛的话语交流空间,新闻媒介成为整合中国社会各群体、阶层观点的最佳场所。只有经过充分讨论,达成的共识才能获得最为广泛的认同，并内化为受众心理结构的一部分。在人人都是传播者的社交媒体时代，一旦发生重大公共危机事件、社会争议事件，各方面的信息接踵而来，正面的、负面的信息铺天盖地，这时，新闻媒体必须快速反应、及早介入，占领报道的主阵地，防止谣言跑在事实前面，避免不正确的思想误导公众。此外，新闻媒体在报道典型事件时，必须全面把握人们对事件的疑惑、担心等各种情绪，透彻分析事件背景和经过，引导人们积极讨论，提出解决问题的思路，树立解决问题的信心，从而促成社会共识的达成。

第六节　本章小结

按照吉登斯与卢曼的说法,"风险"是 16 世纪才出现的概念。在那之前,人们将种种危险归于命运、运气或上帝的意志等神秘莫测的力量。随着现代性的主体主义和人类中心主义产生,人类认为自身有能力去把握和控制世界,依靠理性让一切有条不紊地进行,因此,出现了与"理性""确定性"相对应的概念——"风险"。风险观念的出现是与计算的可能性紧密联系在一起的。

近年来,我国社会治理现代化取得了进步与突破。2020 年,一场突如其来的新冠肺炎疫情成为规模大、影响遍及全球的重大风险,这也是推动我国社会治理进步的契机。

网络化带来了一个充满分歧的舆论世界。在所谓的"后真相"时代,我们要跟不同的真相共存,在存在分歧的同一个世界里面共存,并从分歧中寻找达成共识的基点,而不是拥有彼此一致的知识和态度。学者则要寻找新的基础、商定新的传播伦理、重新生成新的伦理的基础,使融而不同的共同体产生某些结合点。这应该是媒介融合背景下当下社会共识建构的起点与动力。

第五章

多元传播：渠道、内容、形式与方法

第一节　传统媒体转型的问题与契机

"转型"在中文字典里的解释是社会经济结构、文化形态、价值观念等发生转变①，Transformation（转型）在英文字典里的解释是"a complete change in the appearance or character of something or someone, especially so that that thing or person is improved"②。转型这个概念多见于西方社会学理论和社会现代化理论，最早是西方社会学家从生物学借鉴的概念，原本用来描述生物进化论，用以指一种物体转变为另一种物体。从词源和理论源头看来，"转型"是指某种事物发生根本性质的改变，从量变的积累到质变的飞跃。

从概念出发，媒体转型应指抛弃原有的传播形态、特点和方式，完全变成一种新的媒体的过程。然而，对于当代媒体而言，这种意义上的"转型"并没有实现，无论报纸、广播、电视，都保留了其本身"载体"的基本属性。那就需要我们思考，这些媒体将来会不会失去本身的"载体"，转变为与原有形态完全不一样的媒体呢？

从狭义的研究范畴来讲，媒体转型最直接的研究对象应该是已经脱离了原有媒体形态、完全成为新媒体的这一类媒体，比如《京华时报》《东方早报》，已经完成了转型。而目前的行业中，大部分传统媒体所谓的转型更像是运用新兴的传播技术扩展原有的媒体覆盖范围。媒体优化升级处于从传统中脱壳，但没有发展为另一种媒体的状态，处于转型的进行时。这是更广义的媒体转型的研究对象。

---

① 中国社会科学院语言研究所词典编辑室.现代汉语词典第五版［Z］.北京：商务印书馆，2007:1790.

② Cambridge Dictionary online[EB/OL].https://dictionary.cambridge.org/dictionary/english/transformation.
转型是指完全改变某物或某人的外表或性格，尤其是使该事物或人得到改善。

一、传统媒体转型的动力

在确定了传统媒体转型的研究对象包括已经完成转型和正在转型的传统媒体后,就需要从整体上探索传统媒体转型的类型和动力。在西方社会学研究中,转型主要指"社会转型",即社会从传统结构向现代结构的整体性转变。[①]之后有学者在此基础上提出"政治转型""市场转型""文明转型"等概念,从这一逻辑出发,"媒体转型"也是社会转型的一部分,是渐进而缓慢的。

1978年党的十一届三中全会决定把党的工作重点转移到社会主义现代化建设上来。政治体制上的改革为传媒体制改革提供了较为宽松的政治空间和政治氛围。[②]

1978年,财政部批准《人民日报》等首都八家报纸试行企业化管理的报告。这标志着我国媒体市场化进程的开始,媒体的"商品属性"越来越突出。[③]

总体而言,社会转型的根本动力是生产力和生产关系不平衡。经济转型是社会转型的基础,也是媒体转型的根本动力,新的媒体技术是新媒体产生的基础。

二、传统媒体转型的方式

从转型方向来看,传统媒体抛弃原有载体,转向新媒体是必然趋势。如何转型,不同媒体有不同的方式,综合看来,普遍遵循以下转型步骤。

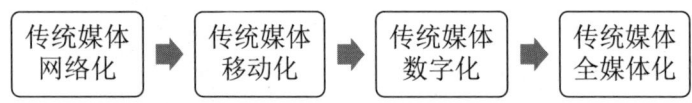

人民日报社原副总编辑马利将人民日报与人民网之间的关系划分为四个阶段:1997—1998年,报纸的"翻版"阶段;1999—2004年,"报为网用"阶段;2004—2006年,"网为报用"阶段;2006年至今,走向纵深阶段[④]。

---

① 雷龙乾.马克思主义社会转型理论——历史观视角的考察[D].北京大学,2000.

② 郎劲松,邓文卿,侯月娟.社会变迁与传媒体制重构——亚洲部分国家和地区传媒制度研究[M].北京:中国传媒大学出版社,2010:190.

③ 汪凯.大众传媒与当代中国公共政策——转型时代的状况与趋向[D].复旦大学,2004:111.

④ 吴焰.报网互动新格局研究——以人民日报、人民网间的互动进程为例[D].复旦大学,2009:15.

传统媒体在运营"两微一端"时主要有以下两种方式。

第一,增加传统媒体的移动特性。2017年国庆期间,央视财经频道推出了"厉害了我的国"大型主题系列活动国庆特别节目,从每天早上5点30分持续到晚间21点50分,网友可以用手机打开"为祖国祝福"活动页面,通过实时定位,在地图上留下一个属于自己的闪光点;这些光点汇聚在演播室的大屏幕上,网友在手机上看直播时发送的弹幕也会在屏幕上展示。这种新的尝试就是利用了移动媒体的互动性和共创共享性,目的是让更多的受众使用传统媒体并进行互动。

第二,完全独立于传统媒体,制作适合在移动端播放的产品,如H5、短视频等。这也是近几年传统媒体转型过程中努力的方向,尤其是在全国两会、党代会等大型会议期间,传统媒体纷纷制作现象级的新闻产品。有人认为新媒体承载的传播内容是依托于新媒体技术、完全不同于传统媒体的。其实不然,新媒体的共创共享性使新媒体承载和传统媒体一样的内容时也能与之相互区别。以新华社官方微信公众号为例,2017年6月21日,新华社官方微信推送了一条简讯,标题只有9个字和1个标点,即"刚刚,沙特王储被废了"。正文写道:"沙特国王萨勒曼21日宣布,废除王储穆罕默德·本·纳伊夫,另立穆罕默德·本·萨勒曼为新任王储。"文末还注明了三位编辑的名字。这条简讯在新华社微信公众号上的阅读量为10万+,内容和形式都是传统媒体所具备的,引起大规模讨论的并不是新闻的内容,而是微信小编与网友的互动评论,网友直呼:"评论比新闻有趣多了!"评论成为新闻,这在传统媒体中很难实现。虽然传统媒体时代也有受众在看后以写信、电话的方式反馈信息,但是,反馈成为传播内容至少要具备两个条件:一是及时,传统媒体的受众反馈不能成为新闻重要的原因是有一定的滞后性;二是趣味性,传统媒体对言论的标准比新媒体严格得多。

近年来,美国报业广告收入(包括纸质报纸和数字内容)持续下跌[1]。美国学者凯文·曼尼提出"大媒体"(Mega-media)的概念,认为传统大众传媒业、信息业、电信业都将融合到一种叫作"大媒体业"的新产业下。[2] 人民日报"中央厨房"模式是传统媒体全媒体化转型的代表。从2015年全国两会起,人民日报"中央厨房"生产了一系列的文字、图片、图表、视频、动画、H5等作品,在打

---

[1] 田秋生,田茵子.新媒体环境下美国新闻业与民主的危机[J].当代传播,2017(4):91.
[2] 王菲.媒介大融合[M].广州:南方日报出版社,2007:5.

破传统媒体内部部门壁垒与外部行业壁垒间起到了促进作用。不过，在学习人民日报"中央厨房"模式时，需要注意以下四点。

第一，"中央厨房"并不是媒体融合的标准模式。越来越多的地方党媒和传统媒体都在效仿建设"中央厨房"式的全媒体平台，但是人民日报"中央厨房"依靠人民日报本身的资本、资源、平台和人才优势，这一探索适用于人民日报，并不一定适用于所有的传统媒体。

第二，传统媒体全媒体化转型中需注意绩效问题。就采编系统而言，"中央厨房"实行内容一次采集、多重分发，亟待制定一个科学合理的绩效考核机制。

第三，模式的常态化问题。人民日报"中央厨房"主要在重大活动期间启动，比如全国两会、党代会等。近年来，人民日报"中央厨房"在常态化方面进行初步尝试。2016年10月，人民日报启动了"融媒体工作室"计划，让人民日报各社属媒体根据兴趣爱好进行采编报道。

第四，"中央厨房"资源的共享有待提升。作为资源整合平台，现阶段的"中央厨房"模式打通了媒体内部的壁垒，是一个中央信息厨房、中央组织厨房，信息、资源共享范围限于人民日报及其社属媒体。在"全国党媒公共平台"建设中，"中央厨房"的资源开始为全国中央及地方党媒所共享。

传统媒体和企业合作的方式是可以借鉴的营利模式之一。以人民日报社为例，2016年8月22日，在深圳开幕的2016媒体融合发展论坛上，人民日报媒体技术公司和招商局资本、深圳引导基金、招商蛇口三家公司现场签署了"深圳伊敦传媒投资基金"合作协议。由人民日报社、招商局集团、深圳市三方，强强联合共同组建的媒体融合产业投资基金"伊敦基金"正式启动，主要以股权方式投资媒体、互联网、科技等相关的内容、技术、渠道、平台等；既可支持传统媒体间的重组，也可助力传统媒体和新兴媒体、媒体技术企业之间的融合发展。①

当前，中国处于社会转型期，社会的方方面面都受到了巨大的影响，媒体行业当然也不例外。新媒体蓬勃发展，传统媒体面临更大的挑战。

在新媒体语境下，人们不仅关注信息的内在意义，也重视获取信息时的感官体验。如今，传播符号呈现出多元化、可视化、灵活化的特点，这种变幻多端的视觉呈现形式，拓展了信息的传达方式和表现空间，展现出"感官疆域中的个体

---

① 李刚."伊敦基金"助力媒体融合 独特优势震撼资本市场[N].人民日报，2016-08-24(9).

狂欢"①。

诚如维克托·迈尔-舍恩伯格所言:"数据的真实价值就像漂浮在海洋中的冰山,第一眼只能看到冰山的一角,而绝大部分都隐藏在表面之下。"②因此,"谁能于宏观场景的精微之处体察人性、直达人心,谁就切中了社会的脉搏,能够在时代的潮头拨动风云。"③

党的十八大以来,以习近平同志为核心的党中央高度重视宣传工作。习近平总书记多次对创新宣传思想工作作出重要部署,鼓舞着广大新闻工作者不忘初心、继续前进。2018年8月,全国宣传思想工作会议在北京召开。中共中央总书记、国家主席、中央军委主席习近平出席会议并发表重要讲话。习近平总书记强调,完成新形势下宣传思想工作的使命任务,必须以新时代中国特色社会主义思想和党的十九大精神为指导,增强"四个意识"、坚定"四个自信",自觉承担起举旗帜、聚民心、育新人、兴文化、展形象的使命任务,坚持正确政治方向,在基础性、战略性工作上下功夫,在关键处、要害处下功夫,在工作质量和水平上下功夫,推动宣传思想工作不断强起来,促进全体人民在理想信念、价值理念、道德观念上紧紧团结在一起,为服务党和国家事业全局作出更大贡献。

---

① 〔德〕哈贝马斯.公共领域的结构转型[M].曹卫东等译,上海:学林出版社,1999.
② 〔英〕维克托·迈尔-舍恩伯格,肯尼思·库克耶.大数据时代[M].盛杨燕,周涛译,杭州:浙江人民出版社,2014:123.
③ 喻国明.互联网时代的新权力范式:"关系赋权"[J].国际新闻界,2016(10).

第二节　回声室、场景与融合文化

一、分众传播

阿尔文·托夫勒在其1970年出版的《未来的冲击》(Future Shock)一书中，创造了"分众"(demassification)这个新词，并且预测美国社会在未来10年之内，将面临社会结构解构的问题。托夫勒在书中划分了三种信息传播系统：人际传播、大众传播和分众传播。托夫勒认为，未来社会是信息化社会，但信息社会植根于社会生产的非群体化。社会结构的非群体化、价值取向的非群体化以及思想意识的非群体化造就了不同生活习惯、不同审美取向的群落，消费者、传媒的受众，都分化为各个不同的群落。①

1985年，日本的市场研究机构"博报堂生活综合研究所"出版的《分众的诞生》一书进一步研究了"分众"这一概念，认为以"划一性"为基础的"大众"社会正在分化为个别化、差异化的小型群体，这是一种"被分割了的大众"的现象，因此，被冠以"分众"之名。②

1990年，阿尔文·托夫勒又在其著作《权力的转移》中预测，当代新闻传播的一个发展趋势是：面向社会公众的信息传播渠道数量倍增，而新闻传播媒介的服务对象逐步从广泛的整体大众，分化为各具特殊兴趣和利益的群体。③

熊澄宇认为，如果说历史上从人际传播到大众传播的转化是媒体和社会发展的第一次进步，那么今天出现的从大众传播到分众传播的转化则是媒体和社会发展的第二次进步。④

---

① 〔美〕阿尔文·托夫勒.未来的冲击[M].蔡伸章译，北京：中信出版社，2000:154.
② 文然，安姗姗.社会视域中的媒介分众现象分析[J].当代电视，2005(8):39.
③ 董广安，李瑷瑷.分众化认识上的几个误区[J].新闻爱好者，2003(12):31.
④ 熊澄宇.从大众传播到分众传播[J].瞭望新闻周刊，2004(2):60.

面对当下的分众传播，黄旦归纳了以下特点：第一，内容更加专门化；第二，接收者更为自由、主动，富有选择余地；第三，传播者必须更加关心和了解接收者的各种需要；第四，利用"电子报纸""电视报纸"等新型媒介进行传播的传、收双方，都必须具备较高的文化知识水平。[①]

曾祥敏认为，分众化传播可界定为媒体组织以数字技术为基础，以受众需求为导向，通过不同的技术渠道针对特定目标受众的传播过程；并指出"分众"隐含了"合众"的概念，两者是辩证统一的。[②]

当然，媒体的分众化传播概念，并非与大众传播概念相对立。曾经，电视的专业频道一度被认为是分众传播的典型，但是，它仍然属于大众传播的范畴。分多少，怎么分，可以说是一个相对的概念。20世纪50年代，西方媒体的分众化传播是以不同媒体竞争为先导的，现在我国的分众化传播更多受到新媒体的影响。分众化在某种程度上消解了媒介中心的权威，但也是各类媒体发展的一种市场策略。总体来看，新旧媒体的分众能力有很大的区别：新媒体分众分得更细，它的起点是受众，先有受众，后有传播，分众更清晰；而传统媒体则以大众为主，受众比较模糊，出发点是传播者，先有传播，后有受众。

有分众化存在，就可能有分媒化的出现。一般来说，分众化是从媒体的角度出发，把受众划分为若干个群体或者类型，以便进行有针对性的传播；而分媒化则正好相反，是从受众的立场出发，根据受众的需要来划分媒体。比较而言，后者更容易被忽视。

二、群体传播

群体传播是当前学术研究的热点。今天的群体传播不同于过去的组织传播和集体传播，也不同于团体传播。

"群体"一词指聚集在一起的个人，无论他们属于哪个民族、来自哪个地区、从事哪种职业、属于哪一年龄阶段。从心理学的角度出发，群体被赋予了不同的内涵。勒庞认为在某些既定条件下，一群人会表现出新的不同于作为个人所具有的特点。[③]

---

① 黄旦.新闻传播学[M]杭州：浙江大学出版社，1997:31.
② 曾祥敏.对电视媒体传播"分与合"的哲学思考[J].中国电视，2009(12):19-20.
③ 〔法〕古斯塔夫·勒庞.乌合之众:大众心理研究[M].冯克利译，北京：中央编译出版社，2004:11.

人们因为共同的感情和思想聚集成群，个体的个性被集体思想掩盖。他们会遵循群体精神的支配，虽然可能短暂但是具有明确表征。社会学家波普诺指出："群体是由两个或两个以上的具有共同认同和团结感的人所组成的人的集合，群体内的成员相互作用和影响，共享特定的目标和期望。"①

段京肃指出，群体传播是指非组织化的人群汇聚在一起的传播形态。与有明确目标、内部强制性规范和协作行动程序的组织化群体不同，群体传播可能发生在一个群体内，或发生在两个以上群体之间。②

群体传播的传播形态结构大多是不稳定的，它的产生大多具有偶发性和自发性，可以在许多场所和任意时间发生，形成的群体关系可能是长期也可能是短期，这种关系较为松散且具有不确定性。群体内的成员自主性较强，成员会依据特定的群体情境充当不同角色，遵循衍生于特定社会文化的群体行为规范。群体传播也叫作"小团体传播"，或"小组中沟通"，参与人数较少。社会学家戴维·波普诺认为："小群体就是小到能允许其成员以个体为基础进行交往联系的群体。"鲁道夫·F.维尔德伯尔等认为："小团体传播是一个三人或更多人为了解决问题和实现共同目的而必须相互作用和彼此影响的集体。"在国内，陈国明认为："小团体传播的形成，至少需要三个人参与，至多则不超过15人。"（有些学者主张到21人）由此可见，群体传播往往介于人际传播和组织传播之间，是一种规模较小又在非专业化的群体内进行的传播。③

施拉姆认为，在群体内部传播活动中，参与传播的每一位成员都具有相对平等的地位，分享公共的传播资源，在群体中可以充分发表自己的意见，他们之间有最大限度的"传播环境"（共同经验范围）。④

隋岩指出，群体传播介于人际传播的微观传播系统和大众传播的宏观传播系统之间，发生在社会的中观层面，是群体进行的非制度化、非中心化、缺乏管理主体的传播行为。传播的自发性、平等性、交互性，尤其是信源不确定性及由此引发集合行为等是群体传播的主要特征。⑤

---

① 〔美〕戴维·波普诺社会学(第十版)[M].李强译，北京：中国人民大学出版社，1999:99.
② 黄晓钟，杨效宏，冯钢.传播学关键术语释读[M].成都：四川大学出版社，2005.
③ 段京肃.大众传播学：媒介与人和社会的关系[M].北京：北京大学出版社，2011.
④ 〔美〕威尔伯·施拉姆，威廉·波特.传播学概论[M].北京：新华出版社，1984:47.
⑤ 隋岩，曹飞.论群体传播时代的莅临[J].北京大学学报，2012(5):141.

比较微信群和朋友圈的转发分享，我们可以发现群体传播和圈子传播的某些区别。微信朋友圈的人数不一定多于微信群，但是人员分布比较广泛。微信群内的信息传播更集中在讨论话题，有点对点的色彩，更接近群体传播。按照一般的理解，圈子里面的人往往比群体中的人更熟悉一些。微信朋友圈更像是一对多的传播，有一定程度的公开性。由于微信群里并没有自动的信息筛选机制，假新闻或者谣言更容易出现在微信群里。

一般情况下，弱势群体比强势群体更依赖群体传播。弱势群体又可以分为绝对弱势群体和相对弱势群体：前者和经济密切相关，后者则更多和弱势心理有关；前者可能在群体传播中体现出更强烈的情绪化，后者则更容易对社会舆论有贡献。有些人曾认为媒体可以让他们摆脱周围的环境，建立一个远环境。但是，社交媒体的强大影响力又仿佛使我们重新回到了人际传播时代，近环境再次成为影响我们的社会判断的重要因素。

在研究群体传播时，需要注意如下问题。

第一，有群体就有传播吗？或者反过来问，有传播才有群体吗？这就好像是先有鸡还是先有蛋的问题。住在北京四合院的群体彼此是有信息传播的，而当他们搬进高楼大厦时，他们之间的信息传播基本上消失了。过去他们是街坊邻居，抬头不见低头见，有横向传播。现在他们依然是左邻右舍，但只有纵向传播。这个道理同样适合中国城乡接合部的拆迁户群体。他们中的很多人原来是同村的居民，彼此非常熟悉。过去，他们是以公社的组织结构互相联系在一起的；而现在，当他们变成拆迁户时，他们住进了周转房或者置换房，不仅地理位置改变了，他们的身份也改变了。在这种情况下，他们原来的信息沟通结构被打破了，群体传播的方式也改变了。

第二，信息群体的规模对群体传播有什么影响？虽然我们经常说"三人成群"，但是，人际传播群体和大众传播群体在规模上还是有区别的。当群体规模小到很难产生新闻时，群体传播就回归原始的人际沟通了。我们都有这样的体会，在群体聚会时，如果参加的人太多，个体之间的交流就会明显减少，大家的沟通就会比较肤浅。在微信群里我们也可以看到类似的情况，当群里的人数多到一定程度时，沉默的人就变成了大多数。在这个时候，信息传播中的意见领袖就要粉墨登场了。

第三，群体传播的动机是什么？它和人类的传播本能又是什么关系？这些问题目前都是群体传播研究中的盲点。群体心理通常比个体心理复杂。现在，我们多会把群体传播的导火索归结于某些影响力较大的事件。换言之，不是所有的事件都能成为群体传播的动因。按照这种逻辑，群体传播属于间歇性传播，不经常发生，它的动机似乎和大众传播正相反。群体传播和组织传播也有所区别。如果我们把群体定义为没有组织化的一群人，那么，群体传播似乎就是无组织的传播。从某种意义上说，组织化就是一种格式化，要在群体中形成中心和层级。假如大众传播被一个组织控制，那么，大众传播就很有可能演变为一种扩大化的组织传播。只不过大众传播比组织传播更加外部化。这也是我们现在研究群体传播时的一种担心，因为假如群体传播中的群体等同于西方研究中的"乌合之众"，那么这种研究本身就有一个视点问题，即泛群体传播和狭义的群体传播的区别，不只是把群体传播视为一种中性的、客观存在的东西，应该用更开放的眼光来研究人际传播。

第四，群体传播是古已有之吗？这似乎涉及人类的传播本能，也有关群体传播的动机。人是群居动物，人类社会肯定有群体传播。但是，古时的传播概念和今天相比有很大的不同。有研究者认为，影响当前群体传播的最重要因素是信源。那么，群体传播是混乱的传播，还是有序的？意见领袖在其中起什么作用？群体传播和普通的大众传播有什么区别？群体传播是一个群体对另一个群体传播？这些都值得深入研究。

第五，新媒体环境和传统媒体环境下的群体传播有什么不同？网络无疑是最突出的影响因素。没有网络时，群体通常被局限于一处，群体中的集体主义是比较强烈的。而网络似乎重新开发了人类群体中的个人主义，这种现象也被称为群体性孤独。与此同时，网络又是反权威的，意见领袖的作用被弱化了。这时候的传播好像呈现出一种群极化的特质。此外，传统的群体传播通常被认为是局限于一地的，就是说它是地理意义上的群体传播，有更强烈的本地化或者本土化色彩。而网络群体是一种新型的聚集结构，群体中的人可能是全球化分布的，也可能是区域化分布的，彼此是熟悉的陌生人，他们不是地理空间意义上的群体，而是网络空间意义上的群体。

三、无尺度网络

无尺度网络（Scale-free networks）又称无标度网络。无尺度网络是复杂网络的一种，其特点是在该种网络中，多数节点只与数量很少的节点建立连接，同时存在极少数与大量节点建立连接的特殊节点，也就是网络中的关键节点，即网络中节点的度的分布服从幂律分布。

如果说六度分割理论描绘了个人与其他人之间所能发生联系的无限可能,那么无尺度网络便将我们从幻想中带回现实。在现实的社会关系中,每个人所掌握的人际资源,即与他人所建立的联系数量是千差万别的,社会中的多数人只掌握了少量人际资源,而只有为数极少的人拥有大量人际资源。

作为现实社会关系的网络映射,在社交网络中也只有极少的关节点拥有大量的关注者,多数节点只拥有少量的关注者。特别是随着社交媒体的发展,强者恒强的马太效应越发显现出来。不同的因素和动机促使普通人关注这些拥有巨大粉丝数量的关节点,不同节点的粉丝数发生了两极分化。而这一特点也使社交网络中信息的传播机制出现了明显的变化,关键节点发布消息的传播深度和广度,以及引发的反响是普通节点所不能比的;与此相对,普通节点发出的信息往往被淹没在社交网络的信息洪流中。这种现象的出现也对Web2.0的去中心化理念提出了挑战。此外,这些关节点在网络热门事件和信息的发酵和传播过程中起到了举足轻重的作用,而这也为政策制定者提示了制定政策的方向。①

四、回声室效应

回声室效应(echo chamber effect),指信息或想法在一个封闭的小圈子里得到加强。桑斯坦曾指出,由于人们只听或只选择愉悦自己的通信领域,久而久之具有相似想法的人都能并且的确把自己归入他们设计的回声室,制造偏激的错误、过度的自信和没道理的极端主义。②

在一个网络空间里,如果一个人听到的都是对其意见的相似回响,这个人就会认为自己的想法代表主流,从而扭曲其对一般共识的认识。此效应的存在常常同信息选择密切相关:个人总是倾向接收协调性的信息而避免那些会带来不协调认知的信息。

因此,"回声室"会在一种特定的网络媒介中对批判性对话造成重大障碍。在线讨论的参加者会发现,讨论的结果并非开放性地吸收其他人的可取观点,而是只导向己方信念体系的进一步增强。回声室效应也可能影响网络上大众对语

---

① 黄彪.具有无尺度网络特征的半分布式P2P僵尸网络传播模型及其构建[D].四川师范大学,2013:2-3.

② 〔美〕凯斯·R.桑斯坦.信息乌托邦——众人如何生产知识[M].毕竞悦译,北京:法律出版社,2008:6.

言和文化变化的认知，因为个人仅创造、体验和漫游那些符合其世界观的虚拟空间。①

在舆论传播的过程中，回声室效应与沉默的螺旋效应有着相似性。舆论形成时，个体都呈现出逃避争议这一特点。但不同的是，沉默的螺旋效应是指个人因为对社会孤立的恐惧而产生的从众趋同心理，强调大众传播对现实中个人的影响；而回声室效应是将网络空间中持有不同意见的个人进行同化的过程。因此，基于回声室效应呈现出来的网络民意会有失偏颇和单一极端，并不一定是真正的民意，这会影响网络民主。

五、茧房效应

美国总统奥巴马的法律顾问、哈佛大学法学院教授凯斯·桑斯坦是"信息茧房"概念的提出者。桑斯坦在其著作《网络共和国》中阐释了信息窄化的含义及其造成的动机、影响和特征，但未进行系统的理论研究分析。在《信息乌托邦——众人如何生产知识》中，桑斯坦提出了信息茧房（information cocoons）的概念：我们只关注自己选择的东西或愉悦自己的东西。通俗地说，在信息传播中，因为公众自身的信息需求并非全方位的，所以公众只注意自己选择的东西和使自己愉悦的通信领域，久而久之，会将自身桎梏于像蚕茧一般的"茧房"中。

桑斯坦认为，"信息茧房"以"个人日报"的形式呈现。伴随着网络技术的发达和信息的剧增，公众可随意选择想要关注的话题，可依据喜好定制报纸、杂志，每个人都可为自己量身打造一份"个人日报"。当个人被禁锢在自我建构的信息脉络中，其生活必然变得程序化、定式化。

在桑斯坦看来，网络的普及让每个人都能获得自己喜欢的信息。假如一个社会也是如此的话，各个社会群体便会分裂。这种思想偏狭将会带来各种误会和偏见。正是因为消息是免费获取的，所以在无数的新闻面前，公众必须做出取舍。假如每个人都只按照自己的心意选择自己喜欢的消息，那么，每个人的世界图景都只是他们所希望看到的，而不是世界本来的样子。

桑斯坦认为，新的传播技术并不会使公众缺乏好奇心或导致街谈巷议从此消失，相反，公众越来越好奇，对街谈巷议的需求也持续升高。网络化虽然带来更多资讯，看似更加自由，但在"个人本位"的理念下，势必蕴藏着对自由的潜在

---

① 胡泳.新词探讨：回声室效应[J].新闻与传播研究,2015(6).

破坏。当个人忽略公共媒体而对观点和话题进行自我设限时,这样的机制其实存在着许多危机,而且越来越多的人只听到他们自己的回音,这样的情形比分裂更糟糕。

每个人获得广泛分散的他人所拥有的信息,而且信息传播技术的发展使知识积累更快、更便捷,要想摆脱信息茧房带来的梦魇,可以通过集体的产品——由公众自由参与信息发布与维护的载体,自由、积极地向社会贡献自己的信息,使社会广泛而复杂的信息得以聚合,使信息真实、全面、准确、客观,既影响私人行为也影响公共行为。[①]

今天,当互联网把人类社会重新格式化以后,可能真的会出现了"坐井观天"的局部社会。人们依靠自己喜欢的媒介来看世界,媒介本身变成了一种产品,用户变成了消费者,他们可以首先选择自己喜欢的媒介,然后才是媒介内容。媒介形式不断升级换代,对媒介形态的追逐有时候超过了对媒介内容的探求。阅读不再是一个人的事情,共享和互动成为信息传播的关键,受众获取信息也在某种程度上变成了一场接力赛。在这种信息传播的马拉松比赛中,意见领袖的作用越来越小。

六、场景理论

场景是指人与周围景物的关系总和,其核心是场所与景物等硬要素,以及空间与氛围等软要素。最早提出场景概念的是美国全球科技领域资深记者罗伯特·斯考伯和技术专栏作家谢尔·伊斯雷尔。他们在《即将到来的场景时代:移动、传感、数据和未来隐私》一书里,预见性断言未来的25年里互联网将迈入场景时代。场景概念从此进入学术视野,并演化为一种新的理论。而场景时代的五种技术趋势(场景五力),即可穿戴设备、大数据、传感器、社交媒体、定位系统,必将重塑人类生活和商业模式。[②]

20世纪80年代末,随着后工业社会的来临,大批制造业从城市中心撤离,取而代之的是文化创意、休闲娱乐、高新技术和金融服务等新兴产业,城市形态开始由生产型向消费型转变。随着城市形态的转变,传统以生产为导向的社会理

[①] 梁锋.信息茧房[J].新闻前哨,2013(1).

[②] 〔美〕罗伯特·斯考伯,谢尔·伊斯雷尔.即将到来的场景时代:移动、传感、数据和未来隐私[M].北京:北京联合出版公司,2014:11.

论已经不能完全解释城市发展了，需要以消费为导向的一套新学术话语体系诠释后工业城市的发展。[①]在这样的背景下，"场景理论"（The Theory of Scenes）应运而生。它以消费为导向，以生活娱乐设施为载体，以文化实践为表现形式，推动经济增长，重塑后工业城市更新与发展的路径。

场景理论中的"场景"一词来源于英文"Scenes"的翻译。根据"场景"在电影中的应用来看，它包括对白、场地、道具、音乐、服装和演员等影片希望传递给观众的信息和感觉。在场景中，各个元素的关系是相互有机关联的，同质元素布局之间有必然的出现关系，异质元素布局之间将表达颠覆性的思想。特里·克拉克将该现象引入城市社会的研究中，进而形成了"场景理论"。[②]在城市中，场景的构成是"生活娱乐设施"（Urban Amenities）的组合。这些组合不仅蕴含了功能，也传递着文化和价值观。尤其值得注意的是，"场景"概念已经超越了生活娱乐设施集合的物化概念，它是一种社会事实，是作为文化与价值观的外化符号而影响个体行为的社会事实。

七、融合文化理论

融合文化理论最早是由美国麻省理工学院媒体比较研究中心创办人亨利·詹金斯提出的。在发明"融合文化"一词之前，詹金斯曾首先使用过"文化融合"这一术语，描述的是"受众与媒介内容发生关系的新方式，受众日益增长的跨媒介解读技能，以及他们对于一个更富参与性的、复杂的媒介文化的渴求"。詹金斯将粉丝文化视为文化融合的先驱。他认为，人类的文化生产向来是一个集体的合作和阐发过程。融合文化就是一个"新媒介和旧媒介碰撞、草根媒介和公司媒介交汇、媒介生产者的权力和媒介消费者的权力以不可预测的方式互动"的场域。[③]

融合文化主要涉及媒介技术、媒介经济和媒介权力三个方面，而这三个方面又可以分别用媒介融合、参与性文化和集体智慧的概念进行阐发。詹金斯认为，媒介融合的主要特点是媒介内容跨越不同的媒介系统、媒介经济和国界的传播。

---

① Terry Clark. The City as an Entertainment Machine[M].Boston:Elsevier,2010:98-99.

② 吴迪.基于场景理论的我国城市择居行为及房价空间差异问题研究[M].北京：经济管理出版社，2013:62-95.

③ Henry Jenkins. Textual Poachers: Television Fans and Participatory Culture[M].New York: Rountledge,1992.

这种"跨越式"传播在很大程度上依靠媒介消费者的积极参与。参与性文化反映了媒介消费者的角色变化，他们不再是被动的"受"众，而是和媒介生产者一样，都是正在浮现的融合文化的参与者。詹金斯还特别指出，即使在媒介融合之前，受众也不是被动的信息接收者。新媒介的浮现不过是更大程度地彰显受众的积极性，使媒介生产者再也无法对其视而不见。消费者的日常媒介消费活动不是孤立的，而是会和其他消费者发生联系的。因此，媒介消费正在变成一个集体性过程，产生了大量的集体智慧。

以参与式文化为核心的融合文化强调多种媒介形式的交融，以及媒介生产者和消费者之间的互动关系。其中，"跨媒介叙事"和"集体智慧"这两个概念的提出，在媒介融合时代具有前沿性的意识。[1]跨媒介叙事是指对多种媒介的融合运用；集体智慧的核心是在一个松散、多元化的环境中，由诸多个体共同参与，在合作与竞争中所彰显出来的智慧。借助社交媒体和用户的社交网络，参与式文化将用户个人的媒介消费行为转化为积极主动的社会互动，使媒介文化由传统的被动形式转向以创造和分享为特征的参与性媒介形式，人与人之间的联结变得紧密，发挥出集体智慧巨大的创造力。[2]

媒介融合是我们把媒体做大的一种可能，换言之，我们力图通过新媒体的方式来扩大整个媒介平台，实际目标是用更好的方式吸引受众，也可以说是用更好的方法来找到受众。就目前的情况看，媒介融合更多体现在媒介功能的融合上。

---

[1] 王蕾.亨利·詹金斯及其融合文化理论分析[J].东南传播,2012(9):12.
[2] 贾少霞."凤凰天使韩剧社"字幕组迷群的参与式文化研究[D].湖南师范大学,2015:41.

第三节　案例解析

一、新闻报道中的社交思维

从乌拉圭游戏设计师弗拉斯卡提出"新闻游戏"这一术语那天开始，关于新闻游戏的争议就从未停息过。通常来说，游戏化指的是将游戏中的娱乐化元素应用到其他领域，从而使用户入迷，甚至改变用户行为方式的思维模式。游戏化思维是指用游戏设计方法和游戏元素来重新设计并进行非游戏类事务的思维方式。①

新闻和游戏本身明显是不兼容的，甚至是对立的，因为新闻讲究严肃，不能儿戏；而游戏的娱乐性更强。但从另一个角度来看，游戏思维也可以解读为一种社交思维，无论是政治活动，还是新闻传播，社交思维都是一种吸引人的思考方式，同时，它可以让媒体和政治都更有亲和力。

"新闻游戏"就是以社会热点、时事话题、公众议题为原型制作的小游戏，在完成新闻报道的同时，也向读者或玩家提供了具有娱乐性、强交互性的虚构体验场景。通过新闻游戏，用户在接收信息的同时获得与报道相关的切身体验，是媒体融合语境下新闻体裁的延伸。②可见，游戏新闻也是场景理论的重要实践，游戏的方式能够将新闻受众带入场景，沉浸于游戏提供的事件情节、环境氛围、角色情感或情绪中。

但是，开发新闻游戏的重点是要厘清思维方式。用游戏思维做新闻并不是真的去做一款常态化的游戏，而是从用户的角度入手，巧妙地运用多种技术手段和叙事手段，使一个新闻产品更生动，吸引更多的新闻受众。

传统媒体的新闻互动是一个时代性难题，但随着移动互联网的发展，这种困

---

① 胡春阳.游戏化思维在新闻中的应用[EB/OL].(2017-09-27). http://www.360doc.com/content/17/0927/23/27794381_690718202.shtml.

② 新闻+游戏：一种更有趣的内容传播方式？[EB/OL].(2017-10-09). http://www.sohu.com/a/196979222_99916165.

境正在一点点地被改善。从读者来信、受众来电到现在社交媒体的直接互动，都是一种个体体验。举例来说，观众在看一档新闻栏目的时候，虽然有实时的互动，但由于节目体量小等原因，观众并不一定能及时互动。但是，当我们把新闻做成社交游戏时，当中的互动体验是其他形式所没有的，每一个用户都可以真实地体验并参与新闻事件的过程并发表评论。可以说，新闻游戏中的交互技术可以提升受众的参与感、互动感和体验感。

在2016年的全国两会报道中，就已经出现了有代表性的社交游戏新闻。百度新闻制作的"王二锤的两会初体验"，就是利用虚拟现实技术，以讲故事的方式，从主角"王二锤"的第一人称视角带领用户一起从两会的会场外部到人民大会堂的内部，"身临其境"地参加会议，听取代表们的讨论意见，最后回到天安门广场合影。

2017年的全国两会报道中，游戏互动型的融媒体产品同样表现不俗。人民日报在两会开幕前便推出了《2017两会观摩入场券》H5，融合了在线选座、抢票抽奖、直播打赏等用户互动元素，更采用直播方式让用户通过人民日报客户端一齐观看全国人大开幕式，十分便捷。除此之外，人民日报还推出了多个游戏互动类H5产品，如《厉害了，word检察官！》《从严治党知识PK》《我的两会秘密花园》《我们给总书记寄明信片》等，反响热烈。通过应用新闻游戏元素，即年轻人喜欢和愿意运用的形式，这些融媒体产品吸引了年轻用户并提高了他们对政治的关注度。

在新闻采访中，有一种方式叫体验式采访，指的是记者直接投入所要报道的新闻事件中，亲身体验生活。这与新媒体中游戏新闻不同：前者是传播者的体验，替受众体验，强调传播者的控制，接收者并未真正体验和参与；而后者则是受众身临其境的感受，这其中又分为真实体验与虚拟体验。媒介的发展也是一个体验的过程：从纸质媒介到广播，信息从文字变成了声音；电视让用户有了如临其境的感觉，电视直播更是即时地传递信息，让用户观看第一现场；而手机传播就更便捷了，VR等可穿戴设备更是激发了用户的触觉。从听觉到视觉再到触觉，媒介给人类带来的体验感逐步增强。从别人替我们体验，到自我体验，触觉媒介在这个过程中扮演了很关键的角色。

2017年全国两会期间，"央广主播朋友圈""王小艺的朋友圈""王小艺申请加好友"等实验性的新闻报道形式，在极短的时间内引起了业内及用户的广泛热议。这个系列是场景视频的H5形式，但与一般视频不同，该视频为竖版全屏形式,用户无须横放手机,可直接竖屏观看,使用体验感良好。用户点击相应链接后,就像是进入真正的微信朋友圈一样,央广女主播王小艺就站在此虚拟朋友圈里,以口播新闻的方式解读两会。另外,点击朋友圈的图片进行放大浏览时,与用户自己平时点击图片放大的体验效果几乎相同,每个用户就像是一边刷着自己的朋友圈一边观看了两会的内容。视频中还内嵌了小视频、九宫格、表情包等元素,立体丰富,形式多样,体验起来生动有趣。这些产品在中国之声和央广新闻的微信公众号进行了推送,随后引发很多同行的个人转发,增强了传播影响力。

当然,运用游戏思维报道新闻也面临一些问题。传统媒体人提出疑问:真实是新闻最重要的本质,在报道中增加游戏元素是否会影响新闻的真实性及可信度?游戏思维会对受众造成什么影响?

在理论上,有的专家把传播视为一种仪式。仪式和游戏是人类社会的两种原始行为。仪式严肃,游戏轻松;仪式代表了人类的权威性,而游戏则反映了人类的亲和力。仪式往往会让人联想到历史和传统,它需要时间,有纵向的特征。因此,仪式不大适应碎片化传播时代。在所有的人类活动中,游戏大概是代入感最强的。不过,游戏的代入感对不喜欢玩游戏的人来说几乎是无效的,也就是说,游戏看上去属于强代入感,但它排斥异己。游戏的代入感在很大程度上与互动性有关。实际上,游戏也可以用来学习中国传统文化,了解祖国的名山大川。同时,游戏可能是最能够体现本地全球化或者叫作球地化的传播方式。

今天我们面对的问题是,虚拟的内容算不算内容?过去我们通常认为内容都是真实的,甚至直到今天,很少有人会觉得游戏是一种内容。但是,网络在一定程度就是一个虚拟的世界,而游戏是虚拟内容的典型代表。从内容产业的角度看,我们今天好像是把内容的定制权逐步交还给内容的使用者了。虚拟内容的占比正在超过真实内容。

二、"今日头条"的个性推送

今天,很多人都在使用今日头条的客户端,它的特点是通过算法向用户推送其喜欢看的信息,在一定程度上做到了私人订制。但是,今日头条更像是信息平台,而不是新闻媒体。因为它没有自己的记者,算法已经部分取代了编辑的工作。

虽然今日头条已经占据了国内很大的信息份额,但是为什么它不像传统媒体那么重要?其实理由很简单,就是它不具有唯一性。通俗地说,就是它很容易被取代。我们读《人民日报》时，会觉得自己在和一个独特的机构打交道，即使它的发行量有所下降，我们也仍然会觉得它很重要，因为它是独一无二的。

如果说传统媒体是信息生产商，那么，新媒体就是信息供应商。新媒体提供信息，但是它自己并不生产信息。这从某种角度说明了人类社会的信息生产方式已经发生了巨大的变化，信息消费的重要性在历史上第一次超过了信息生产。信息消费促进了信息生产，或者说信息消费就是信息的二次生产。从信息的意义上说，消费就是生产，并且是更大规模的再生产。信息大爆炸的产生原理可能就在于此。信息不再像知识那样只是被图书馆收藏，而是一种即时的存在。

在这种情况下，在哪里看新闻变得越来越不重要了，越来越少的人关心独家新闻，跨屏行为越来越多，一家三代人接力式看《参考消息》的时代已经一去不复返了。我们用今日头条并非因为它重要，而是因为它方便。如果有更方便的信息平台，用户就会毫不犹豫地使用新平台。

相比之下，微信对用户来说更重要。因为微信不仅是信息平台，还是关系平台，甚至是支付平台。用户在微信平台上几乎可以完成一切事情，微信不只有亲和力，更是一种近距离的生活方式。

今日头条采用了比较精准的点对点传播，即个性化新闻推送。个性化新闻推送依靠细分化的数据分析，通过收集用户个人的信息阅读、信息偏好、社交媒体，甚至使用的移动终端等方面的数据，今日头条综合分析用户所关注的信息源与信息核心词汇点，从而进行新闻的整理推送，可谓新闻的个人定制服务。

在传统的新闻生产中，信息传播的过程是一个点到面的传播过程，传播者无法逐一满足个体用户的需求。今天，通过后台大量的数据收集以及分析，可以精准定位每一个使用者的兴趣曲线，并且通过社交媒体的反馈，更加详细地分析出其社交媒体中的共同趋向群体。因此，网络本身就可以成为一条生态链，从而产生一个媒介的生态圈，通过信息的传递以及分享，来定位用户群体的喜好及趣味点。将大数据带入新闻传播，是一种传受关系的改变，个体成为新闻传播的节点。

从用户的角度来看，每个使用者在"今日头条"上看到的内容基本符合个人兴趣爱好，只要下拉屏幕刷新，就能看到更多新的基于用户兴趣的内容。换言之，用户不需要刻意搜索，关注的信息便会自动出现，完成个性化推送。

随着互联网的深入发展，内容分发成为一种新的传递模式。传统媒体生产信息内容，之后基本上是供用户自行筛选，这种传统的传播方式容易出现多家媒体新闻内容同质化的问题。内容分发是个性化定制新闻的一种新形式，分发平台并不会自己挖掘制作新闻，而是通过搜集整理全网海量信息，以及采集分析复杂的用户信息，从而实现分发式的精准传递。在信息过载的现实条件下，这种分发模式可以尽可能地做好信息筛选。这是一种信息分发渠道与生产的脱离，是一种新的运营模式。

不言而喻，这种信息分发模式有利有弊，在用户体验所谓定制服务的同时，用户也会在不知不觉中产生信息接收的负面倾向，比如一些人会对黄色暴力的信息有好奇心，从而导致后台数据分析中出现大量不健康的信息。可以说，对于用户个体主观情感选择的尺度把握，是一种很难处理的界限。

个人用户分发式的新闻传递还会产生另一种信息接收困境，即"信息茧房"。用户作为信息接收者，往往并不知道自己该怎样全方位地了解和接收海量的信息，而性格爱好等主观因素使用户偏向选择自己愉悦的信息符号。久而久之，用户在海量信息中只关注几个点，仿佛一只蚕用感兴趣的信息将自己封闭起来。个人信息推送其实是基于大数据将人们的愉悦点抽离出来，并不断给予用户，但在后期反而会形成一种信息壁垒。虽然说兴趣是人类的行为动力，但是，这只是针对小孩子而言，对大人就不同了。今日头条会根据用户的兴趣推送新闻，结果却可能让用户的兴趣变得越来越窄，等于说用一个兴趣扼杀了其他兴趣，显性扼杀了隐性，兴趣圈可能会萎缩。

另外，信息个性化推送难免会触及一个在互联网时代中难以避免的问题，即隐私保护。细分化的信息推送，必须整合用户的各项使用习惯、场景分析以及社交网络状态等，那么就难免会触及每个用户的隐私挖掘。

理论上说，如果只根据个体的兴趣爱好推送个性化信息，那么可能扼杀个人潜力并导致自我个性的内化。从阅读体验的角度看，智能的编辑软件看上去可以捕捉阅读偏好，不断地给用户提供相关内容。不过，机器编辑和人工把关有重要区别。虽然，计算机抓取依据用户的阅读爱好，但是，它很难保持较高的阅读品质，很容易出现垃圾信息。过去，很多人常常是把新闻规律和宣传规律放在一起讨论。现在，出现了新的问题，网络突出的是信息规律，或者说是市场规律。今日头条的早期口号是"你关心的，才是头条"，这句话体现了市场性。如果按照新闻规律来说，这句话就应该改为"头条才是你应该关心的"。值得关注的是，头条曾经是报纸的概念，如今它被网络平台借用，改头换面。

个性化新闻定制与传播也许只是一个开始，接下来可能是互动传播、分享经济与周边开发。虚拟与现实互动会成为一种新潮流，并且会成为一种新的社交互动体验，即认知社交。相同价值取向的个体会因为对于某种新闻事件以及观点的趋同而产生社交共鸣，认知的趋同又会产生新的社交媒体圈，即网络社群。另外，在新闻信息的传达过程中产生的附加信息，例如一些内容产品或者实体产物，可以以最快的方式通过发达的物联网直接点对点进行传送，这也使个性化新闻传播与当下电商媒介产生了化学反应。

第四节　新闻传播的新形态

一、传受双方关系变化带来新的传播效果

媒介发展到今天，网络媒体已经初步实现了"人人皆可进行信息表达的社会化分享与传播"的技术民主，社会议程的设置权与社会话语的表达权也进入了"人人皆可为之"的泛众化时代。[①]按照传播内容可以将传播划分出三种形态：第一种是事实传播，学术上被称为事件传播，只传播事实，不带观点，强调客观，这是传统媒体的传播方式；第二种是观点传播，往往是采访某个人阐述对某一事件的观点；第三种是话题传播，通常是针对人们议论纷纷的事情而进行的一种背景式传播，一般需要有粉丝基础。

近年来，校园霸凌事件成为大家关注的重点话题，这是一种典型的话题传播，社交媒体的热议话题甚至比同时期官方的反对校园欺凌的宣传更具有传播效果。它是典型的互联网传播，尽管有传统媒体介入，但它更依赖社会讨论，而这并非媒体所长。

今天的广播节目也越来越依赖话题传播，特别是交通广播，常常是主持人选择一个话题，然后让听众参与讨论。在这里，我们可以听到两种话题传播形态：一种是我们熟悉的社会讨论，这种讨论依靠电台的热线电话，主持人的声音在这种时候通常是被弱化的；另一种是平行线式互动传播，就是大家围绕话题进行诉说，彼此的交谈并不发生碰撞，听起来是各说各的，但是，他们的交流仍然围绕一个共同的话题。如果说前一种话题传播可以被称为讨论式话题传播，那么，后一种话题传播就可以叫作诉说式话题传播。在诉说式话题传播中，所有听众的短信息都是由主持人读出的，有点儿像命题作文。我们在诉说式话题传播中，能听

[①] 喻国明，高兴利，李力可，孙航.新闻传播新业态下传媒转型中的基因重组[J].新闻战线,2015(9).

到轻松的聊天、幽默的唠嗑、自我的述说，总而言之，这是一种纯粹的声音，在一定程度上反映了人类对声音的需求。

现在比较流行的调解类节目也可以被视为讨论式话题传播，契合了很多听众的社会心理。这种节目表面上是电台主持人和打电话的听众在演播室讨论一个私人问题，但是考虑到广播是大众传播，会有很多听众在听他们的交谈，形成了第三人效应。

阿尔文·托夫勒在著作《权力的转移》中预测，当代新闻传播的一个发展趋势是面向社会公众的信息传播渠道数量倍增，而新闻传播媒介的服务对象逐步从广泛的整体大众，分化为各具特殊兴趣和利益的群体。[①]

电视真人秀节目是当前备受欢迎的节目类型，这是因为草根阶层比明星群体更具有价值观导向。明星真人秀更依赖粉丝文化，而素人真人秀的观众范围更广泛，因此，更强调价值观的引导。

二、渠道与内容"何者为王"

渠道和内容之间是彼此依存、相辅相成的，并不是二元对立的关系。在同一媒介渠道传播的条件下，内容仍是最具竞争力的核心要素，即在一种新的渠道形式流行初期，媒体之间的竞争，更多看重渠道的技术优势。而当渠道发展到一定阶段，渠道的功能已经相对稳定和成熟，竞争空间减小，内容会重新成为竞争取胜的重要砝码。[②]在渠道变化或多渠道融合的情况下，内容的决定性会消减。今天，传统媒体不再是唯一的内容来源，内容供给由稀缺变为过剩，由此"内容的生产力（生产环节）价值下降，渠道的整合力（获取环节）和内容的呈现力（有针对性的组织和呈现环节）价值飙升，成为媒体的核心竞争力"[③]。比如对于移动媒体用户，内容一定要短，这样简化的信息更适合碎片化传播，同时要以兴趣为引导，建立黏性和推荐机制，通过社交化内容培养内容IP。

今天再来探讨是内容为王还是渠道为王，显然是有点儿过时了。因为内容不再是原来的内容，而渠道也不再是原来的渠道。

今天的渠道是什么样子的？更多的渠道是被生产出来的，更准确地说，是被

---

① 董广安，李瑗瑗.分众化认识上的几个误区[J].新闻爱好者,2003(12).

② 韦君宇.由创新扩散理论解读传统媒体员工出走风潮[J].传媒观察,2015(5).

③ 喻国明，李彪.渠道整合力和内容呈现力：未来媒体竞争的聚焦点[J].新闻界,2007(1).

消费出来的。市场经济时代，渠道逐渐丰富，不再是一种稀缺的资源。区分传统媒体和新媒体的一个主要标志就是看谁更能发展渠道。新媒体本身就是渠道，并且新媒体还可以发展出大量的新渠道，这使渠道超越了形式的范畴。

从博客到微博，从微信到今日头条，从贴吧到短视频，渠道已经变成了不断更新的媒介产品。这在相当程度上改变了我们对大众传播的认识，人们在哪里看有时候比看什么还要重要。实际上，渠道的发展更新不仅影响了信息传播行业，它也影响了其他的领域，比如金融存储和支付系统。

当下媒介环境中，用户的媒介使用习惯也在悄悄地改变。大部分电视观众已从客厅内正襟危坐的传统家庭收视的仪式感中抽身，习惯跨屏收视和阅读。因此，内容要想在新的媒介环境中凸显自身价值，就必须重视与场景相适应和匹配。

依据用户在不同空间使用终端的不同，场景可以分为固定场景和移动场景。固定场景是指在固定的空间中，以相对静态的状态选择内容；移动场景则是在动态的环境中和持续移动的状况下接收内容。在固定场景中，可以呈现相对完整、持续时间相对较长的视听内容；在移动场景中，可呈现精选的、持续时间相对较短的视听内容，以满足用户在动态变化的场景中收看视听内容的需要。

目前，短视频成为移动场景的重要选择。短视频具备移动化、场景化、个性化等特点，在当下成为内容生产中的又一生力军。由此可见，用户思维下，单一场景的假设不能满足用户个性化场景的视听需求。

三、技术驱动下的媒介延伸

麦克卢汉指出，一切媒介都是人的延伸，它们对人及其环境都产生了深刻而持久的影响。这样的延伸是器官、感官或功能的强化和放大。[①]麦克卢汉认为媒介的一个固有功能是"麻木人的意识"，他还把这个独特的现象称作"麻木性自恋"。每一种新出现的媒介，都是在人们还没有任何感知和判断的状态下，将无所不在的新环境诱发出来，从而悄悄地改变人类社会。麦克卢汉将这个改变比喻为大手术，他表示，我们用新媒介和新技术放大和延伸自己。这些新媒介新技术构成了社会机体的集体大手术，用新技术给社会动手术时，受影响最大的部分不

---

① 〔英〕克里斯托夫·霍洛克斯.麦克卢汉与虚拟实在[M].北京：北京大学出版社，2005.

是手术切口。手术的冲击区和切口区是麻木的，被改变的是整个的机体。[①]通过这个过程，人在麻木中被新媒介延伸。

在信息来源上，人工智能拓宽了其途径，最典型的代表是传感器。传感器（sensor）是一种监测装置，能感受到被监测对象的信息，并能将其按一定规律变换成电子信号或其他形式予以输出，以完成信息的记录、传输、存储、显示和控制等。它具有微型化、数字化、智能化、多功能化、系统化、网络化等特点。从本质上讲传感器是一种收集数据信息的方式。[②]

在科技不断进步的前提下，人工智能技术让机器写作成为可能，而且这项技术日趋成熟，满足了传媒业发展的现实需求。机器人新闻（Robot Journalism 或 Automated Journalism）是指运用算法程序对输入或搜集的数据自动进行加工处理，依靠计算机程序自动生成"成品"样态的新闻报道。[③]

2017年8月8日四川阿坝州九寨沟县时，由机器人写作的"自动化新闻"成为人们关注的议题。这条消息不仅是对四川阿坝州九寨沟县发生7.0级地震的准确发布，内容还包括速报参数、震中地形、热力人口、周边村镇、周边县区、历史地震、震中简介、震中天气8项内容，并配有4张图片，全文540个字。同时在文末注明："以上内容由机器于2017年8月8日21时37分15秒自动编写，用时25秒。"技术让人们能在地震前几十秒就通过电视接收地震预报和地震信息，这是一种媒介的突破，也是媒介和其他机构的联动，可以拯救很多人的生命。

在新媒介环境中，用户使用智能媒体的方式不再是传统单纯的阅读、观看。要想吸引用户，就要有建立在场景模式下的沉浸互动体验，调动人体多种感官共同完成信息接收。

---

① 〔美〕约瑟夫·斯特劳巴哈，罗伯特·拉罗斯.今日媒介——信息时代的传播媒介[M].熊澄宇译，北京：清华大学出版社，2002.
② 许向东.数据新闻中传感器的应用[J].新闻与写作，2015(12).
③ 叶韦明.机器人新闻：变革历程与社会影响[J].中国出版，2016(10).

第五章　本章小节

我们可以根据受众的媒介使用习惯和信息获取方式，将受众大致分为"主动寻找型""被动接受型"和"主动回避型"。过去，人数相对较多的应该是被动接受型的受众。今天，受众的主观选择出现了前所未有的改变。

而所谓媒介融合，并不是将传统媒体做成新媒体，也不是将传统媒体与新媒体政策性整合。从概念上讲，"媒介融合"应该具有两层意思，第一层意思是"会聚""结合"，第二层意思才是"融合"，两层意思是有区别的。"会聚"或"结合"虽然有一些"融合"的意思，却是低层次的"融合"，是物理意义上的"加法"，将同种媒介或者不同种类的媒介结合为一个共同体；而"融合"则是将不同的媒介功能和传播手段"融化"为一种。[1]

邓瑜认为，媒介融合可视为"涵盖由技术基础到产业高度的'技术融合'到'业务融合'再到'产业融合'"。[2]在新的技术条件下，"不同媒介的生存形态走向融合，传媒产业内部发生着从产业运作基础到成本收益关系，再到市场结构的一系列转变，推动传媒产业内的融合与重构。"[3]

未来的新型传播生态将是新旧媒体之间，以及媒介传播各要素之间和谐共生的关系，彼此走向融合共赢而非对抗消解，敦促他们"既永远发挥使权力滥用焦虑不安的作用，又为生活在多元的公民社会的公民充当主要的传播工具。"[4]

还有一种挑战来自商业领域，新媒体的确有一定的商业基因，或者可以说新媒体比传统媒体有更多的商业细胞，所以，我们看到的是传统媒体做的新媒体似乎在市场上竞争不过那些纯粹的商业网站。

---

[1]　刘宏，孟昭瑞.对媒介融合的反思[J].东南传播，2016(2).

[2]　〔日〕植草益.信息通讯产业的融合[J].中国工业经济，2001(2).

[3]　王润珏.产业融合趋势下中国传媒产业发展研究[D].武汉大学，2010.

[4]　〔美〕奥利弗·博伊德·巴雷特，克里斯·纽博尔德.媒介研究的进路[M].北京：新华出版社，2004:325.

第六章

互联网思维：传播话语体系的变迁

"亲爱的观众朋友们，地球不爆炸，我们不放假；宇宙不重启，我们不休息。风里雨里节日里，我们都在这里等着你。没有四季，只有两季，你看就是旺季，你换台就是淡季。地球要爆炸，我们做突发；宇宙要重启，我们直播新媒体；风里雨里岁月里，我们永远守候你。没有4G，还有WiFi，用你手机流量，点我一生明亮。用你余生电费，续我一世旺季。"2017年，央视主播朱广权在新闻频道春节特别节目中的这段播报引发了网络热议。

"粉联播，您有眼光！"2019年，《新闻联播》连续3天登上热搜，吸引了众多年轻粉丝的关注，主播康辉如此说道。从2019年7月开始，《新闻联播》开设了竖屏短视频节目《主播说联播》，主播们以个性化的风格、口语化的方式评点新闻事实，被网友称赞为"接地气"的新联播。

代表国家形象的主流媒体节目《新闻主播》，一直以来给人一种严肃正统的印象，所以当他们改变了"语气""口吻"，观众会感到异常亲切，这正体现了主流媒体的话语方式转变。

不仅如此，新闻节目内容也在发生改变。近几年，央视每逢春节都会推出一系列特别节目，从"新春走基层日记"，到"你幸福吗""家风是什么"系列海采，主流媒体努力在新闻处理的角度上贴近受众，把切入点和落脚点向人民视角靠拢。2017年春节，观众在《新闻联播》中第一次看到了观众拍摄的画面：有驻守祖国南大门的边关战士，有中国铁建马来西亚四季酒店项目的工程师，还有亚吉铁路上的乘务员。不同岗位上的中国人自己拿起手机自己拍，说出祖国的变化和自己的自豪，"骄傲""自豪""厉害了"是画面中出现频率最高的词汇。这就是《新闻联播》在2017年春节推出的特别节目——"厉害了我的国"。该节目不仅让网民生产的内容走上了主流媒体，连名字都极具"网感"。

主流媒体的话语转型不能一蹴而就。从实践来看，滥用"给力""蓝瘦香菇"等网络词汇已经带来了负面效应，使媒体的专业度和新闻性受到质疑。

近年来，中国新闻界最突出的变化就是话语方式的转变。这种转变在很大程度上得益于中国的政治话语的变化，甚至可以说中国的政治话语的变化直接带动了新闻话语的改变。

第一节　传播话语的变与不变

讲好中国故事，传播好中国声音，要从转变传播话语体系开始。然而互联网带来了话语权多元化和去中心化，主流媒体该如何打通国内国际的舆论场？主流媒体在跨文化传播和国际传播中又该如何掌握话语权？

一、传播话语

转变传播话语体系，首先要界定和"话语"有关的概念。

话语（discourse）是现今人文科学领域最重要的概念之一，广泛应用于各学科中。希夫林认为，话语的定义可以分成三类：一是句子意思的形式单位，二是语言使用，三是一种更广泛的社会实践。前两种定义是从语言学角度界定的，第三种定义则强调话语并不只是一个创造意义的过程，而是更大系统的一部分，人们通过它来建构社会身份、社会关系和社会现实。其目的是研究人们如何通过话语来建构、维持和颠覆特定的现实、权势关系以及信念和价值观。[1]

考察话语的概念有两个视角：一是文本视角，对语言结构进行描述；二是语境视角，对语境的各种特征，如认知过程、社会文化因素等联系起来加以考察。"社会的一切运作都离不开话语及其所形成的文本，许多社会变化大大借助于语言变迁，通过语言实践的变化，发明花样翻新的新词或赋予旧词以新的意义，构筑一种新的意义系统，从而去构筑现实和促使现实变迁。"这是胡春阳从语言系统中提出的"话语"的意义。[2]

林纲从语境视角阐述，提出"人与世界的关系实际上是一种话语关系，这种关系是在某种历史条件下被某种制度所支撑组织起来的陈述群，即由某个权威主

---

[1] 〔英〕Paul Baker，Sibonile Ellece.话语分析核心术语[M].北京：外语教学与研究出版社，2016:11.

[2] 胡春阳.话语分析：传播研究的新路径[M].上海：上海人民出版社，2007:15.

体发出的，被认为是具有真理性的陈述"。

简而言之，话语是权威主体掌握和控制世界的一种工具，可以用来构建社会现实，形成价值观、社会契约和文化。

媒介中的话语不仅包含微观层面的语音、词汇、风格、画面文本，还具有宏观层面的话语组织方式和意义。

在与媒体话语相关的概念中，最常被注意的是"电视话语"。刘笑盈给电视话语的定义是："以电视既有的镜头语言及其他信息符号系统为基础，在一定的规则和编排手段下进行传播活动，在人与人互动中呈现出来的丰富而复杂的节目形态，以及在其背后体现出来的具体社会关系。"[①]

孙玉胜在《十年：从改变电视的语态开始》一书中提及了"语态"，指电视媒体说话的口气，即叙事方式。他指出1993年发端于《东方时空》的电视新闻改革，"正是从改造我们的语态，或者说是从改变说话的方式开始的"。[②]早在20多年前，央视就注意到电视话语需要革新，把媒体的视角放低，不说大话、空话，用观众乐于接受的、平民化的表达方式。[③]《东方时空》提出"真诚面对观众"，这不仅是一句口号，更是电视语言新的叙述方式。综合来看，电视话语既包含影像语言的叙述方式、叙事风格，也蕴含媒介话语权力。从语态到话语，这本身就是一种进步。语态这个概念在后来并没有上升到理论层面，今天，我们看到的更多是"话语"的概念。话语是西方概念，因为话语权等国际因素，话语在中国已经被广泛接受，并且成为中国国际传播的一个核心概念，比如由此延伸的中国故事。

媒介的话语权争夺的是意识形态和舆论的战场。林纲认为，媒介的话语权是"受众出于对个体自身或整个社会发展的形势考虑，将自身的一部分利益由媒体来间接控制。"[④]也就是说受众并没有给予媒体直接的权力，只是将自己的话语权让渡给媒体，通过媒体形成社会舆论、影响社会行为。

传播话语体系蕴含两个方向，即国内和国际，也就是如何向国人讲好中国故

---

① 刘笑盈.论当前跨文化语境下电视话语的变革转型[J].现代传播(中国传媒大学学报),2017,39(08):11-15.

② 孙玉胜.十年——从改变电视的语态开始[M].北京：人民文学出版社，2012:444.

③ 孙玉胜.十年——从改变电视的语态开始[M].北京：人民文学出版社，2012:12.

④ 林纲.详解网络新闻语言与话语权的变迁[J].社会科学家，2009(11).

事和如何向国际社会讲好中国故事。可以说，中国故事本身就是一种话语方式。虽然话语这个概念有点儿西化，但是，并不妨碍中国人用讲好中国故事的方式传递中国话语。

媒介转变话语权不仅是表达方式的问题，更是态度和立场的问题。

话语是文化的重要载体，国际传播是在文化的维度考察话语，不仅有文化对话语的影响，还有话语对文化的建构作用。跨文化传播（intercultural communication）关注的是跨文化交流的过程，包括如何产生和解读交流的意图，以及如何协商和建构交流的意义。

二、互联网思维

互联网思维多次被互联网企业提及，更得到了政府层面的认可和强调，是各行各业讨论的热词。

目前，业界和学界尚未对互联网思维给出明确的定义，业界对互联网思维的阐释，更是众说纷纭。

雷军提出的"互联网七字诀"包括"专注、极致、口碑、快"；马云则总结为"跨界、大数据、简捷、整合"；而周鸿祎认为"互联网思维应包括用户至上、体验为王、免费模式以及颠覆创新"；赵大伟在《互联网思维——独孤九剑》一书中提出了互联网的九大思维，包括"用户思维、简约思维、极致思维、迭代思维、流量思维、社会化思维、大数据思维、平台思维、跨界思维"[1]；陈光锋在《互联网思维：商业颠覆与重构》一书中认为，互联网思维包括"标签思维、简约思维、No.1思维、产品思维、痛点思维、尖叫点思维、屌丝思维、粉丝思维、爆点思维、迭代思维、流量思维、整合思维"这十二大思维。[2]

在业界关于"互联网思维"的阐述中，我们不难看出，虽然说法和侧重点各有不同，但观点之间也存在互通之处。然而，值得注意的是，不论是互联网行业领军者的看法，还是相关畅销书作者的阐述，这种从成功学中主观归纳而来的"互联网思维"，实际上只是互联网行业的从业者为了与传统行业做出区分，对自己所处的行业的看法和界定，不能真正揭示互联网思维的本质。

喻国明在《强化互联网思维　推进媒介融合发展》中认为："互联网思维的

---

[1] 赵大伟.互联网思维——独孤九剑[M].北京：机械工业出版社，2014.
[2] 陈光锋.互联网思维：商业颠覆与重构[M].北京：机械工业出版社，2014.

核心逻辑就是'互联互通',互联网将过去相对割裂的、局部的、分散的社会资源通过互联互通的形式形成了新格局,在传统社会被闲置、被轻视、被忽略的'一盘散沙'式的各种资源和相关要素,由于互联网的互联互通而被激活,成为种种现在和未来社会可以创建的新的价值、新的力量和新的社会结构,并由此带来了一系列社会规则和运作方式的深刻改变。"①喻国明将"互联互通"视为互联网思维的核心,这是从互联网的本质出发去思考互联网思维的含义。

黄升民在阐述互联网思维时认为,可以将其理解成一种伴随着信息产业革命而产生的意识形式,是互联网资深品牌建设过程中的一个重要环节或必要手段,无须过于神化。②

崔保国则认为资本是互联网思维的核心要义。③李海舰在文章《互联网思维与传统企业再造》中提出互联网思维是一种哲学,对整个商业世界的看法产生了一种全新的认识,具体包括互联网精神、互联网理念和互联网经济三个方面。④可见,即使在学界,暂时也未对互联网思维形成统一的释义。这与互联网本身依然处在不断革新和变化发展中不无关系。

互联网思维应该是一个与传统思维不同的概念,依托现阶段互联网呈现出的特征,对传统思维模式进行解构与重构的过程。同时,互联网思维也是一个相对的概念,它应是颠覆过去、立足现在、面向未来的。伴随着互联网技术的不断革新,互联网思维的内涵和外延必然会随之不断拓展。值得注意的是,实践是认识的来源,在不同的行业领域,互联网思维代表的具体内涵又各不相同。在新闻传播领域,陈力丹认为,"互联网思维"是以互联网平台的传播特征和规律来思考媒介融合,包括但不限于亲和语态、即时传播、个性化传播、场景化传播、大数据分析、强调互动等。⑤

三、建设新型主流媒体

传播技术的突飞猛进给主流媒体带来了机遇与风险,社会舆论出现新格局,

---

① 喻国明,姚飞.强化互联网思维 推进媒介融合发展[J].前线,2014,(10):54-56,58.
② 黄升民,刘珊."互联网思维"之思维[J].现代传播(中国传媒大学学报),2015,37(02):1-6.
③ 崔保国.传媒转型中的互联网思维[J].青年记者,2016(27):13-15.
④ 李海舰,田跃新,李文杰.互联网思维与传统企业再造[J].中国工业经济,2014(10):135-146.
⑤ 陈力丹.用互联网思维推进媒介融合[J].当代传播,2014(06):1.

媒介话语权重构，大众话语权力出现。媒介话语力量不再一家独大，话语呈现多元化，同时，"以网民群为基本样态的新意见阶层产生"①。

除此之外，中国在国际传播格局中的话语权亟须提升。建设新型主流媒体，是互联网思维下增强文化自信的重要突破口，也是树立良好国际形象、提高中国国际地位的重要举措。

新型主流媒体"新"在哪里？和以往传统媒体适应新媒体环境做出的努力有什么不同？

第一，"新型"体现在全新的思维方式上，互联网思维方式将引领新型主流媒体的建设。新型主流媒体不仅从用户、数据、服务等角度探索互联网思维，还会利用自身权威性和专业性深入引导舆论，将互联网思维深入生产生活的方方面面。

第二，"新型"体现在权威性，也就是丁柏铨说的"实实在在的吸引力和影响力"。主流媒体身份特殊，是官方话语的发言人之一。其权威性体现在如下三个层次。首先，认可内容。新型主流媒体要达到受众"赞同其传播的内容和隐含其中的观点，进而产生了信任感和依赖感，一段时间以后，形成了心向往之、心乐受之的心理状态"。②所传播的内容要深得人心，引发民众思考、讨论和共鸣，让受众从心底里认同。其次，认可意见领袖。主流媒体可以有意识地培养一些意见领袖，既表达公众的心声，又使之与官方话语相对接；或者媒体经常发表真知灼见，在重大事件中用立场鲜明的评论引领舆论。最后，自发地认可其品牌。新型主流媒体成为受众愿意主动接触、乐意自愿接受的媒体。③主流媒体要保持权威性，要保持亲和力。过去，我们常常把亲和力视为一种形式。然而，今天的情况发生了很大的变化。亲和力已经突破了形式的限制，变成了内容的一部分，或者说是渠道的一部分。

第三，"新型"体现在符合新兴媒体的新闻传播规律上。主流媒体越来越重视新媒体环境下不断革新的新闻传播规律，只有这样，才能将内容有效地传播给目标受众，才能产生预期的效应，才能提高主流媒体的新闻舆论传播力、引导力、影响力、公信力。我们可以从舆论的生成发展速度来看主流媒体的变化。整

---

① 苗艳.中国新媒体事件话语研究[M].成都：四川大学出版社，2015:103.
② 丁柏铨.建设新型主流媒体：何以必要和何以可能[J].新闻与写作.2015(07):44.
③ 丁柏铨.建设新型主流媒体：何以必要和何以可能[J].新闻与写作.2015(07):43.

体来说，如今的舆论周期变短了，每天的话题比从前多了。主流媒体也必须对这些话题有所回应。新媒体的做法一般是全部参与，主流媒体如果无法全部回应，至少要选择重要的话题及时回答。如果反应慢了，社会议题可能很快就过去了。这种快节奏是新媒体的节奏，传统媒体要顺势调整自己的节奏。

那么，新媒体传播规律包含哪些内容呢？至少包括以下三点。第一，社交化传播。朋友圈内的爆款文章，微博中转发上万的热点，虽然这些传播多是即兴式的、碎片化的，但是它适应了新媒体的互动化特性，易引发讨论和共鸣，让信息更广泛地扩散，使舆论尽快形成"聚合效应"。第二，场景化传播。人与周围景物特别是地理要素的关系构成了场景，其中包含移动化、智能场景、沉浸感等关键特征。智能手机等移动设备打破了传播的时空限制，让内容价值、社交价值和场景价值高度匹配。第三，可视化传播。新闻传播中越发重视数据可视化、信息可视化，从静态的图表到动态的 H5 页面、交互地图、新闻游戏等形式，新闻可以有更专业化、深度化的呈现方式。

四、讲好中国故事

讲故事是一种新闻话语方式。英语"story"也可译为"新闻"，可见新闻与故事是分不开的。随着国内外交流加深，讲故事与新闻传播相结合的方式逐渐被接受，是改变传统的讲述形式的有效手段。

翻看中国历史，会发现讲故事非常重要，甚至可以说，中华文明之所以是世界四大文明古国中唯一没有中断的文明，恰恰是因为文明往往和讲述密不可分。不论是现在的《百家讲坛》节目，还是中国的四大文学名著，都是讲故事的形式。因此，讲故事是传承历史的重要手段。

讲好中国故事既适于国内传播，也适于海外传播，要从讲什么、怎么讲、怎么讲好三个层面剖析"讲好中国故事"的内涵。主流媒体应努力做到"立场上要抓住主流扬正气，内容上要思想深刻有见地，形式上要丰富创新接地气"。

讲中国的什么故事才是符合现代传播规律的呢？要全面、客观、真实地讲好中国故事，既不夸大和吹嘘"中国式奇迹"，也不回避和掩盖"中国式难题"。[1]不同于过去的"高大全"成就式报道，现在要更认真挑选值得报道的故事。故事的

---

[1] 姜玉梅.民族伟大复兴关键时期提升国家文化软实力的经验与借鉴——基于"讲好中国故事"的视角[J].前沿,2015(03):31.

选择一方面要考虑内部因素,即故事本身要有戏剧冲突性;另一方面要考虑外部的相关因素,即"与当下社会现实存在天然而深刻的联系"。[①]

我们今天需要从话语的高度来理解中国故事。也就是说,讲好中国故事不仅要找到一些好故事,更要建立一种讲故事的话语体系。有了话语体系以后,讲故事才不单单是讲故事,而是讲故事的立场和态度,这中间有思想和思维的活动。目前,中国故事的范畴显然已经超过了外宣的边界,进入了政治视野。中国几千年的历史都可以是中国故事的题材,不过,现当代中国发生的事情是中国故事的重点。

谁来讲中国故事?一般来说,中国故事当然应该由中国人来讲,不过,近些年我们也看到了一些由外国人讲述的中国故事。考虑到中国故事是讲给全世界听的,所以,由外国人,特别是西方人参与讲述中国故事不失为一种传播的双赢。不论这些西方人是作为主持人还是主创,都是世界元素,这也说明中国故事是一个世界性的概念。不过,中国人的故事必须由中国人担任创作核心,因为我们最了解自己。

[①] 肖燕雄,王浩文.讲"好故事"与"讲好"故事相契合的尝试——对三届《好记者讲好故事》特别节目的分析[J].现代传播(中国传媒大学学报),2017,39(09):85.

第二节 传播的仪式、文化与符号

一、传播仪式观

现代传播手段改变了人们的体验和意识,介入人们的日常生活,正在成为一种仪式。仪式是人类最古老的一种社会文化现象,起源于团体或有共同身份的人聚集到一起的宗教典礼,也是社会群体定期巩固自身地位的手段。

20世纪70年代,媒介仪式的话题也逐渐进入传播学者的视野。美国传播学家詹姆斯·W.凯瑞提出了美国文化中存在两种不同的传播概念——传播的传递观(a transmission view of communication)和传播的仪式观(a ritual view of communication)。前者是一种强调信息空间性扩散的研究范式,即以信息的空间扩散为主的传递观;后者则是一种仪式性的传播模式,是指在时间上对一个社会的维系进行创造、修改、转变共享文化的过程,它"不是分享信息的行为,而是共享信仰的表征(representation)"。①

以传递观去审视媒介在社会生活中所扮演的角色时,学者关注它对受众产生的影响,注重传播效果和媒介功能。比如,新闻到底是改变了态度还是强化了态度,对维护社会起到了正面作用还是负面作用等。在这种观念下,可以看到随着技术进步,传播信息的时空限制被打破了。比如电报使传播从运输(transportation)中有效分离出来。詹姆斯·凯瑞认为:"电报不仅使信息从物体的物理运动中分离出来,而且它使传播得以能动地控制物理过程。"②反观仪式观,

---

① 〔美〕詹姆斯·W.凯瑞.作为文化的传播"媒介与社会"论文集[M].丁未译,北京:华夏出版社.2005:7.

② 〔美〕詹姆斯·W.凯瑞.作为文化的传播"媒介与社会"论文集[M].丁未译,北京:华夏出版社.2005:162.

它更主张"从本质上对传播与社会秩序采用仪式性的观点"。①比如媒介究竟为我们构建了一个怎样的文化世界，人们的世界观又是如何被描述与强化的，以及社会又是如何得以维系和发展的等。传播仪式观注重秩序的建构和信仰的扩散，与分享、参与、联合、交往等概念密切相关，意义更加深远。

传递观把社会看作由权力、管理和控制结成的关系，是一种政治秩序；但仪式观认为社会生活也是一种仪式的秩序。

詹姆斯·W.凯瑞从仪式观的角度审视读报行为，视其为一次弥撒仪式，读报不仅是发送和获取信息的行为，也是强化特定世界观的行为。如果读报是一种仪式，那么"讲好中国故事"也是一种仪式。这样来看，传播不在于信息的获取（虽然也能从中获取信息），而在于某种戏剧性行为，其中"读者作为戏剧演出的旁观者加入了这一权力纷争的世界"。

从仪式观角度考察传播的传受双方：传播主体将受众纳入自己的话语体系中，面对的是"媒介的呈现（presentation）和介入（involvement）在构建读者的生活与时间中所扮演的角色"。②"它力图拓展人类的交流，通过理解他人在说些什么把在另一个舞台上表演的人们纳入我们的世界"。

而受众通过新闻（各种信息）确定方向，明确自身立场，在仪式中确立社会关系。他们会考察"组织传播活动的实践、这些实践所设定的概念，以及由此产生的社会关系"③。

节日传播的去仪式化更明显。过去人们观看春晚有种确认春节如期而至的作用。从历史取向来看，春晚给人们提供时间上的历史延续性，是纵向的传播。节日本身就是一种仪式，节日传播也应该是一种仪式传播。

目前，"仪式感"的内涵发生了变化，不再局限于重大媒介事件。由于"大众对媒介的接触和使用已经具有某种仪式行为的特性"，日常媒介使用本身就具有仪式感，"在具体的媒介接触过程中，作为行动主体的大众个体，通常能将自己的情感观念带入某个媒介场景中，根据自身的文化背景和价值观念选择性地接

---

① 〔美〕詹姆斯·W.凯瑞.作为文化的传播"媒介与社会"论文集[M].丁未译，北京：华夏出版社.2005:10.

② 〔美〕詹姆斯·W.凯瑞.作为文化的传播"媒介与社会"论文集[M].丁未译，北京：华夏出版社.2005:9.

③ 〔美〕詹姆斯·W.凯瑞.作为文化的传播"媒介与社会"论文集[M].丁未译，北京：华夏出版社.2005:63.

收媒介所传递的意义，并获得某种情感共鸣"。①过去，主流媒体致力于在纵向上使用仪式话语，以此影响受众去铭记历史、不忘传统，塑造社会认同；现在，主流媒体应该针对扁平化的传播特点进行话语改革，把信息的线性传递转变成一种传播仪式性的共享，从而最大程度实现"聚众"效果。

从仪式观考察传播话语改革，主流媒体应注意如下两点：第一，在跨文化传播中，话语传播扮演了更重要的角色；第二，主流媒体要进行更广泛平等的交流。

"传播仪式观强调传播通过意义的共享维系我们共同的社区，而意义的共享只有通过广泛的平等交流与对话才能实现。"②借助新媒体技术，主流媒体与大众的对话形式在不断更新。什么样的话语能维系共同的社区，仍是一个值得探讨的问题。

二、跨文化传播

一般认为，爱德华·霍尔的《无声的语言》是跨文化传播研究的奠基性作品，他提出"文化即传播"，这一观点影响至今。

陈力丹在《认识跨文化传播》一文中认为，跨文化传播不仅表现为不同种族、民族、国家之间的交流，也表现为人们因分属不同群体或阶层而形成的各种亚文化之间的交流。③

通过层级划分的方式来构建框架分析跨文化传播的受众，不同层级之间拥有不同的文化取向：第一个层级是与政府有关的官方层级；第二个层级是以知识分子为代表的中产阶级；第三个层级是公众。官方层级，多与政府有关，较为保守，对跨文化传播较为抵触，主要倾向跨文化传播的新闻报道方面；以知识分子为代表的层级，更突出书籍的重要性，同时知识分子在跨文化传播中的意见领袖作用也十分突出；而公众层级，限于他们的文化水平和直接接触国外的机会较少，内容和形式上都易于接受的产品更易对他们产生影响，因此，电影是最易向外传播的跨文化传播产品。④

---

① 王韬.传播仪式观视域下灾难事件电视直播研究[D].湘潭大学,2014:16.
② 王韬.传播仪式观视域下灾难事件电视直播研究[D].湘潭大学,2014:47.
③ 陈力丹.认识跨文化传播[J].东南传播,2017(01):21-23.
④ 刘宏.跨文化传播的层级[J].青年记者,2017(10):48-49.

互联网让很多跨文化传播产品拥有了比以往更便捷、更迅速的传播渠道，但是，互联网也加剧了跨文化传播中不同国家的文化实力的不平衡性，强化了强势一方对弱势一方在文化上的影响，例如美国大片在全世界的强大影响力。我们可以从跨文化传播角度看东方卫视的《中国式相亲》节目，《纽约时报》说金星的这个节目反映了中国千禧一代有巨婴的感觉。但是，中国现实中有多少青年人会带着父母去相亲呢？实际上，很少有西方观众会看这个节目，可是，西方记者会看。这几乎是《参考消息》的模式。过去，中国人看国际新闻主要依靠《参考消息》，因为《参考消息》汇集了外国记者对中国的相关报道。

互联网的出现突破了地理空间的限制，打破了文化交流的阻碍。互联网使不同国家间的文化交流更加便捷、更加直接，甚至在某种程度上是未经传统文化把关人而直接进行的传播。过去跨文化传播带来的滞后感，在互联网上被最大限度地缩小了。韩国的电视剧《来自星星的你》和《太阳的后裔》还没在中国的电视台上播放，就通过网络播出而引起轰动。这是在本国文化传播中很难出现的情况，体现了青年在跨文化传播中的重要作用。

对绝大多数人来说，文化不是用来理解和表达的，而是用来感受的。这一点在跨文化传播中表现得更明确。文化很难说服别人，因为文化的基础是感受。在国际传播中，最有效的方式往往是把复杂的东西简单化，这也是国际传播应该采用的方式，因为跨文化传播的受众有天然的理解障碍。

郭可在《国际传播学导论》中认为，国际传播的主体是民族国家或国际组织，以大众传播媒体为主要传播渠道，关注的主要是国际信息的传播及过程。[1]

目前，国际传播的研究涉及国家、民族、国际关系、国际政治、全球化等主题。同时，伴随着互联网的发展，国际传播的渠道更加多元化，范围也更加广阔。

三、叙事学

叙事学的研究内容主要包括三个方面：第一，它是由结构主义所激发的有关叙事作品的理论，包括叙事的性质、形式以及功能，而不考虑所表现的媒介，并试图归纳出叙事性的特征；第二，它将叙事作品作为在时间上组合起来的事件与状态所形成的言语表现样式；第三，它是按照叙事学的模式与范畴对一系列确定

---

[1] 郭可.国际传播学导论[M].上海：复旦大学出版社，2004.

的叙事作品进行的研究。①

叙事学理论最早起源于法国，有三个标志性事件。第一，巴黎的《交流》杂志于1966年出版了第8期，是以"符号学研究：叙事作品结构分析"为主题的专集，其中包括罗兰·巴特的《叙事作品结构分析导论》、克洛德·布雷蒙的《叙述可能之逻辑》等结构主义关于叙述分析的重要论著，涉及一些叙事理论的重要原则。第二，1968年，法国文艺理论家托多罗夫出版了《诗学》一书，在这本书中，他以讨论叙述形式作为关注点，探讨了叙事学研究中备受关注的一些重要问题，如叙事作品中的视角、文本结构、叙述的句法、转换、语式等。1969年，托多罗夫出版了《〈十日谈〉语法》一书。第三，1972年，热奈特发表了他的《辞格之三》，该书三分之二的篇幅是其重要著作《叙事话语》。它分析了普鲁斯特的长篇小说《追忆似水年华》，构建出一套用于分析叙事作品的理论体系，从而为叙事理论的建立奠定了基础。

中国学术界于20世纪80年代就将目光投向叙事学，90年代出现了叙事学热。目前国内叙事学的研究领域至少有文学叙事学和历史叙事学两类，然而叙事学的研究者还需打破结构主义叙事学的封闭，建构更为全面的中国叙事学体系。

新闻叙事是人类运用一定的语言系统，叙述、重构新近发生的新闻事实的活动。它的编码方式满足了人类对新闻信息取舍和信息效益最大化的需求，从而形成了一种独特的叙事话语类型——新闻话语。新闻叙事学的建构是一个正在探讨中的命题，从研究成果看，出现了两种比较大的建构思路。一种以话语分析为路径，使新闻叙述学成为关注话语表层背后的意识形态建构的学问，具有很强的语言技术分析性；一种把新闻叙事学理解为分析新闻作品中的文学性成分，高度靠拢文学叙事学。

新闻学与叙事学的碰撞与结合，源于两种力量的推动：一是学术界力图深化新闻学研究并渴望改变新闻给人以照本宣科、严肃乏味的刻板印象；二是叙述学的理论诉求。新闻叙述学在互联网的影响下，也需要做出相应的调整和改变，才能适应新媒体的传播特性。曾庆香将新闻叙事模式分为三类：蜂巢型新闻叙事模式、菱形新闻叙事模式和钻石型新闻叙事模式。②

---

① 谭君强.叙事学导论——从经典叙述学到后经典叙事学[M].北京：高等教育出版社，2014：8-10.

② 曾庆香.新媒体语境下的新闻叙事模式[J].新闻与传播研究，2014,21(11):48.

方毅华写道："如果将'文本'理解为叙述的媒介以及表达形式层面的话，'故事'就属于被叙述的内容层面，是所描述的存在物或被叙述的部分。"[①]电视作为讲好中国故事的重要媒介，也在一定程度上开启了新的新闻叙事模式，不仅改变了以往严肃僵化的语态，还能更清晰明了并平易近人地讲好中国故事。

在叙事学研究中，与"文本"概念相联系的另一个关键词是"故事"。如同社会学家塔克曼所说，新闻不仅是对现实的描绘，更是对现实的社会建构（social construction of reality）。新闻作为一种社会资源，通过其内容、主题和呈现方式等制约着受众对现实世界的认知和理解，同时创造了一种阐释性的世界并建构起合理性，从而在全社会创造一种"信息确立结构"（structure of reassurance）。以央视《新闻联播》为代表的老牌电视新闻节目，加强了传播的策略性和服务性，转变了受众眼中严肃僵化的刻板印象，用更贴近民生的内容、更亲和的语态和更具有连贯性的结构讲故事，从而淡化受众的"对抗式解码"。[②]

四、符号学

从狭义角度来讲，符号学主要研究的是符号本身（sign）、符号的指代对象（object signified）和符号的解释（represent），以及这三者之间的关系。符号学探索的对象或者研究内容不仅仅是符号，还包括符号的作用。

西方的符号学研究开展得较早，目前已经形成各种理论体系和研究流派。与西方相比，中国的符号学研究起步较晚，真正成规模的符号学研究是从20世纪80年代开始的。然而，中国符号学研究的起点高，同时，又赋予符号学中国传统文化的丰富内涵。纵观中国符号学的研究历程，可以大致分为三个阶段。第一阶段是20世纪80年代，此时符号学在中国才刚刚起步，主要是介绍、传达国际符号学的研究动态。第二阶段是20世纪80年代晚期到90年代初期。在这期间，国内对符号学和语言符号学有了初步的认识，同时还给符号学研究融入了中国传统文化元素。第三阶段从1994年至今，这一阶段国内对符号学的探索在各个领域展开。

央视一套《魅力纪录》栏目曾播出六集纪录片《茶，一片树叶的故事》，片

---

① 欧阳明.新闻叙事学学术建设视野中的话语、新闻叙事话语[J].重庆工商大学学报(社会科学版),2012,29(03):1.

② 常江.结构变迁与功能转化——解读《新闻联播》改版[J].现代传播(中国传媒大学学报),2012,34(06):82.

中呈现了制茶工艺的神秘、古老茶艺的精粹以及生活在不同国家近六十位茶人的故事，运用一片小小的茶叶这个为世人所熟知的中国符号，将中国的茶文化传播到全国乃至全世界。这六集纪录片有中国山水云雾的自然风光符号，也有茶具、茶馆等功能符号，通过不同场景展现中国茶文化的丰富多样。之后，又从茶叶延伸到精神文化符号的层面，无论是传统仪式还是宗教活动，茶总是占据着一定的地位。

《茶，一片树叶的故事》深刻解析了茶和中国茶文化，不留痕迹地表现出中国自古以来在世界观、人生观和民族观的看法与见解。"天人合一"是中国传统文化在处理天人关系的特有观念，在《茶，一片树叶的故事》中，茶的符号成为编码者寄托天人合一思想的载体，也在一定程度上传递出编码者对国人内心世界的关注和文化的反思。①

---

① 董浩烨.央视纪录片《茶，一片树叶的故事》的符号学解读[D].中南民族大学,2015.

第三节 案例解析

一、"一带一路"短视频报道

(一)短视频的内涵

短视频是指在各种新媒体平台上播放的、适合在移动状态和短时休闲状态下观看的、高频推送的视频内容。其时长一般在20分钟之内,大部分时长在5分钟以内。最初,短视频分享应用是2011年从美国开始的,用户借助特效、音乐等方式制作30秒的创意视频,并分享到各个大型的社交网站当中。短视频内容的生产者既可以是专业的制作团队,也可以是广大的草根平民。相比于传统的长视频,短视频的信息密度更大、收视成本更低、传播速度更快,满足了用户在碎片化时间内获取信息的需求。[①]短视频已经成为移动传播时代媒体创新报道的重要手段和途径,是当前信息传播的重要发展趋势。从书到刊物,再到报纸,之后是广播和电视,现在是网络,我们看到人类的阅读单位不断缩小。阅读单位缩小是阅读速度加快的明显标志,短视频就是视觉阅读单位变小的产品。

随着4G网络的发展和智能手机的普及,短视频App的种类越来越多,而且手机用户也越来越钟情于在碎片化的时间内通过手机观看短视频获取信息。根据观察与分析研究,短视频主要有如下特点。

1.制作简便

互联网通信技术的快速发展为广大受众降低了走进网络世界的门槛,同时,软件开发者也为了满足受众不同的需要和兴趣爱好,开发出种类繁多的短视频软件,这使技术零基础的草根群众可以毫无压力地制作信息重要、内容轻松搞笑、视听感震撼的短视频。此外,只需App自带的滤镜和特效功能,原本单调、枯燥的视频就可以变得绚丽多彩,促进用户乐于分享身边的事,使短视频的内容生成

---

① 汪文斌.以短见长——国内短视频发展现状及趋势分析[J].电视研究,2017(05):18.

更加容易可行。不仅如此，短视频多依托社交平台发布，可以转发、评论、分享、点赞，许多高质量的原创短视频作品可以在社交平台上一键分享。

2. 移动性强

短视频的出现顺应了快节奏的信息时代。短视频的内容简单易懂，可以快速地表达传播者的意图，满足受众在移动中获取有效信息的需求。这种特性使短视频在新闻传播领域得到了较高重视和广泛应用。2017年全国两会期间，《政府工作报告》发布之后，央视新闻便立刻推出解读报告的短视频，用关键词的形式向受众简明扼要地解读了报告的重点。尽管该视频只有109秒，但节奏紧凑、内容清晰。人民网推出了两分钟动画短剧，《"剧透"2017年全国两会》。短剧将实景与虚景进行巧妙结合，概括了2017年全国两会的看点。

3. 社交分享

动态社交语言将成为未来的社交趋势，因此，短视频具有成为社交工具的天然优势。UGC短视频制作用户可以与社交媒体融合得十分自然。短视频可以为社交媒体或者社交工具平台提供更加丰富的表现介质，成为图文信息的补充，社交媒体则为短视频的病毒式传播提供了渠道。美国短视频新闻NowThisNews在创立之时就已经意识到了短视频的社交基因，将社交媒体作为最主要的发布渠道，在脸书、推特、优兔等社交网站上创立账户，与Buzzfeed达成战略合作，并利用新兴视频平台Vine和照片墙投放视频[①]。

纵观人类历史，可以毫不夸张地说，文字帮助人类深化了思维。如今是视觉传播时代，很多东西都被视觉化了，看文字和看画面是两种截然不同的视觉体验。今天，青年人观看画面越来越多，甚至在某种程度上超过了文字阅读量。这使我们不得不把观看画面视为一种阅读，虽然我们现在还没有搞清楚画面信息量和文字信息量的区别。

一般情况下，偏向画面思维的人和偏重文字思维的人，他们的能力区别并不显著，但是，一旦需要他们在更深的思维水平上展开活动，注重文字思维的人就表现出一定的优势了。因此，有人认为在视觉传播时代，画面思维的流行有可能降低我们的文字思维能力，进而影响我们的思维水平。

（二）"一带一路"期间主流媒体短视频报道

2017年5月，"一带一路"国际合作高峰论坛期间，央视推出了《习近平：

---

① 程征，胡启林.国外短视频新闻机构发展现状与启示[J].中国记者,2015(02):117.

传承丝绸之路精神》《"一带一路",北京再出发》等短视频;《人民日报》推出MV《"一带一路"之歌》和微纪录片《我们的"一带一路"》等;新华社推出《大道之行》《你好,一带一路》《丝路,我们的故事》系列节目。《世界怎么了,我们怎么办》和《"一带一路"世界合奏》(Let's Go Belt and Road)等音乐MV短视频,受到网络热播和好评。

1. 宏大叙事与微观描述相结合

《你好,一带一路》别开生面地展示了古丝绸之路。视频从古丝绸之路的起点陕西开始,用镜头带我们重新领略"一带一路"的风光和文化。

从"一带一路"倡议的提出到"一带一路"建设的推进,《你好,一带一路》记录了国内外11座城市与"一带一路"的故事,以小故事阐述大视野。

2. 多平台发布

纪录中国理事会与丝界传媒共同搭建的"一带一路"全媒体短视频平台"丝界"在2017年5月14日"一带一路"国际合作高峰论坛召开之际推出。它采用短视频的表达方式,推出每集时长大约5分钟的《丝路,我们的故事》系列微纪录片。该系列微纪录片每集都以一个人物为主要叙述者,有三星堆文物的维修工作人员、西班牙童装品牌华裔设计师、中国飞行教官、电力工程师等,他们是各行各业的工作者,也是丝路文化交流的参与者。

不仅如此,《丝路,我们的故事》系列微纪录片还在河北卫视、北京纪实频道、上海纪实频道、中国教育电视台一套、湖南金鹰纪实频道播出。

3. 塑造中国符号

"一带一路"作为一个概念,就其外延而言,在地理上贯穿欧亚大陆,东连亚太经济圈,西接欧洲经济圈;在历史上,丝绸之路和海上丝绸之路是中国同中亚、东南亚、南亚、西亚、东非、北非、欧洲等地经贸和文化交流的大通道。就其内涵而言,"一带一路"倡议是对古"丝绸之路"这一历史符号的传承和提升。"丝绸之路经济带"和"21世纪海上丝绸之路"具有深厚历史背景。

在当今政治叙事中,作为历史符号的"一带一路"是不可多得的历史文化话语资源。"一带一路"这一历史符号,不仅可以勾起人们的历史联想和想象,还可以唤起人们的历史文化自豪感。

从"一带一路"的传播过程来看,早期多是政策层面的报道,后来逐步被公众熟悉,现在变成了家喻户晓的名词。这中间有报道的成功,也有国家影响力提升的因素。从传播的过程到传播的结果,反映了持续的重要性。

（三）对未来短视频发展的启示

1. 短视频内容质量有待提升

互联网的准入门槛低，短视频制作流程简化，发布渠道多元，因此，国内许多短视频的内容质量参差不齐。打开短视频平台的首页，用户可以看到浏览和点击次数较多的短视频主要有以下几种类型：暴饮暴食类、吐槽搞笑类、美女才艺类、日常生活类。大量短视频的制作者在商业利益的推动下，为争取点击量和关注度无所不用其极。

2. 内容同质化严重

在蓬勃发展的同时，短视频相关权益也面临侵权问题。

国内众多的短视频App，存在定位目标相似、受众群体重叠等问题，因此短视频的内容也会相似，内容同质化现象严重。

3. 营利模式摇摆不定

就目前发展现状而言，短视频营利模式主要有广告收入、直播收入和电商合作。其中，以优质内容来吸引贴片广告、流量广告、冠名广告或者植入式广告是主要模式。

就目前的商业模式看，用户数据价值未得到充分挖掘，如何将短视频的高点击量与互动量转化为商业价值，仍需进一步探索。

二、人民日报微信公众号"侠客岛"

（一）案例简介

1. 侠客岛的概况

2014年2月，侠客岛微信公众号正式上线。侠客岛以《人民日报》（海外版）的编辑部为支撑，以"但凭侠者仁心，拆解时政迷局"为定位。侠客岛最初只是几个年轻媒体人突发奇想的创意，经过多年的深耕细作，以优质内容为支撑，以微信平台为渠道，如今的侠客岛在微博和微信平台上拥有数百万的粉丝，文章经常被其他媒体转载，发挥了很好的舆论引导作用。

侠客岛的内容一开始以反腐为主，之后全面覆盖国内外时事政治、热点新闻等内容，侠客岛关注人们所关注的热点问题，不回避问题，坚持发声并从专业的角度予以分析。

值得一提的是，侠客岛的作者名字也颇具侠客的意味，有公子无忌、独孤九段、百里云鹤等笔名。这让侠客岛公众号更具"侠味"，也配合了侠客岛"庄谐并重"的风格。

一般来说,阅读量是衡量微信公众号影响力的重要指标之一。在这方面,侠客岛是时政类微信公众号中的佼佼者。侠客岛推送的文章基本上都达到 10 万次以上的阅读量。在微博上,侠客岛拥有 795 万粉丝;在今日头条上,侠客岛也拥有 123 万粉丝,文章的阅读量甚至累积过亿,平均阅读量可达数百万,影响力可见一斑。从侠客岛 2015 年底的一篇推文《Hi,欢迎登录侠客岛,与岛叔岛妹一起洞察时局》中可以看出,侠客岛的粉丝分布海内外,足见侠客岛在海外也具有一定的影响力。

2. 侠客岛的特点

侠客岛以主流媒体优质内容为支撑,以新媒体话语方式为风格,为主流媒体的新媒体话语实践进行了有益的探索。

作为党媒的微信公众号,侠客岛从初创时便肩负着引导舆论的使命。"解局"栏目是侠客岛的品牌栏目之一,侠客岛解读过朱日和大阅兵,也讨论过南京车站儿童性侵案和香港中文大学撕海报事件。除此之外,在电影《战狼》和《二十二》热映时,侠客岛还分别邀请导演吴京和郭柯做客"侠客风云会"线上沙龙,讲述电影背后的故事。

在话语方面,侠客岛以年轻化的语态深受读者的喜爱。侠客岛的编辑们自称岛叔、岛妹,称读者为岛友,这种关联性的称呼,拉近了侠客岛与读者之间的距离。侠客岛突破了传统党媒话语风格的局限,形成了"犀利""幽默""生动"的独特风格,在时政类微信公众号中自成一派。这种口语化、故事化的语言风格在侠客岛推送的文章标题中体现得淋漓尽致,例如《特朗普:准备向朝鲜开火!美网友:你知道朝鲜在哪儿吗?》《英国政坛的"双女主"大戏要开始了》《港人治港,月娥登场》《再见,朴总统》等。

(二)案例分析

1. 天然优势

侠客岛作为《人民日报》(海外版)的微信公众号,依托《人民日报》,从初创伊始便以权威性区别于其他的时政类微信公众号。侠客岛解局栏目的推文《王书记的最新讲话,很有意味》《中央为何高规格纪念内蒙建区 70 周年?党报文章透露玄机》,这些文章大多通俗易懂,侠客岛始终坚持以自己独到的见解分析问题,以通俗的语言解读时局。

2. 内容创新

虽然侠客岛是主流媒体的公众号，但它并不是《人民日报》（海外版）党报内容的搬运者，原创内容生产者始终是侠客岛的定位。

首先，在内容方面，侠客岛坚定地站在了原创的一方。侠客岛的作者团队主要是《人民日报》（海外版）的编辑记者，他们过硬的新闻专业素养和业务能力是侠客岛坚持原创的最大保证。

其次，在创新方面，侠客岛坚持从新颖独到的角度切入话题。时政新闻类公众号在微信平台并不少见，不论是人民日报等官方媒体的微信公众号，还是"吐槽青年：曹林的时政观察"等个人公众号，都是微信平台上粉丝众多的公众号。侠客岛能够在这些公众号中脱颖而出，与它始终坚持内容原创分不开。《朝鲜半岛，真是太不让中国省心了》《新班子内斗升级，特朗普hold得住吗？》这类风格的文章，在侠客岛的推送中随处可见。

最后，在话语风格方面，侠客岛抓住了用户的眼球，无论是写作风格，还是标题风格，侠客岛的文章都与传统主流媒体的风格截然不同。侠客岛的内容追求故事化、通俗化、生动化，同时重视可读性和趣味性。在碎片化阅读成为趋势的当下，侠客岛坚持文风简短、图文并茂，避免长篇大论枯燥无味，时常插入一些网络流行语言，以满足读者快速阅读的习惯和需求。这种方式对提高传播效果也有一定的助益。"解局"栏目曾推送过一篇名为《如何愉快地阅读中纪委年终报告？》的文章，文中以拟人的手法将中纪委比喻为一个名为纪伟的特殊拳手。全文采用第一人称，风趣幽默，独具特色。侠客岛的"壹周侃"栏目也曾推送过一篇文章《史记·川普本纪》，风格独特新颖。文中第一段写道："川普者，美利坚合众国人士。以帝王之姿，生于纽约市皇后区。其父弗雷德·川普，美国双创代表人士，初兴于地产。川普氏世世为白人，故特别傲娇。"

说到内容和方式的组合，读者当然愿意看到用自己喜欢的方式讲述自己喜欢的内容。但是，有时候会经常碰到这种情况，就是用读者不喜欢的方式讲述读者喜欢的内容，或者是用读者喜欢的方式讲述读者不喜欢的内容。哪个更容易被读者接受呢？在这种情况下，讲述的方式常常比讲述的内容更重要。

3. 栏目创新

侠客岛主打的内容是时政解读，这也是侠客岛的重要栏目"解局"的核心定位。但是侠客岛在内容上并不局限于时政解读，其栏目类型多种多样。"速读"主打短新闻；"岛读"内容类型多样，讨论过国际问题和台湾问题，也讨论过历史和文学；侠客岛还开办了"侠客风云会"的线上沙龙，与读者进行互动交流。侠客岛通过"快闪沙龙"的方式与读者互动，敲定话题后，建立名额有限的微信群，定时开始、定时解散，读者的参与性极高。目前，"快闪沙龙"栏目多采用语音直播的方式，不再有参与人数的限制，而且随时可以进入直播间观看、互动。线上沙龙的嘉宾也类型多样，有时还会切合国内热点话题邀请相关领域的嘉宾，例如在榆林产妇自杀事件受到热议时，侠客岛邀请了北京大学第一医院妇产科主任分享她对这次事件的思考。

（四）案例启示

1. 从受众到用户

传统主流媒体在互联网平台上进行传播，需要注意互联网传播具有的特点，分析用户需求和取向，推动内容创新和话语方式创新，突破话语方式的局限。

2. 以优质的内容为支撑

侠客岛的成功之路始于其坚持的以原创内容为主。同时，侠客岛不仅在微信公众号平台进行传播，也在微博和今日头条进行内容推送。侠客岛坚持少而精的原则，采用多渠道传播的方式，微博、微信以及今日头条之间相辅相成，利用多种推送渠道打造侠客岛 IP。

3. 深度融合

在移动互联网时代，新媒体分流了传统媒体的受众，拥有庞大的用户群体，影响力与日俱增。在新媒体时代寻求发展，更应保持和发挥自身的优越性，将传统媒体的优势与新媒体的特点相结合，在内容、形式、语态等多方面深度融合。

4. 大数据

在传统媒体时代，媒体无法获知受众的情况，更无法进行用户分析。报刊无法通过报刊订阅量分析读者的年龄和职业分布、阅读习惯、内容取向等。但在互联网时代，这已经成为可能。这是一个数据化的时代，能利用大数据分析用户的构成情况，分析文章的阅读量和转发率等。数据分析能够帮助媒体了解自己的用户群体，细化用户，找准定位，提高用户体验，为分众化和场景化传播奠定基础。

目前，大数据对新闻传播主要有三种影响：第一种是研究，可以通过大数据分析报道的优缺点，然后改进内容和形式；第二种是让大数据直接出现在报道中，不过，喜欢看数据报道的人比较有限，特别是当前大数据可视化程度有待提高；第三种是大数据能够改变新闻报道的预见性。值得关注的是，越大的新闻事件释放的数据量就越大。因此，大数据对重大新闻事件的影响更大，而对普通新闻事件的影响则比较小。当然，大事件又可以分为可预见新闻和突发事件，而突发事件更需要大数据。

三、央视网海外社交平台

（一）案例背景

打造新型主流媒体和转变话语方式不仅要关照国内，还要立足国家站位和全球视野。海外社交平台的布局不是将国内的中文内容直接翻译成英文，而要从话语风格、表现形式等角度考虑文化差异，学习借鉴海外成功案例，用海内外读者乐于接受的方式，传播中国好声音。

社交媒体在新闻传播中的作用已不可小觑，海外社交媒体在国际传播格局中影响力最大的莫过于推特、脸书和优兔，国内主流媒体应在这些平台上重点发展。

（二）案例介绍

CCTV在脸书、推特、优兔发布图文视频，开展直播，和网友线上互动，并上传《大国外交》《法治中国》《将改革进行到底》《地理中国——江山多娇》和《百家讲坛》等节目。

央视网将海外传播的重心放在脸书上，主要运营三个账号：第一个是"CCTV中国中央电视台"，第二个是"CCTV中文"，面向全球华人，发布内容为繁体中文；第三个是"CCTV"的全球页，集纳了英、西、法、阿、俄、韩六种语言。

（三）案例分析

1.政治：新思想的海外宣传推广

首先，海外社交平台需要面向海外华人宣传国内最新、最重要政策，增强海外华人的民族自豪感。"CCTV中文"重点推送过《习近平治国有"数"》等帖文，用图解的方式发布《2015习近平外交地图》等内容；发布《大国外交》《将改革进行到底》等政论专题片。《大国外交》每贴浏览量平均1万次以上，第一期《大道之行》更达到了41.8万浏览量，用视频向海外展示中国发展新面貌。近年来，在讲好中国故事方面，我国媒体主动试水新技术，使用视频、直播、图片、

H5 等多种视觉传播形式，探索与海外媒体合作传播，形成合力，共同"出海"。①

其次，主流媒体还需对外展示中国外交成果、国家综合实力以及对国际事件的立场。2015 年 9 月习近平主席访美并出席联合国成立 70 周年系列峰会，这是重大外事活动，央视网 CCTV 系列账号在海外社交平台发布"习近平访美"相关文字、图片、视频、漫画、微视频报道共计 2414 条，宣传了我国的外交成果，引起海外用户和媒体的强烈关注。2019 年初，美国探索频道推出的纪录片《习近平治国方略：中国这五年》、中央广播电视总台制作的《平语近人》等广受国际舆论关注的"爆款"，都是以产品思维和合作传播为主线，是探索中国对外政治传播新路径的有益尝试。②

在脸书的英语页，央视跟踪报道了"一带一路"国际合作高峰论坛、中国人民解放军建军 90 周年的朱日和阅兵、2017 年金砖国家峰会等重大事件，也发布关于 6·18 中印洞朗对峙事件、朝鲜半岛核问题的看法，在国际热点问题上阐明立场，捍卫国家领土主权，主动设置话题，积极引导国际舆论。

2.民生：见微知著

石家庄有位"独臂哥"，意外失去右臂的他并没有消沉下去，2015 年他接触直播平台，开始直播自己的建筑工日常，搬砖、抹水泥、盖房的工作也能吸粉近 80 万。这样的励志故事在脸书平台上获得 2 万点赞。外国网友 Angel SY 说："永远尊重独立的人！特别是经济独立。"

对于中国经济发展，国际舆论场上有"中国威胁论"的偏见。"除了某些势力那种顽固的政治偏见在作祟之外，也有国际观察者、经济研究者和新闻报道者对中国经济缺少理性全面认知的原因。"③因此，在报道中国经济发展、讲述经济领域的中国故事时，主流媒体应更加全面，不能一味吹捧成就，也不能过分渲染困难局面。

中国高铁的发展不仅影响普通民众的生活，还是战略上改变世界格局、展示中国实力的方式。中国高铁的相关话题在脸书 CCTV 英语页账号上受到海外网友

---

① 史安斌，张耀钟.改革·突破·创新：我国对外传播理论和实践的回顾与前瞻[J].对外传播，2020(1).

② 史安斌，张耀钟.改革·突破·创新：我国对外传播理论和实践的回顾与前瞻[J].对外传播，2020(1).

③ 何临青.增强效果意识　讲好中国故事——谈如何提高中国主流媒体的国际传播力[J].电视研究,2015(08):69-71.

关注。CCTV中文账号报道了"复兴号"高铁扩大在京津冀地区的开行范围，发布不到十天，就获得1244次点赞和2.3万次播放。《尝鲜"复兴号"》是记者亲自体验"复兴号"动车组的报道，介绍了"复兴号"的外观和内部设置。该报道上线5天后得到5.6万次播放和1650次点赞。中国与马来西亚签订了22列动车组订单的视频新闻得到34.9万次浏览量。这些报道都体现了中国高端轨道交通走向世界的实力，以及中国要走"和平发展"之路的理念。

3. 文化：人文风光大放异彩

文化是对外宣传上最易引起共鸣的切入点，而中国传统文化素来受到西方世界的称赞。iPanda脸书账号推出"中国手工艺术"（Chinese art and crafts）系列英文短片，介绍中国各地历史悠久的工艺品和制作技艺，包括凤翔黏土雕像、宫廷刺绣、长兴县紫笋茶、木雕等，平均每期视频的浏览量能达到两三万次。2019年，90后古风美食主播李子柒在海外走红。李子柒在日常衣食住行中取材，拍摄视频，呈现了中国社会的日常生活面貌。这个中国女孩在海外社交媒体上的粉丝遍布全球，视频作品经常收获上百万乃至上千万的播放。

4. 展望：提升新闻直播能力

坚持国家站位，树立全球视野。①加强国际传播能力建设时要有远见，内容上借鉴海外主流媒体的共性经验，寻求跨文化的价值共识，深耕海外社交平台用户的特点与需求；话语上吃透西方话语体系但不套用，形成中国特色结合世界普遍性的话语风格；技术上丰富传播形式，增加直播，在评论和活动中与网友积极互动。

过去，电视直播往往是重大的、连续的、长时间的，一般情况下，只有重大事件发生时才会直播。但是，现在的直播出现了片段化的情况，直播的单位时长变短，这会减弱直播的仪式感。

社交媒介的兴起让我们进一步看清楚了传播的相关性。过去，这种相关性往往是天然的，取决于读者的地理位置，以及有传播内容和受众的相关性。如今情况发生了微妙变化，社交媒介增加了传播的关联性，意见领袖更活跃，相关性传播占个人传播活动的比例越来越大，受众之间的相关性越来越重要。

---

① 国家互联网信息办公室.讲好中国故事——网络传播案例集[M].北京：人民出版社，2016:95.

第四节 主流媒体的话语转型与意义构建

一、转变话语理念

值得注意的是，传统主流媒体的新闻报道肩负舆论引导和正面宣传的责任。因此，新闻报道也不可一味迎合用户需求。如何寻求用户需求和舆论引导之间的平衡点，是传统主流媒体转型和打造新型主流媒体的应有之义。2017年全国两会期间，人民日报推出现象级H5产品《两会喊你加入群聊》，央广推出《王小艺的朋友圈》，两个产品上线后都迅速获得极大关注。这些新媒体产品重视用户体验，契合了视频化、社交化、碎片化的新媒体传播特点，同时承担了主流媒体的舆论引导的责任。

二、创新话语内容

首先，主流媒体在选题方面，应坚持创新新闻报道的切入点。在针对"一带一路"的主题报道中，央视于2015年推出了《数说命运共同体》，从数据新闻的角度切入"一带一路"这一宏大叙事，见微知著，以小见大，将数据思维融入新闻报道，以技术手段丰富呈现方式。G20杭州峰会期间和2017年全国两会期间，主流媒体用数据切入主题报道，推出了一系列极具特色的数据新闻产品，如人民网推出的《动画数据新闻：政府的2017年"每日工单"》。

其次，主流媒体应该讲好中国故事。2017年春节期间，央视推出系列报道《新春走基层》等节目，将视角转向民众。2019年底，为庆祝澳门回归祖国20周年，中央广播电视总台制作播出了《澳门二十年》《澳门回归祖国20周年特别报道》等，反映了澳门回归后的繁荣发展历程。

再次，主流媒体转变语态，突破传统话语风格的局限，以一种更接地气、更亲切、更平等的方式进行新闻报道。2014年第一期《新闻联播》，没有在结尾处播放主持人整理稿件的画面，而是播放了祖国的大好风光，伴随着视频，主播康辉说:"朋友们都在说,2013 就是爱你一生,2014 就是爱你一世。那就让新闻联播和您一起,传承一生一世的爱和正能量吧!"这展现央视这一传统主流媒体更具亲和力的话语风格。

最后,用户生产内容与专业生产内容相辅相成。2017 年,央视《新闻联播》播出的"厉害了,我的国""晒晒我这行"栏目,都使用了被采访者自己的手拍视频。《新闻联播》只是搭建了一个平台,让被采访对象用自己的镜头展现自己的工作,保留了被采访对象的原声。虽然这种用户生成内容在镜头的专业性上存在不足,但这种不足在一定程度上增添了新闻报道的生动性和真实感。

三、强化跨文化传递

美国人类学家爱德华·霍尔提出了"文化语境"的概念,指一个社会累积而成的所有知识,也就是在日常生活中,一个民族或者国家所共有的、具有历史渊源的、包括意识形态在内的背景知识,是人们在交流过程中能够通过预料、推测而理解的知识结构[①]。爱德华·霍尔根据"文化语境"理论,提出了"高语境文化"和"低语境文化",在一种文化的语言沟通过程中,如果话语意义的创造对语境的依赖程度比较高,而对所使用的语言的依赖程度比较低,那么这种文化就是高语境文化。高语境文化的历史、传统、民俗、风土等具有高度重叠性,绝大部分信息都储存于既成的语境中,成为全体成员共享的资源。因此,在人际交往中,人们更擅长借助共有的语境进行交流。反之,如果话语意义的创造对语言的依赖程度比较高,而对语境的依赖程度比较低的话,那么这种文化就是低语境文化。低语境文化的成员由于缺少共同的历史文化背景,很难形成非语言的心灵感应,他们在交往中必须更多地借助直接的、清晰的符号编码信息。

传播学的观点认为,一种民族文化在向另一个民族传播的过程中,往往会出现磨损、变形等现象,即"文化折扣"。由于中国文化属于高语境文化,西方文化属于低语境文化,中国文化在传播的过程中会有一定程度的文化折扣现象。2011 年,中国国家形象片在美国纽约时代广场的大屏幕上持续滚动播放,成为中国首次正式公开向国际展示的文化名片,多达 84000 次的循环播放也取得了一定的效果。然而,有关形象片人物的选取如何体现代表性,以及国际社会能否理解其内涵等问题也接踵而来,当时的美国媒体对中国国家形象宣传片的评价也是褒

---

① Edward T. Hall.超越文化[M].居延安等译.上海:上海文化出版社,1988.

贬不一①。这些负面评论有意识形态的对抗性的原因，但主要还在于"文化折扣"。

在央视的六集纪录片《茶，一片树叶的故事》中，影片在讲述日本茶道文化时，穿插了浙江径山寺、唐茶等中国符号。由于中日文化同根同源，属于高语境文化范畴，无须过多地向观众解释中日之间的文化差别也不会造成理解上的困难。与此不同的是，纪录片在讲述英国下午茶的时候，则介绍了英国下午茶的起源、流程、饮茶习惯，以及其在普通英国人生活中的意义等，并且将这些信息具象化到一个英国姑娘学习茶艺的故事中，通过一个普通英国人学茶的故事，呈现出英国下午茶的前世今生②。

2015年10月27日，"复兴路上工作室"在新华社官方推特账号发布了一则时长3分03秒的MV《十三五之歌》。视频中，4个外国主人公的原型是目前在中国工作的4个来自欧美国家的年轻男女。他们通过轻松、欢快的民谣旋律，反复吟唱我国在2016年将要开启的第十三个五年规划——"十三五"。以外国人的视角看中国的五年规划并进行国家形象传播，获得了外国媒体不同程度的好评。《十三五之歌》是一直致力于对外传播内容制作的"复兴路上工作室"的第九部作品，它以"民谣+贴画"的形式，呈现出轻松、愉悦、欢快的风格，是一部比较"西化"的国家形象宣传片案例，是国家形象宣传片的一次有益尝试。

（一）呈现方式跨语言

纪录片是一个十分理想的呈现方式，可以运用声音和画面两种符号进行跨文化的传播和交流，同时纪录片以文化的视角对文化现象进行编码，更容易淡化受众的"对抗式解码"。《舌尖上的中国》运用丰富的镜头语言，通过丰富的自然风光、建筑、厨房、食材和烹饪工具展现了中国饮食文化的博大精深。

跨文化传播的重点就是拉近距离，让受众感同身受。对国际受众来说，纪录片可能比影视剧更有代入感。

（二）题材内容跨国别

纪录片《茶，一片树叶的故事》通过拍摄生活在不同国家近六十位茶人的故事，用中国的一片小小茶叶将整个世界连接为一个整体。《茶，一片树叶的故事》汇聚了不同语境文化的符号，有杭州龙井茶、祁门红茶、英国下午茶、泰国拉

---

① 范思翔.国家形象宣传片在跨文化传播中的符号解读——以"复兴路上工作室"的《十三五之歌》为例[J].新闻研究导刊,2017,8(15):83.

② 董浩烨.央视纪录片《茶，一片树叶的故事》的符号学解读[D].中南民族大学,2015.

茶、印度奶茶等。将不同语境的文化符号汇集起来的做法，体现了历史和现实的关联，编码者意在通过符号的"跨语境"结合展示茶文化的广泛传播。

（三）具体故事跨民族

央视纪录片《一带一路》以人物故事为切入点，挖掘出生活在"一带一路"沿线国家的人们身上的故事。这些跨国际、跨民族的人物故事，让不同文化背景的观众更容易理解编码者的寓意。

四、构建话语平台

（一）实现全媒体发布的战略计划

全媒体发展已经成为传统媒体转型升级的主要途径，然而全媒体这一概念至今还没有完全明确的界定，不同学者有不同的解读。目前，国内新闻传播学者广泛认同的两种定义是"运营模式理念"和"传播形态理念"："运营模式理念"体现在新闻生产中业务运作的整体模式与策略；"传播形态理念"则主要从媒介技术融合的角度阐释全媒体概念。

新华社很早就嗅到手机作为媒介的重要地位，对以手机为代表的移动媒体的业务形态开发做出了很多成果。目前，新华社围绕手机终端主要拓展出三种业务形态：手机报、手机电视、移动客户端。新华社的移动客户端是全媒体报道的重要渠道之一，与国内其他多数新闻机构建设和运营的新闻客户端相比，"新华社"客户端脱胎于"新华社发布"客户端，其突出特点是不仅有传统的新闻信息发布功能，还致力于成为"中国政务进步的推动者、移动电子政务先驱、舆论监督专家"，全力打造"移动政府""移动社会"。

（二）打造"两微一端"的传播矩阵

在"两微一端"的传播矩阵中，微博用户之间是弱关系，但是，由于微博具有开放性的特点，可以形成比较有影响力的社会性传播效果；微信则把现实生活中存在联系的用户聚合在一起，是以双向互动为基础的、强关系的对等网络，创造了一个"没有陌生人的世界"，强调分享和个性化定制的新理念。而且，微信侧重人际传播和群体传播，具有很强的私密性和用户黏性，因为微信用户在彼此熟知的情况下会更活跃，传播效果与交互性增强，个人传播效果强。移动新闻客户端是一种提供新闻资讯的移动应用程序（App），适用于智能手机和平板电脑等移动终端。产品服务商通过"应用商店"发布移动新闻客户端并提供新闻信息服务，用户通过移动终端下载客户端阅读新闻。每一个移动新闻客户端实际上都是基于移动互联网的"新闻入口"。

人民日报于 2012 年 7 月开通官方微博，依托开放平台，实现"浅阅读传播"。随后，人民日报于 2013 年 1 月开通微信公众号，紧密配合受众作息规律，通过人际传播和群体传播，增强用户黏性。人民日报移动新闻客户端是传播信息和为用户服务的综合性服务平台，特别是在"政务"板块，用户可以通过政务服务一键式完成电费、水费、有线电视等生活缴费业务，车主可以查询违章记录等相关内容。人民日报客户端聚合了信息、政务和生活，构成三位一体的综合性平台。

第五节　本章小结

本章旨在梳理传播话语体系的变迁，围绕核心问题"如何讲好中国故事"展开讨论，同时梳理和辨析相关理论思路。

中国的对外传播取得了一定的进步，但横向比较下，仍与西方国家的新闻传播实力存在差距。在多年来国际传播建设的实践中，虽然主流媒体已经摒弃了把国内新闻简单翻译上传到海外平台的方式，但是制作适于海外传播的国际新闻的实力还不够，独立传递第一手信息的能力参差不齐。

一方面，主流媒体应使用西方受众喜欢的方式传播中国故事，用西方受众易接受的方式去讲述国际新闻；力争第一时间披露国际重大新闻，而不是转载已被外媒解读过的消息；从全球视角报道中国，从中国的视角报道世界，主动并及时地表明中国的立场，体现多元声音。

另一方面，主流媒体应探索在纷繁复杂的国内新闻中选择哪些内容向外传播。由于国情和意识形态的差异，中西方的新闻价值存在一些差异，影响了海外传播的选题选择。海外传播的目标自然是让海外受众全面了解中国，理解中国。那么该如何在国际传播中平衡文化和政治的比例？现实来看，中国传统文化和自然风光等人文艺术类内容能获得高度关注和认同感。因此，可以用文化拉进国内外网友的心理距离，再去全方位介绍中国。

话语体系的改革并未结束，现有成果也不代表探索之路走向终点。2017年9月，中央电视台财经频道推出了以"厉害了我的国"为主题的六集大型内容众筹纪录片，创新的"内容众筹"方式，将镜头和话筒交给观众，原本的观看者转变为创作者，共同参与节目的线索提供、案例征集和素材拍摄。这种创新方式不仅获得了用户生产的内容，而且增强了民众的参与感、获得感和自豪感，把人民对祖国的情感转变为具体的影像，这是转变话语体系实践中的互动传播创新。

不过，当我们听到网友对"地球不爆炸，我们不放假"的夸奖时，更应冷静下来反思，这已经是最好的话语形式了吗？新闻传播工作者紧跟时代潮流，既要弯腰放下身段，又要抬头放远眼界。新时代下陈旧的灌输式传播已经失效，甚至还会引发受众的抵触情绪。只有贴近群众的日常生活，了解群众的真实心理，"用脚丈量广袤大地，用眼观察世间万象，用心感受万家忧乐"[①]，才能真正讲好中国故事。

---

① 国家互联网信息办公室.讲好中国故事——网络传播案例集[M].北京：人民出版社，2016:85.

第七章

主体性崛起:传播者与受众的新变化

2016年8月8日，里约奥运会女子100米仰泳半决赛，中国国家游泳队中一位名叫傅园慧的姑娘以58秒95的成绩晋级决赛。赛后采访中，她喜出望外的表情被人以截图的形式制作成表情包，社交平台上迅速出现了大量与该表情包相关的漫画作品，傅园慧本人也因此走红网络，成为这一年中国人的共同记忆。是谁让傅园慧的表情包一夜成名？又是谁让她成为众所周知的网络红人？这便是本章我们努力尝试找到的答案。

第一节 技术变革与传受关系的重构

技术变革为我们定义"受众"这一概念带来了困难和挑战。中文语境下，对"受众"的字面理解不可避免地带有传统信息传播模式的色彩。今天，信息的"接收"早已不是一种单纯的行为。伴随着信息通信技术的发展，人的信息行为呈现出了一种复合形态。在以移动互联网为载体的当今信息环境中，伴随着用户生成内容的大行其道，"受众"一词的使用场景变得愈发有限，取而代之的是"用户""订阅者""玩家""粉丝""消费者"等，这些概念更为精准地描述了不同垂直领域中的角色，也更直接地体现了媒介使用者的行为特征。

从传统的媒介受众，走向今天多元的信息使用角色，这一转变的直接动因是信息技术的进步向个体的"赋能"。信息技术的数字化、信息生成与传播的碎片化，以及个体使用者被极大激发的自主性，三者之间相互影响，彻底重构了传统受众的行为条件。因此，我们需要重新审视"受众"这一概念。

一、数字化

数字化是一种组织和管理信息的方式，将不同介质类型的信息转化为统一的数字格式并加以保存、复制和传播，它是今天的互联网能够运转的重要技术前提和基础。30年前，如果我们要拍一张自己的照片、录一段自己的声音、记录一段自己的视频，我们需要用到的设备分别是一部照相机、一台录音机，以及一个小型摄像机，需要耗钱耗时、大费上一番周章才能完成。对于今天的年轻人们来说，这三件事只需要他们使用手中那部智能手机用不到一分钟的时间便能实现。半个世纪以来，信息数字化的进程从未停歇。从表面来看，信息从机械模拟到数字记录的过程给人们带来了极大的便利和高效；而从深远的社会意义来看，数字化的相关技术降低了人们在信息生成、捕捉、加工、复制和传播过程中的技术门槛，极大地提升了传统的受众介入信息消费与生产环节的可能性。

二、碎片化

碎片化作为一种现象对传统社会的经济、政治、文化和社会治理等诸多方面提出了挑战，也带来了很多新的发展机遇。在信息传播领域，碎片化主要表现为人们的信息行为呈现出的高度差异性。以数字网络和移动定位技术为特征的移动互联网技术，在极大程度上改变了人们的信息环境格局。相较过去，技术赋能是人与信息之间最本质的改变。个体信息环境的差异，以及其在信息行为方式、习惯、渠道和兴趣等方面的个性化需求，都因为信息技术的发展而得到了最大程度的接纳和满足。传统意义上那种在同一时间、通过相同的渠道、相对连续地消费同一文本的"受众"已逐渐瓦解，取而代之的是正在经历碎片化过程的信息用户个体。就其信息行为而言，有以下四个方面的特征：

- 信息行为发生的空间及场景变得多元；
- 信息行为发生的时间约束性大为降低，且无须恪守时间上的线性特征；
- 个体间的信息行为所需的投入规模差异明显；
- 实现信息行为的渠道多样，且互有交织重叠。

传统受众的碎片化信息行为提升了信息环境的整体活跃度，配合数字化技术带来的便利性，全社会的信息生产、获取、复制和传播变得空前繁盛。但是如前所述，这也为社会公共管理者在社会治理，尤其是应对谣言及有害信息等方面的信息治理提出了极大的挑战。

三、自主性

技术便利性不断提升，及其对个体传播的个性化需求的不断满足，有效刺激了用户个体在信息生产、传播和消费方面的行动力。

一方面，信息技术潜能持续释放，不断开发旨在提升信息行为活跃度的新模式和新功能，刺激个体用户形成新的信息行为需求，并参与贡献信息内容的生产、传播和消费。信息行为的技术门槛不断降低，个体在信息获取、信息生产的范围及程度上都拥有更广阔的空间、更大的选择权和决定权，以及更多的主动性。

另一方面，个体用户本身也存在个性化表达、社会性交往、参与集体智力创造，以及参加公共事务讨论等多方面诉求，囿于传统媒介环境下技术性门槛的限制，这类诉求无法得以满足。从技术创新的角度来看，这类诉求本身也构成了不断推动信息技术进步、功能日益创新完善的重要动力，进而推动传统媒介环境下的受众释放诉求。

第二节 受众研究范式的转型

麦奎尔认为，古希腊、古罗马时代，集聚在现场一起观看表演或竞技的城邦观众是受众的最原始雏形；15世纪印刷品的出现，催生了最早的大众媒介受众；电影的发明和影院放映方式的出现，标志着第一个社会科学意义上的受众概念的诞生；而"受众研究"的真正开始，则是在20世纪二三十年代。从20世纪二三十年代到今天，媒介形式和媒介环境不断发生改变，受众研究的范式和受众观也在不断发展。本节将梳理已有的受众研究范式，帮助大家了解当今受众研究的总体格局。

一、受众研究范式发展的历史脉络

对于受众研究范式的划分，不同学者有不同的划分标准。但总体来说，学者们普遍认为大部分的受众研究范式仍基于传播学的两大研究学派，即经验学派和批判学派。通过总结不同学者的研究，可以以新媒体为界，将针对传统媒体的受众研究范式称为"传统的受众研究范式"，将对新媒体环境下受众研究范式的创新有指导意义的称为"转型的受众研究范式"。

（一）传统的受众研究范式

传统的受众研究范式一般分为"实证主义研究范式"和"批判主义研究范式"。1994年，麦奎尔用"结构性""行为性"和"社会文化性"这三大类别概括了传统的受众研究范式。

实证主义研究范式强调传播的效果和影响，而批判主义研究范式则将大众传播机制与社会、政治联系起来，强调用宏观的眼光考察其与社会环境之间的关联。

1.实证主义研究范式

实证主义研究范式发源于美国，是经验学派采用的研究范式，主要是从行为科学的角度出发，采用问卷调查法和实验法等研究方法。[①]实证主义研究范式的代表学派有芝加哥学派、哈佛学派、哥伦比亚传播学派等，其代表理论有拉斯维尔的传播过程模式研究、霍夫兰的说服与态度改变研究、拉扎斯菲尔德的既有倾向理论、选择性接触理论、意见领袖理论等。实证主义研究范式经历了从微观到宏观的发展，根据不同的发展时期，可以将其细分为基于心理学的行为主义范式、认识论范式，以及社会学的功能主义范式。

实证主义研究范式建立在具有单向传播特征的传统媒体的研究之上。在强调"互动"和"共享"的互联网时代，这一研究范式依然能用来研究当前的某些受众问题，但其局限性也十分明显。如何调整这一范式使之突破自身的桎梏，是这一范式未来发展必须要考虑和解决的问题。

2. 批判主义研究范式

批判主义研究范式将受众和媒介置于政治、经济、文化的社会大环境中进行考察，对传播制度和传播结构的不合理因素进行批判[②]，主要的学派有法兰克福学派、文化研究学派和政治经济学派。

法兰克福学派以对"文化工业"的批判而著称。其站在文化精英的立场上审视大众文化，认为大众文化的目标是维护社会权力，而文化产品的受众是完全消极和被动的。文化研究学派摒弃了文化精英的视角，并肯定受众的主动性。政治经济学派注重分析西方垄断资本控制下的传播体制及其在市场经济中的运行过程，政治经济学派提出了"受众商品论"，认为受众是大众传播活动中真正的"商品"。

批判主义研究范式虽然有其狭隘和局限之处，如法兰克福学派过于悲观，政治经济学派忽视意识形态等，但其无疑具有很强的创新性，给受众研究提供了全新的视角。未来，批判主义研究范式的发展应结合新的媒介环境，丰富自己的研究方法，如运用大数据、云计算、人工智能等新技术，使之更具有说服力，弥补以往过于重视"思辨研究"方法所带来的不足。

（二）新兴媒介环境下的受众研究范式

新媒体逐渐崛起后，传统的受众研究范式虽然还具有适用性，但在很多新型的受众问题上，已经显得不合时宜。因此，针对新媒体时代受众领域所出现的新

---

① 幸小利.新媒体环境下的受众研究范式转换与创新[J].国际新闻界，2014(9):3.
② 幸小利.新媒体环境下的受众研究范式转换与创新[J].国际新闻界，2014(9):3.

问题，亟须一些新型的受众研究范式。但在目前的受众研究领域中，完全针对新媒体时代受众问题的研究范式还没有出现，只有一些在转型时期出现的具有前瞻性的理论范式，对当前的新问题具有一定的指导意义。这些研究范式主要有景观（观展）/表演范式、社会网络分析范式、布尔迪厄的场域理论范式以及传播的仪式观范式。

1.景观（观展）/表演范式

景观（观展）/表演范式是由英国社会学学者阿伯克龙比和朗赫斯特于1998年在专著《受众》中最先提出的。景观（观展）/表演范式的核心概念是"景观（观展）"与"表演"，指所有人都被看作表演者，所有人也都把自己看作表演者。该范式重视媒介景观对人们产生的心理和行为影响，而这对现在社交媒体的受众研究具有很好的指导意义。[①]

2.社会网络分析范式

"社会网络分析"由英国著名人类学家R.布朗提出，起始于20世纪30年代，成熟于20世纪70年代。社会网络分析的基本观点是将个人或组织之间的社会联系所构成的系统视为一个"网络"，并认为整个社会就是由这些网络所构成的大系统。该范式对于新媒体受众的网络社交关系以及团体结构特征具有很强的应用指导性。

3.布尔迪厄的场域理论范式

布尔迪厄在《关于电视》中提出了媒介场的概念，这一概念过去主要用于研究大众传播媒介。但由于场域本身可以被看作一个动态的概念，所以依然可以将这一理论范式转型至研究新媒体，填补新媒体时代场域理论的空白。

4.传播的仪式观范式

传播的仪式观是詹姆斯·凯瑞借助杜威和芝加哥学派的观点提出的传播理论。凯瑞认为传播的仪式观并非信息在空中的扩散，而是在时间上对一个社会的维系。其从参与者而非传者或受者的角度研究传播，并且认为传播并不在于信息的获取，而在于戏剧性的行为，研究视角更注重人的本质地位。[②]这一研究范式符合互联网时代受众领域出现的许多新现象。

通过梳理以上四种"转型的受众研究范式"，我们可以发现其都是将过往学

---

① 幸小利.新媒体环境下的受众研究范式转换与创新[J].国际新闻界，2014(9):6.

② 杨蕾.新媒体时代受众研究范式探究[J].青年记者，2017(1):2.

者的研究成果套用于新时期的问题，虽然具有一定的适用性和指导意义，但其毕竟是根植于传统媒体时代的研究，还是无法全面解释当前受众领域新出现的诸多复杂问题。因此，填补植根于新媒体时代的受众研究范式的空白，是未来受众研究的方向。需要注意的是，研究范式应该是与时俱进的，研究实际的受众问题。当今全球主流的受众研究范式还依然以西方学者的贡献为主，我国至今还没能发展出系统的、本土的、具有世界影响力的受众研究范式，这也是我国未来受众研究中应正视和解决的问题。尽管可以采取"取其精华，去其糟粕"的态度学习和使用西方的受众研究范式，但由于国情不同，中国的受众领域必定会出现许多其无法解答和解决的问题。

　　梳理受众研究范式的发展脉络，不仅是为了了解历史，更是提供一种正确认识传者、受众和社会之间的关系的思维，同时，受众研究范式的问题，为未来的受众研究指引方向。

第三节　案例解析

一、天津港"8·12"特大火灾爆炸事故

(一) 事故基本情况

2015年8月12日22时51分46秒,位于天津市滨海新区吉运二道95号的瑞海公司危险品仓库(北纬39°02′22.98″,东经117°44′11.64″)运抵区("待申报装船出口货物运抵区"的简称,属于海关监管场所,用金属栅栏与外界隔离,由经营企业申请设立,海关批准,主要用于出口集装箱货物的运抵和报关监管)最先起火,23时34分06秒发生第一次爆炸,23时34分37秒发生第二次更剧烈的爆炸。事故现场形成6处大火点及数十个小火点,8月14日16时40分,现场明火基本被扑灭。

事故现场按受损程度,分为事故中心区和爆炸冲击波波及区。事故中心区为此次事故中受损最严重区域,该区域东至跃进路、西至海滨高速、南至顺安仓储有限公司、北至吉运三道,面积约为54万平方米。两次爆炸分别形成一个直径15米、深1.1米的月牙形小爆坑和一个直径97米、深2.7米的圆形大爆坑。以大爆坑为爆炸中心,150米范围内的建筑被摧毁,东侧的瑞海公司综合楼和南侧的中联建通公司办公楼只剩下钢筋混凝土框架;堆场内大量普通集装箱和罐式集装箱被掀翻、解体、炸飞,形成由南至北的3座巨大堆垛,一个罐式集装箱被抛进中联建通公司办公楼4层房间内,多个集装箱被抛到该建筑楼顶;参与救援的消防车、警车和位于爆炸中心南侧的吉运一道和北侧吉运三道附近的顺安仓储有限公司、安邦国际贸易有限公司储存的7641辆商品汽车和现场灭火的30辆消防车在事故中全部损毁,邻近中心区的贵龙实业、新东物流、港湾物流等公司的4787辆汽车受损。

(二) 事故处置

1.官方网络媒体发布事件进展

在天津港特大火灾爆炸事故发生11分钟后,天津市政府通过天津网和新浪

微博官方账号@天津发布快速公布事件的基本情况，晚于公众信息发布 7 分钟，内容保持一致。随后的事件调查中，当地政府和事件调查小组通过天津网、中央政府网站、政务微博第一时间发布事故的调查情况和后续进展。事故发生后七天内，上述官方网络媒体共计发布事件调查进展微博、新闻、公告等共计 294 条，内容涵盖事故发生原因、事故调查进展、事故损失调查结果等，在纷繁复杂的网络舆情中起到了官方引导作用。

2. 新闻发布会回应民间质疑

事故发生后，事故调查小组和天津市政府共召开了 14 次新闻发布会，采用新闻发言人机制回应公众的质疑。新闻发布会根据我国政府公共管理体制中的新闻发言人机制举办，并通过 CCTV、各省卫视、新华网、人民网、凤凰网、腾讯视频、网易视频等传统电视媒体和网络媒体共同播出。

事故发生后，党中央、国务院高度重视。中共中央总书记、国家主席、中央军委主席习近平立即作出重要指示，要求天津市组织强有力力量，全力救治伤员，搜救失踪人员。国务院速派工作组前往指导救援和事故处理。8 月 15 日，习近平总书记再次作出重要指示，天津港"8·12"瑞海公司危险品仓库特别重大火灾爆炸事故以及近期一些地方接二连三发生的重大安全生产事故，再次暴露出安全生产领域存在突出问题、面临形势严峻。血的教训极其深刻，必须牢牢记取。各级党委和政府要牢固树立安全发展理念，坚持人民利益至上，始终把安全生产放在首要位置，切实维护人民群众生命财产安全。

8 月 13 日 16 时，首场新闻发布会召开。国家级核生化应急救援队到达现场开始救援。21 时，死亡人数升至 50 人，包括 17 名消防官兵，住院治疗 701 人，其中重症伤员 70 人。

8 月 14 日 10 时，第二场新闻发布会召开。通报称，爆炸发生时，第一批消防力量正在灭火，支援力量刚刚抵达，且处于核心爆炸区，猝不及防，伤亡惨重。

8 月 14 日 18 时，第三场新闻发布会召开。爆炸事故共造成 56 人死亡，其中消防官兵 21 名，住院治疗 721 人，危重症 25 人，重症 33 人。

8 月 15 日 10 时，第四场新闻发布会召开。发布会否认涉事企业负责人只峰背景深厚的传言；死亡人数上升至 85 人，其中消防官兵 21 人。

8 月 15 日 17 时，第五场新闻发布会召开。爆炸现场基本无明火，但各种危化品箱物混杂仍然发热，部分集装箱密集点位仍有浓烟。

8 月 16 日 10 时，第六场新闻发布会召开。事故已致 112 人遇难，失踪人员

95人，其中消防官兵85人，失踪人员包括现役13人，天津港消防员72人，其他10人。

8月17日11时，第七场新闻发布会召开。天津市领导首次现身发布会，事故遇难者攀升至114人，失联70人，住院698人。涉事企业瑞海国际物流有限公司幕后控制人成为媒体关注焦点。

8月18日9时，爆炸事故头七之祭，天津滨海新区分别在6个不同地点举行悼念活动。11时，第八场新闻发布会召开。事故遇难人数114人，失联者降为57人。

8月19日11时，第九场新闻发布会召开。事故遇难人数114人，失联人员65人，天津港高层首次出席发布会，董事长郑庆跃称天津港集团公司和瑞海没有隶属关系；针对爆炸现场出现神经性毒气传闻，专家回应称目前没有接到任何化学中毒的报告。

8月19日16时，第十场新闻发布会召开。瑞海实际控股人为于学伟和董社轩，董社轩其父确为天津港公安局原局长董培军。牺牲消防员将追认为烈士，按照高标准发放抚恤金。

8月20日16时，第十一场新闻发布会召开。事故遇难人数114人，失踪人数上升至69人。

8月21日16时30分，第十二场新闻发布会召开。事故遇难人数116人，仍有60人失联，天津市政府部门对不具备安全生产条件、存在安全隐患的70家危化企业实施了关停。

8月22日16时，第十三场新闻发布会召开。事故遇难人数121人，已确认身份者119人，仍有54人失联。

8月23日16时，第十四场新闻发布会召开。事故遇难人数升至123人，并全部确认身份，50人失联；遇难者中，公安消防人员20人，天津港消防人员50人，民警7人，其他人员46人。

3.信息技术监测引导网络舆情

网络媒体是天津港特大火灾爆炸事故舆情发展的重要阵地。事故发生后，天津市政府采取网络舆情监测和预警紧急预案，快速成立网络舆情监测和预警工作小组，24小时不间断地进行网络舆情的监测和预警，及时发布信息，并屏蔽不实谣言，有效地利用信息技术实现了重大公共突发事件网络舆情的检测和预警。在此次事故的舆情引导中，监测和预警小组以新浪微博为主要阵地，共计回应网络舆情 30588 条。

（三）事故影响

1. 人员伤亡与财产损失

事故调查报告显示，事故造成 165 人遇难（参与救援处置的公安现役消防人员 24 人、天津港消防人员 75 人、公安民警 11 人，事故企业、周边企业员工和周边居民 55 人），8 人失踪（天津港消防人员 5 人，周边企业员工、天津港消防人员家属 3 人），798 人受伤住院治疗（伤情重及较重的伤员 58 人、轻伤员 740 人）；304 幢建筑物（其中办公楼宇、厂房及仓库等单位建筑 73 幢，居民 1 类住宅 91 幢、2 类住宅 129 幢，居民公寓 11 幢）、12428 辆商品汽车、7533 个集装箱受损。

截至 2015 年 12 月 10 日，事故调查组依据《企业职工伤亡事故经济损失统计标准》（GB6721-1986）等标准和规定统计，已核定直接经济损失 68.66 亿元人民币，其他损失尚需最终核定。

2. 环境污染

通过分析事发时瑞海公司储存的 111 种危险货物的化学组分，确定至少有 129 种化学物质发生爆炸燃烧或泄漏扩散，其中，氢氧化钠、硝酸钾、硝酸铵、氰化钠、金属镁和硫化钠这 6 种物质的重量占到总重量的 50%。同时，爆炸还引燃了周边建筑物以及大量汽车、焦炭等普通货物。本次事故残留的化学品与产生的二次污染物逾百种，对局部区域的大气环境、水环境和土壤环境造成了不同程度的污染。

3. 社会影响

天津港特大火灾爆炸事故造成津滨轻轨 9 号线全线瘫痪，尤其是东海路段需要重建。事故发生后，国内外媒体高度关注。国内主流卫视的娱乐节目全面停播，并以专题节目和滚动新闻报道的方式播报事故的救援状况。海外的路透社、BBC、CNN 等大型媒体也以头条方式报道了该事故。

事故发生后，天津市气象局立即启动气象保障一级应急响应预案，监测事故发生中心区域和周边区域的大气污染、土地污染、水质污染情况，并且相关部门还对事故可能引起的中长期环境污染和人员健康影响进行持续性监控调查。

（四）传播分析

1. 传播趋势及路径

8 月 12 日晚，天津港瑞海物流公司危化品仓库发生爆炸，新浪微博网友陆续发布爆炸相关信息或图片，引发网民高度关注。8 月 13 日凌晨，@头条新闻、@人民日报、@央视新闻等媒体账号相继转载发布爆炸相关消息，具有影响力的大

V账号转发相关微博，国际在线、凤凰网等媒体对事件加以报道，天津港特大火灾爆炸事故的舆情热度迅速上升。

天津市政府自 8 月 13 日开始每日召开新闻发布会公布最新伤亡情况及其他事故相关事宜，财经网、澎湃新闻网等媒体进行跟踪报道，网民亦对事件持续保持关注。爆炸事故起因、涉事企业幕后控制人、受灾民众如何救治善后、环境是否受到污染等问题是媒体及网民关注的焦点。

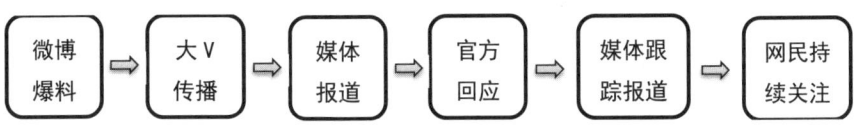

图 7-1　天津港 8·12 特大火灾爆炸事故舆情传播路径

2.传播倾向性分析

（1）媒体报道

2015 年 8 月 12 日至 2015 年 8 月 23 日，媒体关于天津港 8·12 特大火灾爆炸事故的新闻报道约 796000 篇，报道的主要网站为新华社、新华网、中国新闻网、中国青年报、中国经营报等网络媒体。通过对这些信息进行关键词提取、主题聚类分析，可知其倾向性（如图 7-2）。

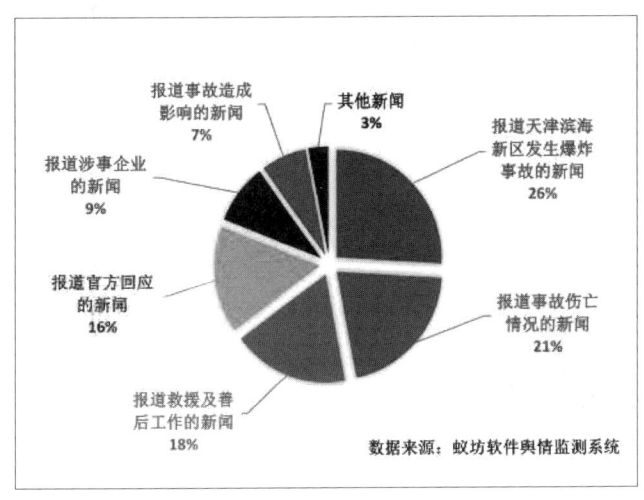

图 7-2　天津港 8·12 特大火灾爆炸事故媒体报道分析图

（2）网民话题分析

2015年8月12日至2015年8月23日，网民关于天津港8·12特大火灾爆炸事故的言论有2217万条，言论主要来自新浪微博。通过对这些信息进行关键词提取、主题聚类分析，可知其倾向性（如图7-3）。

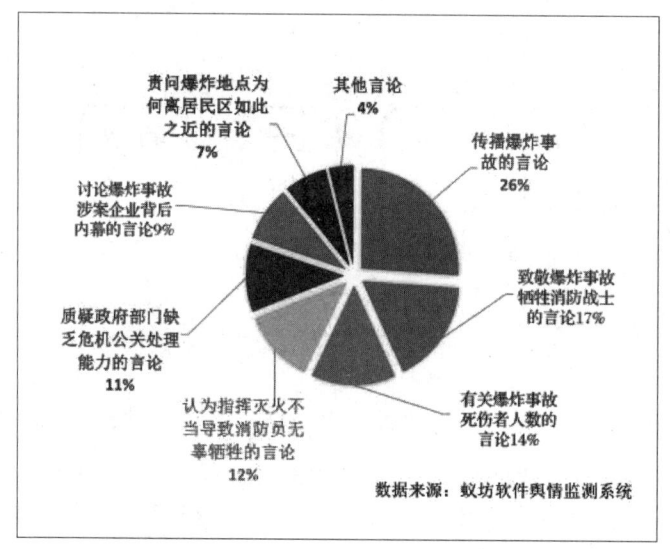

图7-3　天津港8·12特大火灾爆炸事故网民话题分析图

（3）关注人群分析

如图7-4所示，有11.7%的网民针对该话题发表了原创观点或消息，而其他88.3%的网民转发了这些信息，帮助话题大规模传播，增强了话题的影响效果。

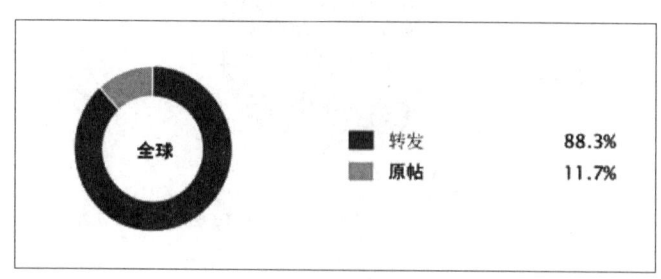

图7-4　天津港8·12特大火灾爆炸事故网民关注转发分析图

如图 7-5 所示，网民言论主要来自微博的"草根"阶层（普通+达人），占 94.5%；其余言论来自微博的认证用户群（政府、企业、媒体、网站、名人、校园及其他），占 5.5%。认证用户的言论又以名人微博最多，他们作为意见领袖发表了具有代表性的观点，在舆论场中具有较大的话语权。

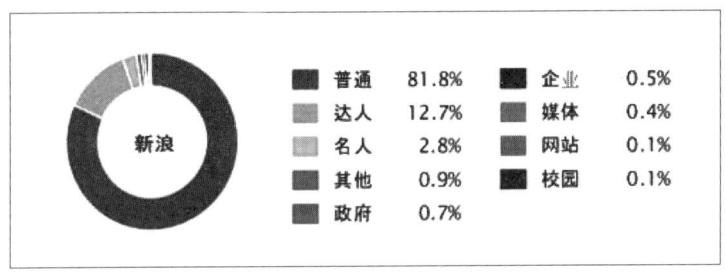

图 7-5　天津港 8·12 特大火灾爆炸事故关注人群性质分析图

二、"帝吧出征脸书"事件

（一）事件概述

"帝吧出征脸书"事件又称"脸书表情包大战"，是一个海内外媒体和网络社交平台的网络集群事件，其影响之广泛、参与者之多、规模之大为近年网络事件之罕见。

1. 事件背景

帝吧，原名百度李毅吧，是百度贴吧中人气最旺盛的贴吧，有百度"卢浮宫"之称。著名足球运动员李毅 2005 年 5 月 25 日接受《体坛周报》采访时的一句自夸之言"我的护球像亨利"，而亨利被球迷们拥戴为"亨利大帝"，因此李毅从此也被球迷讽刺为"大帝"。截至 2017 年 11 月，帝吧粉丝数达到 2925 万，发帖量达 9 亿 7 千万次。

爆吧，是一个网络名词，特指针对百度贴吧的某个目标贴吧进行干扰性或破坏性的洗版行为。一般是出于蓄意捣乱或发泄情绪的心理，通过连续不间断地发无实质内容的废帖、水帖、垃圾帖，或把很久以前的废帖顶至首页等行为达到爆吧的目的。"帝吧出征脸书"可以视为这种爆吧行为的延伸。这并不是帝吧第一次出征，自 2007 年起，帝吧与李宇春吧、杨丞琳吧、东方神起吧等贴吧发生过几次大规模的爆吧事件,逐渐形成了良好的组织性和团队性,具有"一呼百应"的影响力。

2. 事件简介

2016年1月8日,中国台湾地区艺人周子瑜在参加韩国一档综艺节目时挥舞台湾当局旗帜被歌手黄安通过微博曝光并遭到了网友的抵制。1月20日,有百度第一大吧之称的"李毅吧"吧友在网络中集体"出征"到脸书进行了一次有组织、有计划的大规模刷屏,表达反对"台独"的态度。刷屏对象范围由吧友事先圈定,如民进党主席、刚刚在台湾地区领导人选举中获胜的蔡英文,三立新闻、苹果日报等"台独"媒体,以及发表过"台独"言论的部分明星。帝吧出征者通过各种影像、文字、刷表情包进行自我身份表达,以达到"文化交流"的目的。网友还在斗鱼、龙珠、B站等直播平台对此次行动进行了直播,在线人数超过10万人。

(二)事件梳理

1. 发酵期

2016年1月8日,中国台湾籍歌手黄安在其微博公开质疑在韩国综艺节目中挥舞台湾当局旗帜("青天白日满地红"旗)的周子瑜是"台独"艺人,反对周子瑜所在韩国组合"TWICE"参加某卫视春晚。

1月10日,部分"台独"媒体发文称《网友呛封杀,子瑜照飞北京》,称周子瑜在金浦国际机场亮相,会按时参加某卫视春晚,激怒了大量中国大陆的网民。

1月13日,周子瑜所在经纪公司JYP首度发表声明,强调周子瑜从未发表任何关于中国的政治性言论或做出相关行为,而且她年仅16岁,尚未足以表达自己的政治观点。

1月14日,JYP再度声明,表示该公司及周子瑜本人坚决支持和尊重一个中国原则,强调周子瑜并无支持"台独"的言论。

1月15日,周子瑜发表道歉视频。

1月16日,某演员转发了周子瑜的道歉微博称"道歉来得太突然,还没来得及背稿",部分台湾地区网友表示不满并在脸书上攻击该演员。大陆网友发现后将此事转发到微博,引发了更多网友的愤慨,纷纷到脸书留言声援,表明反对"台独"的态度。

2.爆发期

2016年1月20日，帝吧发出一条置顶帖子，宣布当天晚上7点帝吧再次出征，并贴出了腾讯QQ群号码请大家参与。随后，帝吧在微博的官方发言人发布微博正式确定了出征的时间：#帝吧出征，寸草不生#七点出征。据帝吧团队发言人称，此次"出征"是网友自发组成，自由组建QQ群，吧务团队则在其中发挥引导作用。当晚6点40分左右，斗鱼直播间便开通了直播平台"FB表情包大战，7点帝吧出征实时直播"，出征还没有开始，在线人数已达到10万人。

此次帝吧出征具有高度的组织性与纪律性，各部门分工明确：出征队伍被分为两个总群及一个前线部队，每个总群又下设6路纵队，责任分别为情报工作（收集"台独"言论和图片）、宣传和组织工作（发帖招人）、武器装备工作（制作反"台独"图片和言论）、对外交流工作（留学生进行反"台独"外语翻译）、战场清理工作（专门负责脸书举报、点赞）和粤语宣传。

此外，他们还制定了出征"铁律"：使用文明用语，不发侮辱性图片、领导人图片、低俗图片，只反"台独"不反台湾人民。同时，他们还将反"台独"声明翻译成英、日、韩、德、法等多国语言，以便减少外国友人对此次事件的误解，并希望获得更多外国网友的反馈。所有参与的网友还有专门的头像和口号，使用的图片上面还配有"统一"的水印字样。

当晚6点50分，微博蓝V账号@共青团中央发布微博，内容为《七律·长征》，配图为"三大纪律、八大注意"，引发了网友更为激烈的呼应。

"出征"计划为19:00—19:15"攻占"三立新闻的脸书评论区，19:15—19:30"攻占"苹果日报的脸书评论区，之后是蔡英文的脸书主页。晚上7点，台湾三立新闻脸书主页下出现了大量来自大陆网友的评论，这些评论多为表情包、社会主义核心价值观、八荣八耻、大陆美食、旅游景点等文化交流性质的较为感性的话语。

晚上8点15分，李毅本人转发了微博知名搞笑博主贴吧君关于帝吧出征的微博，并称犯我中华者，虽远必诛，表示自己对此次行动的赞同，引发了微博众多网友的点赞和评论。

值得注意的是，此次事件中，台湾媒体三立新闻与苹果日报的全程沉默不同，表现出较成熟的运营水平。三立新闻不停友好地回复大陆网友的留言，甚至学会了使用表情包与网友交流。亲历这次事件的大陆网友美琴说："大家不过是假装来打架，却发现大家带的都是面包而不是砖头而已。我们是劝出走的兄弟回来的,不是赶别人分家的。"

"打击台独,维护统一"是这次网络亚文化集群行动的最初诉求和主要导向。但是,在两岸网友的表情包你来我往的交互轰炸之下,行动显出明显的抵抗意义弱化、政治意义消解和向娱乐化演变的轨迹。最终,网络平台上的"政治对抗"被友好、融洽的两岸文化交流和互动气氛所代替。①

3. 平息期

此次网络集体行动的高峰仅持续了一个小时(1月20日19:00—20:00),在这一小时内,网友发布评论主题分布为:八荣八耻(580条)、义勇军进行曲(214条)、乡愁(179条)、歌唱祖国(99条)、七子之歌(46条)、帝吧出征(22条)。

另外,"自古不可分割的一部分"和"1999年我把澳门接回了家"则分别在1月21日20:00—21:00区间和1月21日21:00—22:00区间达到43条和25条。不过,即使第二日有人意图以"帝吧出征"的名义号召再次进行洗版行为,发文数量已远不如第一日,且已无明显的高峰时区。②

1月20日之后,微博、微信等社交媒体和百度贴吧、天涯等论坛都没有大V、热帖出现,也没有与此相关的吸引大众眼球的热点事件爆发,帝吧出征的事件影响渐渐平息,关注度也随之降低。

4. 事件影响

(1)政治影响

为反击大陆网友,支持"台独"的"三立电视台"发布了一个宣称"北欧国家对台湾友好,挪威承认台湾是一个国家"的新闻,以此"反击"大陆网友。然而,在短短30分钟内,《环球时报》就获得了挪威外交部的官方回复:"挪威政府长期坚持一个中国政策,这一立场不会改变。"

不久后,三立新闻又抛出了一则新闻,宣称"7名瑞典议员支持承认台湾是一个国家"。瑞典官方也反应迅速地发布了一份措辞十分明确的公告:"瑞典支持一个中国政策。"

在这起事件中,中国外交部并没有发声,但挪威和瑞典的外交部却纷纷主动站出来表态支持"一个中国"。这一方面得感谢愚蠢的"台独势力"送上的"助

---

① 张宁.消解作为抵抗:"表情包大战"的青年亚文化解析[J].现代传播,2016,38(9).
② 王喆."今晚我们都是帝吧人":情感化游戏的网络民族主义[J].国际新闻界,2016(11).

攻",另一方面也证明了在外交和维护国家主权方面,网民自发的强大力量。

(2)各方观点

人民日报公众号转载环球时报、占豪的评论,《帝吧出征FB,友邦有话说》。①

在这场网络较量中,与中国内地这些90后的青少年们相比,一些持"台独"观点的人显得笨拙、无知、狭隘和自大。通过这次"网络大战",双方综合素养高下立判。

更让人惊叹的是,这些自发组织的以90后为主的一群人(甚至包括一些00后),竟然有详细的分工、严明的纪律,在facebook上只打台独而不伤台胞感情。可以看出,中国新一代90后的青少年们已经开始登上历史舞台了,他们自信地迈着阔步,天马行空地自由挥洒,他们充满阳光和自信的表现,让人眼前一亮。

希望他们一直保持着这种自信,做中华民族的好儿女,为推动中华民族伟大复兴的中国梦添砖加瓦。只要我们足够自信,大踏步向前,一定会将"台独"势力踩在历史的脚下!

90后,相信你们!

《环球时报》发表社评《不必夸张"帝吧出征"的两岸负效果》。

大陆90后小青年似乎比年长的一代人更自信,更有能力直接参与到全球化时代的各种跨境事件和热闹中去。我们应提醒他们注意分寸,别吃亏,但没必要以老经验教训他们,更不应从政治功利的角度细究他们言行与国家某个具体计划之间的利害关系。有些责任是我们"大人"的,还是让我们"大人"承担吧。年轻人活泼、健康就好。

凤凰网发表评论《"帝吧出征":FB上的生活力量》。

如众多参与者所言,这不是"战争",是被误解所激发的一次有组织的交流活动,是年轻人思维逻辑、生活方式的自然延伸,而不是超越于生活的政治运动,虽然活动很大程度是由朴素的爱国情怀所激发的。交流起于消融误解的目的,如果因为过度解读而加剧了误解,那才是最大的悲剧。所以,去政治化的解读,去意识形态的解读,也许更能触摸到事情的真相,更能把握活动的意义。

"战争"讲究成败,交流在乎的是双赢、是各自的成长。以"战争"的逻辑看,"远征"当然显得不伦不类,仅"翻墙"这一举动就尽显荒诞,但如果以交

---

① 耿直哥,片构,占豪.帝吧出征FB,友邦有话要说[EB/OL].(2016-01-22). https://mp.weixin.qq.com/s?__biz=MjM5MjAxNDM4MA==&mid=414189337&idx=1&sn=9bd322d52ca520d47899cda357df1ec4&scene=0#wechat_redirect.

流的视角看,却可以留下很多启发。仔细观察"远征"中大陆年轻网友的表现,他们的组织能力、自律意识、文明情怀等,确实都可圈可点。这是互联网时代的公民行动,是新一代的成长洗礼。虽然其中也有对政治标语口号的生搬硬套、也有粗俗恶毒话语的发挥,但毕竟不是主流,而且成熟总是在行动中实现的。陈旧的话语,对立的思维,在同一网络平台被展示,在交流中被检验,最终会帮助参与者走向理性和成熟。

环球网发表文章《"台湾网络被大陆表情包碾压"事件的意义被低估了》。

这起"FB表情包大战",虽然在不懂的人看起来可能"火药味十足",甚至有碍"两岸和睦"——但根据我的了解,大陆这边"参战"的网友,其实都是带着一种很轻松的娱乐心态去与台湾网友"过招"的。

因此,大家也根本不是想去挑起什么"对立情绪",而是希望通过这种"草根层面"的"朴素直白"的交流,好让天天封闭自己、并被台独媒体洗脑的台湾网友,认识一个真实的大陆,认识最真实的大陆网友。

南方人物周刊发微博评论:【表情包精神胜利法将载入史册】在一个双方理论上不会碰面的战场上,来自大陆和台湾的网友展开厮杀,然后我方宣布大获全胜。还有媒体称,这一事件的意义被低估了。以前这种机械式大规模发帖的行为叫灌水,现在却叫"战斗""爱国"。

(三)事件分析

1.传播路径

第一,自发集结,以大型论坛为首发平台。帝吧出征的集结令首发于百度贴吧"李毅吧",这有利于形成天然有秩序的组织。版主、吧务、楼主都能作为意见领袖引导舆论,当舆论方向发生偏离,或者网民情绪走向偏激时,首发平台在舆论疏导方面发挥了不可忽视的作用,如发布公告告诉大家要有理有据有节,禁止发领导人的照片,多发大陆美食美景照片等。他们相互之间集合、交流的重要工具是腾讯QQ群,在帝吧发布公告时就公布了一个总群,若干个分群,每个分群都有明确的分工,不同分工的群下面又建立了多个分群。每一个群的创建,都可视为一个节点的扩散。但是在贴吧首发时,帝吧出征事件的参与人数规模、舆论影响力还没有达到峰值。①

第二,二次传播,官方意见领袖引爆舆论。贴吧吧主、吧务、楼主等仅仅掌

---

① 林素真.组织、网络与空间:"帝吧出征FB"事件的动员结构研究[D].安徽大学,2017.

控着一个论坛的舆论影响力，受众有限。相较之下，作为社交媒体的微博拥有更广泛的用户群。共青团中央作为官方媒体在特殊的时间节点发布了具有引导性的微博，贴吧君、李毅等微博大V更是直接发文对"帝吧出征脸书"行动进行预告性的介绍与称赞，吸引了之前不了解此次事件的众多网友关注。反"台独"事件刚刚发生的节点，帝吧出征脸书很容易引起网友的共情心理，形成强大的舆论能量。在我国外交部没有发声的情况下，挪威、瑞典大使馆纷纷在社交媒体上发表声明宣称支持一个中国。

第三，从国内到海外，社交媒体中的群体认同。在帝吧出征的集结和出征的两个高潮中，国内外两个社交媒体是传播的重要节点，其中脸书是双方交战的"主战场"。社交媒体既是人际网络的连接，又有媒体、政府、名人等网络意见领袖作为传播节点，容易吸引更多的人群参与，并且依附人际网络进行裂变式传播。同时，社交媒体中的表达方式带有轻松诙谐的特点，这促使"表情包"成为"交战"的"主要武器"。拥护国家统一是带有爱国主义色彩的政治诉求，社交媒体的表达方式使网友从中找到更多情感共鸣，从而使网络集合行为在共同的认同基础上不断扩大发展。在"帝吧出征脸书"事件中，大陆网友使用的表情包除了网络图片外，还有包涵爱国情感的诗歌《乡愁》，以及网友自己创作的呼吁两岸统一的诗歌。

2.理论分析

（1）受众本位，技术赋权下的新公共领域

在新媒体迅速发展的时代背景下，传受关系发生了颠覆性的变化。在特定情境下，受众不仅不会无意识地偏信媒体，而且人人都有将自己的观点展示在公共平台的权利。借用哈贝马斯的公共领域概念，这样的自由意见表达场域在网络上形成了一个新型的公共领域，公众可以在网上自由地进行议程设置，完全不受媒体的影响，甚至网民在网络中自发组织形成的群体行为本身就能成为万众瞩目的热点事件，成为公众议程的一部分。"帝吧出征脸书"事件从发酵到爆发，全程都没有主流媒体的参与，最先对事件的综合整理也都是自媒体的微博账号和微信公众号；在事件发生后，人民日报、环球日报等主流媒体关注事件并进行相关报道和评论，《智族GQ》杂志还对此次事件的参与者进行了深度采访。

（2）理性回归，群体行为从极化走向规范

从帝吧史上最大的6·21爆吧事件中以侮辱诋毁攻击为主的刷版行为，到如今的"表情包大战"，这次以90后为主力的网络集体行为无论是从组织还是个别网民的行为上都以往有明显区别。这次帝吧出征具有高度的组织性与纪律性，参加此次行动的网友也基本上都遵循了既定的行为规范，没有像从前那样在群体中丧失理性，被极端情绪控制，以至于个体失去自我走向群体极化，最终转变为网络的娱乐化"狂欢"。

（3）解构权威，"表情包大战"中意义的消解与重构

所谓"表情包"，目前并未见明确的学术定义。从传播特征来看，网络表情是一种融合了文字、图片、动作与情绪等多种因素、用于传情达意的"网络方言"，表情包是一种网络表达符号，多为静态图片或者GIF动态图片，既有表情、动作，也可含有文字，意义简洁直接，表达诙谐有趣，更兼一目了然、互动快捷的特点，仅仅一图就有丰富的社会文化蕴意，已经成为当今网络各类社交平台最常见的沟通符号。

第四节　传播主体性的再造与传播结构的变化

信息通信技术的发展，尤其是移动互联网的普及，为传统受众群体的日常生活带来了巨大的改变。究其本质，是改变了人与信息之间的关系，通过重新构建这一关系，进而改变了信息行为主体间的社会性关系。

人与信息的关系，从深度的由低到高可分为三个层级：信息偶遇、信息浏览和信息搜寻。传统媒介环境下，受众的信息行为主要倾向信息偶遇和一定程度上的信息浏览，技术层面上的信息渠道和获取信息的手段相对单一，主动搜寻信息所需付出的时间、精力和经济成本都相对很高，受众在信息选择主动权方面也极为有限。即使是信息浏览，其可以实现的范围也只能在非常有限的信息渠道之内自主决定所需信息。相比而言，在互联网为主导的信息环境中，受众的信息行为重心已经逐渐向较高层级发生转移，即更多依赖信息搜寻，同时辅以信息浏览，并相应减少了通过偶遇路径获取信息的比例。信息技术的发展给人们提供了更高效的信息获取手段，极大提升了受众选择信息和利用信息的主动权。信息之于人的随机性大为减少，人与信息之间的确定性关系越发得到现实的技术性保障。

如上所述，主动性成为受众行为在过去和当下的核心差别。同时，主动性的提升也改变了信息环境下参与主体所扮演的角色。传统媒介环境下，受众的媒介接触行为主要表现为相对被动的收听、收看和阅读；新兴媒介环境下，受众更多地选择订阅、搜索和主动发现。今天的受众不再像从前一样仅接收信息，他们更多地参与信息的互动，甚至内容的生产过程，从过去单纯的信息产品的购买者和消费者，逐渐变成内容的提供者、观点的提出者、公共事务的讨论者，以及专业话题的顾问。在新的信息传播平台上，大量主动型信息用户对内容生产、复制和传播做出的贡献，已经远远超越了传统媒介环境下一家媒体机构作为内容生产者和传播者所创作出的价值。

"创用者（Prosumer）"一词最早由美国未来学家阿尔文·托夫勒于1980年提出，他将英文单词中的"生产者（Producer）"和"消费者（Consumer）"加以组合，借此表达出这类人群同时兼具的两种角色属性。今天，这一概念被人们用来指代在互联网环境下同时从事内容生产和消费的大众用户群体。这一概念指向了新的信息技术环境下新的受众的行为特征。这一特征带来了用户生成内容（UGC），这是当今媒介环境的重要创新产物之一。作为数字文化的一部分，UGC强调的是传统受众作为生产者拥有了更多参与机会。

然而，需要指出的是，大众广泛参与内容的生产、复制和传播，也给当今媒介环境提出了诸多挑战。在人人都有麦克风的环境下，公众媒介素养的相对滞后给社会整体舆论环境带来了诸多新问题，比如重大突发公共事件后谣言泛滥，突发舆情事件出现的"后真相"。面对这些新现象和新问题，各级政府部门应该如何有效治理与应对，成为当下有待探索的新课题。

第五节 本章小结

新一代媒介技术不断出现，人际互动与参与特征变得愈发显著，我们正在经历一场新的信息传播革命。伴随着人与信息之间关系所发生的一系列改变，新的问题和现象也不断涌现。当我们欢呼新技术给大众带来的"赋能"效应时，也必须深刻地认识到形式的改变所带来的挑战。如何应对现实信息环境和舆论场的新问题，值得未来一段时间持续加以探索。

后 记

  本书是马克思主义理论研究和建设工程重大课题—国家社会科学基金重大项目"中国特色社会主义新闻传播理论的构建"（项目编号：2015MZD019）的研究成果。自项目立项以来，研究团队就致力于写作一本从宏观层面反映我国新闻传播业结构变化的著作，希望能够运用马克思主义新闻观的基本立场、观点与方法，立足中国实际和中国经验，面向媒介技术变革前沿，吸收各个学科的研究成果，对新闻传播变革中一些重要的、基本的问题展开分析和思考。

  从5年前项目团队第一次展开研讨、确定章节的架构与主要内容开始，到2020年本书经人民日报出版社付梓，本书的研究和撰稿历经了5年时间。这期间，项目团队反复讨论研究方向与核心问题，调整章节的架构，选取合适的案例，每一名团队成员都倾注了相当的精力。这期间，新闻传播活动和现象的变化日新月异，这对于课题研究的挑战相当大。一些案例和思路，经过思考后刚刚成形，新现象、新问题又涌现出来，使原来的思考似乎显得"陈旧"了。一些数据，在编辑和出版过程中，还需要不断更新和补充。因此，项目团队一直保持着进行时的状态，不敢松懈。希望最终呈现在读者面前的这本书，在框架上总体是稳定的，在观点上总体是明确的，在内容上对读者有所启发和参考。

  本书是中国传媒大学电视学院项目团队集体智慧的结晶。在研究和撰稿过程中，中国传媒大学电视学院院长高晓虹教授作为课题的负责人，总体指导本书的研究和撰稿工作；首席专家赵淑萍教授负责本书的组织、统筹、协调工作，并对本书的具体观点提出建议和指导；涂凌波教授参与全书的策划工作及撰稿、统稿工作。本书各章节的具体分工如下：崔林教授负责撰写第一章；汤璇副教授负责撰写第二章；涂凌波教授负责撰写第三章和前言；秦瑜明教授负责撰写第四章；刘宏教授负责撰写第五章、第六章；叶明睿教授负责撰写第七章。

在研究过程中，电视学院的几位博士研究生、硕士研究生也参与其中，对相关案例资料的收集、整理以及部分文稿有所贡献。他们分别是：第一章，博士研究生曾鼐、尤可可、朱玺同学；第二章，硕士研究生周梦蝶、张淑君同学；第三章，博士研究生陶梦顿、硕士研究生王晴同学；第四章，博士研究生周晓萌同学；第五章，博士研究生杨乐怡、周婷、曹琦同学；硕士研究生刘月、刘雪洁同学还参与了部分统稿工作。

本书能够顺利出版，还要感谢中宣部理论局、马克思主义理论研究和建设工程办公室的指导和支持，感谢本课题的全体专家组成员、研究成员的帮助，感谢人民日报出版社的支持。一些同仁还对本书撰写提供了专业的指导和帮助，一并致以谢意。

因学识和水平有限，本书还存在疏漏和不足之处，敬请各位读者批评指正。

《融媒图景：中国新闻传播变革研究》编写组
2020 年 8 月